Roman Roor

Fusion von Tageskontext und Mobilitätsgewohnheiten als Enablersystem für Mobilitätsassistenten

disserta
Verlag

Roor, Roman: Fusion von Tageskontext und Mobilitätsgewohnheiten als Enablersystem für Mobilitätsassistenten, Hamburg, disserta Verlag, 2018

Buch-ISBN: 978-3-95935-454-7
PDF-eBook-ISBN: 978-3-95935-455-4
Druck/Herstellung: disserta Verlag, Hamburg, 2018
Coverbild: Pixabay.com

Eberhard Karls Universität Tübingen

Bibliografische Information der Deutschen Nationalbibliothek:
Die Deutsche Nationalbibliothek verzeichnet diese Publikation in der Deutschen Nationalbibliografie; detaillierte bibliografische Daten sind im Internet über http://dnb.d-nb.de abrufbar.

Das Werk einschließlich aller seiner Teile ist urheberrechtlich geschützt. Jede Verwertung außerhalb der Grenzen des Urheberrechtsgesetzes ist ohne Zustimmung des Verlages unzulässig und strafbar. Dies gilt insbesondere für Vervielfältigungen, Übersetzungen, Mikroverfilmungen und die Einspeicherung und Bearbeitung in elektronischen Systemen.

Die Wiedergabe von Gebrauchsnamen, Handelsnamen, Warenbezeichnungen usw. in diesem Werk berechtigt auch ohne besondere Kennzeichnung nicht zu der Annahme, dass solche Namen im Sinne der Warenzeichen- und Markenschutz-Gesetzgebung als frei zu betrachten wären und daher von jedermann benutzt werden dürften.

Die Informationen in diesem Werk wurden mit Sorgfalt erarbeitet. Dennoch können Fehler nicht vollständig ausgeschlossen werden und die Diplomica Verlag GmbH, die Autoren oder Übersetzer übernehmen keine juristische Verantwortung oder irgendeine Haftung für evtl. verbliebene fehlerhafte Angaben und deren Folgen.

Alle Rechte vorbehalten

© disserta Verlag, Imprint der Diplomica Verlag GmbH
Hermannstal 119k, 22119 Hamburg
http://www.disserta-verlag.de, Hamburg 2018
Printed in Germany

Fusion von Tageskontext und Mobilitätsgewohnheiten als Enablersystem für Mobilitätsassistenten

Dissertation

der Mathematisch-Naturwissenschaftlichen Fakultät

der Eberhard Karls Universität Tübingen

zur Erlangung des Grades eines

Doktors der Naturwissenschaften

(Dr. rer. nat.)

vorgelegt von

M.Sc. Roman Roor

aus Barnaul/Russland

Tübingen

2017

Gedruckt mit Genehmigung der Mathematisch-Naturwissenschaftlichen Fakultät der Eberhard Karls Universität Tübingen.

Tag der mündlichen Qualifikation: 23.02.2018
Dekan: Prof. Dr. Wolfgang Rosenstiel
1. Berichterstatter: Jun. Prof. Dr. Alexandra Kirsch
2. Berichterstatter: Prof. Dr. Andreas Schilling
3. Berichterstatter, falls zutreffend: nicht zutreffend

Danksagungen

Ohne die Hilfe einiger Personen wäre die Arbeit nicht möglich gewesen. Diesen möchte ich hier danken. Als erstes gebührt mein Dank Jun. Prof. Dr. Alexandra Kirsch, die mir stets mit wertvollen Anregungen und Ratschlägen zur Seite stand, mich ermutigt hat über den Tellerrand hinauszuschauen und es mir gleichzeitig ermöglicht hat meine eigenen Ideen umzusetzen. Im gleichen Zug möchte ich Prof. Dr. Schilling für seine Hilfe und seinen Rat danken. Weiterer Dank geht auch an meine Doktorandenkollegen der Universität Tübingen für den regelmäßigen und wertvollen Austausch.

Ein weiterer großer Dank gebührt Dr. Michael Karg für die unermüdliche und zeitintensive Betreuung. Ich danke für alle geführten Diskussionen, erhaltenen Ratschläge und Opportunitäten sowie für die abwechslungsreiche und wertvolle Zeit beim Wassersport. Ich möchte ebenfalls allen Kollegen der Abteilung Mobilitätstechnologien danken, insbesondere Benjamin Krebs und Martin Hauschild für alle Opportunitäten, die sie ermöglicht haben. Danke auch an Markus Straßberger für den innovativen Austausch.

Von ganzem Herzen möchte vor allem meinem Vater sowie meiner restlichen Familie für ihre Liebe sowie Unterstützung danken.

Kurzbeschreibung

Digitale persönliche Assistenten sollen den Menschen helfen, die Nutzung neuer Funktionen und den vereinfachten Zugriff auf Informationen, bedingt durch die voranschreitenden Digitalisierung, effizient zu gestalten. Diese Arbeit beschäftigt sich mit der Aufgabe, eine Basis für einen digitalen und kontextsensitiven Mobilitätsassistenten zu untersuchen. Dabei wird zu Beginn mit Hilfe von mehreren Studien, basierend auf zwei Fragebögen sowie einem Prototypen, erforscht, welche Anforderungen ein solcher Assistent erfüllen sollte. Um umfangreichere Einblicke in die Handlungen einer Person zu erhalten, untersucht diese Arbeit, wie GPS-Koordinaten semantisch angereichert werden können. Dazu wird ein umfangreiches Set an Features extrahiert, um geografischen Aufenthaltsorten die jeweilige Bedeutung zuzuweisen. Diese Grundlage wird zur Ermittlung des Tageskontextes einer Person genutzt. Mit Hilfe eines Modells eines typischen Wochentages und diversen Vergleichsmaßen kann die Ähnlichkeit zu einem aktuellen Tagesverlauf bestimmt werden. Zudem wird untersucht, welchen Einfluss die semantisch annotierten Aufenthaltsorte auf die Vorhersage des nächsten Ortes haben. Die Mobilitätsgewohnheiten einer Person werden dazu in einem Modell abgebildet und semantisch abstrahiert. Abschließend wird die mögliche Fusion von Tageskontext und Mobilitätsgewohnheiten eines Menschen zur möglichst akkuraten Unterstützung im Mobilitätsalltag diskutiert.

Inhaltsverzeichnis

1. **Einleitung**   **13**
   1.1. Forschungsfragen 15
   1.2. Datenschutz 15
   1.3. Struktur des Dokuments 16

2. **Mobilitätsassistent**   **17**
   2.1. Einleitung 17
   2.2. Stand der Forschung 18
   2.3. Methode und Evaluation 21
       2.3.1. Erste Studie: Ermittlung der Bedürfnisse 21
       2.3.2. Zweite Studie: Eigenschaften eines Mobilitätsassistenten 23
       2.3.3. Dritte Studie: Der Prototyp 29
   2.4. Generelle Diskussion 35
   2.5. Schlussfolgerung 36
   2.6. Systemübersicht 37

3. **Datenbasis**   **41**
   3.1. Übersicht verfügbarer Datensätze 42
       3.1.1. GeoLife 45
       3.1.2. Reality mining 45
       3.1.3. StudentLife 46
       3.1.4. Lausanne Data Collection Campaign 47
       3.1.5. SherLock 48
   3.2. Eigener Datensatz 49
       3.2.1. Aufzeichnung 49
       3.2.2. Räumlich-zeitliche Datenvorverarbeitung 50
       3.2.3. Ground Truth Labeling 53
       3.2.4. Datensatzkennzahlen 56

4. **Semantische Ortsklassifizierung**   **59**
   4.1. Einleitung 59
   4.2. Stand der Forschung 60
   4.3. Datenbasis 61

	4.4. Klassifikationsfeatures	62
	4.4.1. Nutzerzentriert	62
	4.4.2. Umgebung	66
	4.5. Implementierung und Evaluation	69
	4.5.1. Multiklassen-Klassifikation	69
	4.5.2. Binäre Klassifikation	71
	4.5.3. Binäre Klassifikation unter Berücksichtigung der Zeit	71
	4.6. Diskussion	73
	4.7. Schlussfolgerung	76

5. Typische Tage und Tagesvergleiche 79
- 5.1. Einleitung . . . 79
- 5.2. Stand der Forschung . . . 80
- 5.3. Datenbasis . . . 82
- 5.4. Ähnlichkeitsmaße . . . 86
  - 5.4.1. Jaccard-Koeffizient . . . 86
  - 5.4.2. Sørensen-Koeffizient . . . 89
  - 5.4.3. Hamming-Abstand . . . 89
  - 5.4.4. Levenshtein-Distanz . . . 90
  - 5.4.5. Hunt–McIlroy-Algorithmus . . . 91
  - 5.4.6. Sum-of-Pairs mit dynamischer Zeitnormierung . . . 93
  - 5.4.7. Graphen-Ähnlichkeit . . . 94
  - 5.4.8. Geografische Distanz . . . 95
- 5.5. Implementierung . . . 96
  - 5.5.1. Modell des typischen Tages . . . 96
  - 5.5.2. Kontexterkennung . . . 104
- 5.6. Evaluation . . . 105
  - 5.6.1. Aufenthaltsortdarstellung . . . 105
  - 5.6.2. Ortskategoriedarstellung . . . 108
- 5.7. Schlussfolgerung . . . 111
  - 5.7.1. Diskussion . . . 111
  - 5.7.2. Ausblick . . . 114

6. (Semantische) Vorhersage des nächsten Ortes 117
- 6.1. Einleitung . . . 117
- 6.2. Stand der Forschung . . . 118
- 6.3. Datensatz . . . 120
- 6.4. Grundlagen . . . 122
  - 6.4.1. Mobilitätsgewohnheiten . . . 123
  - 6.4.2. Variable Order Markov Model . . . 124

Inhaltsverzeichnis

      6.4.3. Prediction by Partial Matching 127
  6.5. Implementierung 130
      6.5.1. Modellerstellung 130
      6.5.2. Zeitliche Plausibilitätsprüfung 135
      6.5.3. Vorhersage des nächsten Ortes 137
  6.6. Evaluation 138
      6.6.1. Messgrößen 138
      6.6.2. Ergebnisse 141
  6.7. Diskussion 146
  6.8. Schlussfolgerung 147

7. Ausblick: Kontextsensitive Vorschläge   **149**
  7.1. Einleitung 149
  7.2. Stand der Forschung 150
  7.3. Fusion der Teilsysteme 151
      7.3.1. Angereicherte semantische Vorhersage des nächsten Ortes 152
      7.3.2. Kontext-abstrahierte semantische Vorhersage des nächsten Ortes . . 153
      7.3.3. Multiple Modelle zur semantischen Vorhersage des nächsten Ortes . 154
  7.4. Schlussfolgerung 156

8. Zusammenfassung   **157**
  8.1. Beitrag 158
  8.2. Ausblick 159

Literaturverzeichnis   **161**

A. Mobility Companion App Datenbank   **173**

B. Typische Tage und Tagesvergleiche   **178**
  B.1. Testdatensatz 179
  B.2. Modelle der typischen Tage 181

1. Einleitung

Digitale persönliche Assistenten haben ähnliche gemeinsame Ziele, unter anderem dem Nutzer routinierte Aufgaben zu automatisieren, jedoch werden diese auf unterschiedliche Arten und in unterschiedlichen Umfängen umgesetzt. Welche Umsetzung von welchem Nutzer präferiert wird, ist oft vom Anwendungsfall abhängig. Eine nutzerzentrierte Untersuchung der Anforderungen an einen persönlichen Assistenten kann helfen, ein System zu erschaffen, das bestmöglich auf die Bedürfnisse aller Nutzer eingeht.

Abbildung 1.1.: BMW ConnectedMirror [13]. Erstmalig vorgestellt auf der CES 2016 in Las Vegas.

Um ein besseres Verständnis über einen digitalen persönlichen Assistenten zu erhalten, soll folgendes Beispielszenario angenommen werden: Frau Müller ist berufstätig und wacht an Werktagen zu unterschiedlichen Uhrzeiten auf, um sich für die Arbeit fertigzumachen. Während sie ihren Kaffee genießt, wandert ihr Blick auf den „ConnectedMirror" (siehe Abbildung 1.1), um sich über ihre bevorstehenden Aufgaben, den Wetterbericht und eventuelle Störungen im Nahverkehr zu informieren. Da Frau Müller heute besonders früh aufgewacht ist, weiß der digitale persönliche Assistent in Form des „ConnectedMirror", dass sie höchstwahrscheinlich auf dem Weg zur Arbeit einen Umweg über ihren bevorzugten Zeitschriftenhändler nehmen wird, um sich die wöchentliche Sonderausgabe der Regional-

1. Einleitung

zeitung zu kaufen. Da Frau Müller ihren Assistenten mit ihrem Smartphone vernetzt hat, kann der Assistent mit Hilfe der Sensordaten des Smartphones den typischen Tagesverlauf auf Basis der aktuellen Situation ermitteln und ihr dadurch die relevanten Informationen darstellen. Der typische Tagesverlauf kann durch den Assistenten, unter Berücksichtigung der historisch aufgezeichneten Daten des Smartphones, modelliert werden.

An diesem Morgen ist jedoch eine Weichenstörung auf der Strecke zum Zeitschriftenhändler gemeldet. Dadurch würde sich der Zeitbedarf erheblich erhöhen, sodass Frau Müller ihren ersten Arbeitstermin verpassen würde. Da der Assistent die Semantik der geografischen Aufenthaltsorte kennt, wie den Verkaufsstand des Zeitschriftenhändlers, wird auf dem „ConnectedMirrors" eine Nahverkehrsverbindung zu einem alternativen Zeitschriftenfachgeschäft angezeigt, damit Frau Müller nach dem Kauf der Zeitung noch rechtzeitig zum ersten Termin erscheinen kann. Der Assistent kann die Semantik von Aufenthaltsorten durch die Zuhilfenahme von Sensorwerten des Smartphones sowie weiteren Datenquellen ermitteln. Menschen weisen bestimmte Verhaltenscharakteristiken für bestimmte Orte auf, die mit Hilfe des Smartphones abgebildet werden und zur semantischen Anreicherung verwendet werden können.

Gewöhnlicherweise wäre Frau Müller an diesem Tag nach der Arbeit noch ins Fitnessstudio gegangen. Sie hat jedoch ihre Mittagspause bereits genutzt, um sich sportlich zu betätigen. Der Assistent auf ihrem Smartphone konnte den geänderten Tagesablauf erkennen und weiß, dass sie nach der Arbeit höchstwahrscheinlich nach Hause fahren wird anstatt ins Fitnessstudio. Da die Störung im Nahverkehr auch nach der Arbeit nicht behoben ist und Frau Müller, laut ihrer Aufgabenliste, noch Kleidung in der Reinigung abholen soll, schlägt der Assistent vor, dass sie statt dem Nahverkehr ein Carsharing-Fahrzeug nutzt, zur Reinigung fährt und anschließend nach Hause. Dazu wird ihr ebenfalls die bestmögliche Route angezeigt. Durch die Verknüpfung mit der digitalen Aufgabenliste und der Schätzung des nächsten Ortes, basierend auf den Mobilitätsgewohnheiten, ist es möglich, Frau Müller proaktiv zu unterstützen und ihr somit bei der Planung der Mobilität Zeit sparen zu helfen.

Dieses fiktive Szenario hat teilweise gezeigt, welche Möglichkeiten in der proaktiven Unterstützung der Tagesmobilität vorhanden sind, um den Nutzenden eines solchen Assistenten eine bedingte zeitliche Entlastung im Alltag bieten zu können. Bedingt durch das noch vorhandene Potenzial im Bereich Nutzerassistenz befasst sich diese Forschungsarbeit generell mit der Frage, wie und in welchem Ausmaß sich ein Mensch Unterstützung im Alltag durch einen Mobilitätsassistenten wünscht. Hierfür wird im weiteren Verlauf die Aufzeichnung eines geeigneten Datensatzes thematisiert, der als Grundlage für die weitere Arbeit genutzt wird. Darauf basierend soll eine geeignete Methode zur semantischen Klassifizierung von Orten evaluiert werden. Mit Hilfe der semantisch angereicherten Daten soll anschließend untersucht werden, wie die Normalität des Tagesverlaufs eines Menschen bestimmt werden kann und welcher Vorteil sich durch die semantische Abstraktion bei der Bestimmung des nächsten Aufenthaltsortes ergibt. Im Anschluss sollen die Ergebnisse der Teilsysteme auf eine mögliche Fusion untersucht werden. Das Ziel ist, den Nutzer eines Mobilitätsassistenten kontextabhängig und umfassend mit nützlichen Hinweisen zu unterstützen.

1.1. Forschungsfragen

Zur Erforschung eines System, das seine Nutzer bestmöglich im Alltag unterstützt und flexibel auf Veränderungen von Routinen eingeht, stellen sich folgende generelle Forschungsfragen:

1. Wie kann die Semantik von Aufenthaltsorten mit Hilfe von mit dem Smartphone aufgezeichneten Daten bestimmt werden?

2. Wie kann der Kontext eines Tages abgeleitet werden?

3. Welchen Einfluss hat die Einbeziehung der Semantik von Aufenthaltsorten auf die Vorhersage des nächsten Ortes?

4. Wie können die Ergebnisse der semantischen Ortsklassifizierung, des Tageskontextes und der semantischen Vorhersage des nächsten Ortes fusioniert werden, um kontextsensitive Vorschläge zu erzeugen?

Auf diese und weitere Fragen wird im Laufe dieser Ausarbeitung in den jeweiligen Kapiteln eingegangen.

1.2. Datenschutz

Diese Forschungsarbeit nutzt als Datenbasis unter anderem personenbezogene Daten, die mithilfe von Smartphones aufgezeichnet werden. Die durch das Smartphone aufgezeichneten Sensorwerte werden auf dem Gerät des Nutzers zwischengespeichert und in regelmäßigen Abständen in pseudonymisierter Form an einen zentralen Server übermittelt, auf dem die Verarbeitung dieser Daten vorgenommen wird. Die Speicherung, Verarbeitung und Nutzung personenbezogener Daten ist in manchen Ländern, wie unter anderem Deutschland nach § 11 BDSG, weitestgehend gesetzlich reguliert sowie a) nicht uneingeschränkt erlaubt und b) nur mit expliziter Zustimmung der Nutzenden gestattet.

Da die Gesetzgebung von Land zu Land variiert und die Rechtswissenschaften ein eigener Forschungsbereich sind, sind die rechtlichen Aspekten bezüglich der Verarbeitung,

1. Einleitung

Speicherung etc. personenbezogener Daten nicht Gegenstand dieser Arbeit. Der Fokus ist stattdessen auf die Exploration und Verarbeitung der Daten sowie auf technische Realisierung der Forschungsfragen gerichtet. Dennoch wurde die explizite Zustimmung der einzelnen Nutzer zur Speicherung und Verarbeitung ihrer erhobenen Daten schriftlich eingeholt.

1.3. Struktur des Dokuments

Der weitere Aufbau dieser Arbeit orientiert sich an folgender Struktur:

- In Kapitel 2 wird eine Studie zu einem persönlichen Mobilitätsassisten vorgestellt, in der erforscht wurde, welche Funktionen sich Nutzer eines solchen Assistenten wünschen. Darüber hinaus wird der strukturelle Aufbau eines solchen Systems dargelegt, an dem sich diese Arbeitet orientiert.

- Um Evaluationen auf Daten der realen Welt zu tätigen, ist ein Datensatz nötig, der diese repräsentiert. Dazu gibt Kapitel 3 eine Übersicht.

- In Kapitel 4 wird beschrieben, wie die besuchten Orte eines Menschen nach ihrer Bedeutung klassifiziert werden können, um die aufgezeichneten Daten semantisch anzureichern.

- Um Aussagen über den Kontext eines Menschen treffen zu können, beschreibt Kapitel 5 ein Modell und Maße zur Erkennung von (un-)gewöhnlichen Tagesverläufen.

- In Kapitel 6 wird ein System zur Vorhersage des nächsten Ortes beschrieben und mit einer semantischen Abstraktionsschicht erweitert.

- Um einen Nutzer eines Mobilitätsassistenten mit situationsbasierten Hinweisen in seinem Alltag zu unterstützen, wird in Kapitel 7 theoretisch über die unterschiedlichen Möglichkeiten diskutiert, wie die in dieser Arbeit erforschten Systeme nutzerorientiert fusioniert werden können.

- In Kapitel 8 wird es eine abschließende Zusammenfassung dieser Forschungsarbeit geben.

2. Mobilitätsassistent

In diesem Kapitel wird beschrieben, wie sich Nutzer eine mögliche Unterstützung durch einen digitalen Assistent vorstellen könnten. Einige Inhalte dieser Forschungsarbeit sind bereits in [82] veröffentlicht.

2.1. Einleitung

In der heutigen Gesellschaft ist es für viele Menschen wichtig und fast unabdingbar, digital vernetzt zu sein. Die weitreichende Verfügbarkeit von vernetzten Geräten, wie zum Beispiel Smartphones, erlaubt den Nutzern Zugriff auf eine Vielzahl an Informationen. So ist es möglich, sich unter anderem über das Wetter und den Verkehr zu informieren sowie Informationen über anstehende Termine und den Status seines Fahrzeugs einzuholen. Je mehr Informationsquellen in Betracht gezogen und je intelligenter diese kombiniert werden, desto aktiver kann der Tagesverlauf beeinflusst werden. So könnte beispielsweise ein existierender Verkehrsstau rechtzeitig umfahren werden oder auch, anstatt mit dem Fahrrad in einen Regenschauer zu kommen, direkt auf einen Regenschirm und öffentliche Verkehrsmittel zurückgegriffen werden. Um überraschende Alltagssituationen weitestgehend zu vermeiden, kann der Nutzer oder die Nutzerin weitere Informationsquellen konsultieren. Je nach Komplexitätsgrad der Informationen und Anzahl der Informationsquellen kann es zeitintensiv werden, jegliche Eventualitäten eines möglichen Tagesverlaufs zu bedenken.

Aktuell existieren verschiedene Smartphone-basierte Assistenten, die in Form von Apps versuchen, den Nutzer bereits in seinem Alltag mit verschiedenen Funktionalitäten zu unterstützen. Neben „Google Now" gibt es beispielsweise noch Apples Kombination aus *Siri* und „HomeKit"-App, die einen Assistenten aus dem Smarthome-Umfeld formen. Amazon hat mit „Echo" ein assistierendes Gerät für den Heimgebrauch veröffentlicht, das via Spracheingabe bestimmte Aufgaben erledigen kann. Die Forschungsarbeit im Bereich der humanoiden Roboter, die dem Menschen im Alltags assistieren, steigt aktuell weiter an. Holistisch gesehen kann jedoch eine Vielzahl von möglichen Assistenten überfordern und zusätzlichen Stress erzeugen, obwohl genau das Gegenteil erreicht werden soll.

Um dennoch eine Entlastung im Alltag für den Nutzer erreichen zu können, wäre ein domänenübergreifender persönlicher Assistent eine mögliche Lösungsvariante. Dazu sollten Informationen und Steuerungen aus unterschiedlichen Quellen kombiniert und auf die Bedürfnisse und Gewohnheiten des Nutzer angepasst werden, um eine verlässliche und proaktive Unterstützung des Nutzers bewerkstelligen zu können. Mit „Google Now" wurde ein erster Schritt in Richtung tägliche Mobilitätsplanung und proaktive Notifikation getätigt. Basierend auf den Google bekannten Daten und Mobilitätsgewohnheiten eines Nutzers versucht die App situationsgerecht Vorschläge zu unterbreiten, wie z.B. zum Umfahren eines Staus, rechtzeitigen Aufbruch zum Flughafen oder Lieferzeitpunkt einer Paketsendung. BMW hat im Jahr 2016 den „ConnectedMirror" vorgestellt, der eine Mischung aus einem persönlichen Assistenten und einem Spiegel darstellt, wie in Abbildung 1.1 auf Seite 13 zu sehen ist. Je nach Situation werden dem Nutzer proaktiv die benötigten Informationen angezeigt und Aktoren gesteuert. So werden beispielsweise beim Verlassen des Hauses am Morgen die Tagesagenda angezeigt, die besten Mobilitätsoptionen dargestellt sowie das Fahrzeug autonom aus der Garage gefahren und die Heizungstemperatur im Haus gesenkt. Dennoch sind solche Assistenten in ihrem Funktionsumfang heute noch beschränkt.

Zudem können die Nutzer oft nicht genau sagen, welche spezifischen Anforderungen sie an so einen Assistenten haben. Dieser Umstand erschwert die Erforschung der Bedürfnisse. Fragebogen-basierte Studien können daher nur bedingt hilfreich sein, da theoretische Aussagen mit der Realität divergieren. Deswegen bieten sich Prototyp-basierte Studien an. Diese sind jedoch begrenzt auf bereits existierende Ideen und eignen sich vor allem zur Validierung der Umsetzung. Kombinierte Studien, basierend auf Fragebögen und Prototypen, neigen dazu, Aussagen über die tatsächlichen Bedürfnisse eines Nutzers zu tätigen.

Braucht der Nutzer oder die Nutzerin überhaupt einen persönlichen (Mobilitäts-)Assistenten und wenn ja, welche Funktionalitäten sollte dieser besitzen? In welcher Situation sind welche Informationen für den Nutzer am nützlichsten? Diese und weitere Fragen werden in diesem Kapitel über einen domänenübergreifenden Mobilitätsassisten untersucht. Dazu wurden drei Studien durchgeführt – zwei Fragebogen- und eine Prototyp-basierte. Der wissenschaftliche Beitrag dieses Kapitels lässt sich wie folgt zusammenfassen:

- Identifizierung der Unzulänglichkeiten beim täglichen Gebrauch persönlicher Assistenten.
- Untersuchung geeigneter Funktionen für den täglichen Gebrauch.
- Erkenntnisse über die Eignung eines Smartphone-basierten persönlichen Assistenten.

2.2. Stand der Forschung

In den letzten 25 Jahren sind einige Generationen von Systemen entstanden, die den Nutzer mit Hilfe von künstlicher Intelligenz in diversen Bereichen unterstützen möchten. Am Anfang wurden überwiegend Expertensysteme erforscht, heutzutage sind es kontextbasierte, intelligente Assistenzsysteme, die als vielversprechende Basis für persönliche Assistenten erforscht werden [16]. In [47] diskutieren Keeble et al., ob eine Benutzeroberfläche „adaptiv" oder „intelligent" sein soll. Das von ihnen vorgestellte Framework kann domänenübergreifende Daten verarbeiten und mit seinem Umfeld interagieren, indem es tägliche Aufgaben im Internet automatisiert. Eine Erkenntnis, zu der sie kamen, ist, dass der Fokus bei Benutzeroberflächen auf der Adaption liegen und das intelligente Verhalten dem Nutzer überlassen werden soll.

Es sind unterschiedliche Herangehensweisen möglich, um zu erforschen, welche Anforderungen und Bedürfnisse Menschen hinsichtlich Funktionalität und Benutzeroberfläche an unterstützende Geräte haben.

Eine Möglichkeit stellen Umfragen dar. Bhattacharya et al. [11] nutzten papierbasierte Umfragen, um adaptive Bedienoberflächen und natürliche Sprachverarbeitung zu erforschen. So auch Horzyk et al. [42], die ihre Studie mit einen Prototypen erweitert haben. Dafür haben sie einen Chatbot-basierten Einkaufsassistenten realisiert, der sich auf die Bedürfnisse des Kunden einstellt und sich ähnlich wie ein realer Einzelhandelsmitarbeiter verhält. In [79] haben die Autoren mit Hilfe einer Umfrage ($N = 158$) die Anforderung an intelligente Mobilitätsdienste für zu Hause beleuchtet. Die Studie erkannte unter anderem einen Informationsmangel für Mobilitätsoptionen aus dem Bereich der mobilitätszentrierten Informationen für zu Hause.

Mit Hilfe von realitätsnahen Modellen können durch Simulationen ebenfalls Untersuchungen bezüglich Nutzeranforderungen und -bedürfnissen angestellt werden. Koordination und Unterstützung von Gruppen ist laut Nourjo et al. [71] ein anspruchsvolles und aktuell stark erforschtes Gebiet. Um Erdbeben-Notfallrettungsteams effizient koordinieren zu können, haben sie einen intelligenten Assistenten vorgestellt, der den Teams räumlich-zeitlich effizient optimierte Aufgaben zuweist und dies mit Hilfe von Simulationen belegt. Um ältere Menschen in Einpersonenhaushalten zu unterstützen und die Produktivität in ihren täglichen Aufgaben zu verbessern, liegt der Fokus der Forschung in [101] auf lebensgroßen, humanoiden Robotern. Das Ziel ist. eine autonom arbeitende Anwendung für einen Roboter zu entwickeln, zur Wahrnehmung der Umgebung, Objekterkennung und Ausführung manipulierender Haushaltsaufgaben.

Um Erkenntnisse über konkrete Implementierungen von Funktionen zu erhalten, können Prototyp-basierte Evaluationen hilfreich sein. Dies haben die Autoren Segal et al. in [87] versucht, um quantitative Daten über den Mehrwert einer adaptiven Benutzeroberfläche zu erheben. Der Prototyp hat E-Mails adaptiv klassifiziert und sortiert, sodass eine Verringerung der benötigten Zeit und kognitiven Last erreicht werden konnte. In [27] stellen Costa et al. einen Android-basierten, intelligenten Prototypen eines Erinnerungsassistenten vor, der demenzkranken Menschen helfen soll, ihre Aktivitäten und Termine nicht zu

2. Mobilitätsassistent

vergessen und somit der Krankheit entgegenzuwirken. Coronato et al. fokussieren ihre Forschungsarbeit in [25] auf die semantische Integration unterschiedlicher Lokalisierungssysteme. Ihr Framework nutzt Ontologien, um die absolute sowie semantische Position zu erkennen. Dies ist ein weiterer Schritt in Richtung kontextsensitive, persönliche Assistenten innerhalb Smarthome-Umgebungen. Zur Lokalisierung und Überwachung von Aktionen, Vitalzeichen, Symptomen und Sicherheit eines Menschen ist es notwendig, den aufkommenden Bedarf zu erkennen. Zhou et al. [106] haben sich dafür auf Menschen mit Gehbehinderung fokussiert und einen Roboter entwickelt, der versucht multimodale Handlungen des Menschen zu erkennen und vorherzusagen, um ihn hinsichtlich ihrer Mobilität proaktiv zu unterstützen.

Gemischte Methodenstudien können, durch Einbeziehung von Nutzeraussagen und -aktionen, zu einer nutzenorientierten Lösung der Problemstellung führen. So haben es unter anderem auch Ko et al. [50] gemacht und die Prototyp-basierte Studie mit jeweils einem Fragebogen vor und nach der Durchführung ergänzt, um die Effizienz in Gruppenarbeiten zu untersuchen. Das Ziel ist es, einen Smartphone-basierten Assistenten zu erschaffen, der durch Nutzungsbeschränkungen die Ablenkung durch das Smartphone reduziert. Mit Hilfe der Studie konnte gezeigt werden, dass der entwickelte Assistent, *Lock n' Lol*, die Produktivität in Gruppen steigern konnte. Alnosayan et al. [1] versuchten die Fitness des Nutzer in einer Smarthome-Umgebung zu verstehen und zur Selbstpflege anzuregen. Wang et al. [96] haben einen proaktiv assistierenden Rollstuhl für eine Smarthome-Umgebung entwickelt, der mit zwei Roboterarmen ausgestattet ist. Dieser Rollstuhl kann über einen lokalen oder kooperativen Modus gesteuert werden und Menschen mit Beeinträchtigungen helfen, Gegenstände zu versetzen. Um einen Einblick zu bekommen, warum Nutzer manche Funktionalitäten in Smarthome-Umgebungen nicht nutzen, wurde in [29] eine Langzeitstudie durchgeführt. Die Ergebnisse machen deutlich, dass unterschiedliche Nutzergruppen ihre eigenen Gründe haben für die Nichtnutzung oder sogar Auflehnung gegen bestimmte unterstützende Funktionen.

In [19, 26] untersuchen Cesta et al. und Cortellessa et al. die Wahrnehmung älterer Menschen bei der Interaktion mit unterstützenden Robotern und Smarthome-Umgebungen. Anstatt jedes Mal mit Hilfe des Roboters jedem Probanden die acht zu bewertenden Aktionen vorzuführen, wurde eine Video-basierte Methode konzipiert, bei der den Probanden die Aktionen mit Hilfe von aufgezeichneten Filmen vorgeführt wurden. Dies soll Fehler minimieren und die Konzentration der Probanden steigern. Sie kommen zu dem Entschluss, dass die positive Wahrnehmung des Roboters abhängig von der komplexen Beziehung zwischen kognitiven, affektiven und emotionalen Komponenten ist, neben den praktischen Vorteilen, die durch einen unterstützenden Roboter geboten werden.

Die vorgestellten Forschungsarbeiten fokussieren sich hauptsächlich auf Assistenz innerhalb einer bestimmten Domäne. Damit ein Nutzer oder eine Nutzerin in unterschiedlichen

Alltagssituationen durchgehend unterstützt werden kann, ist es für ihn aktuell notwendig, auf verschiedene Lösungen zurückzugreifen. Angesichts der Benutzerfreundlichkeit wäre eine holistische und domänenübergreifende Lösung in diesem Fall geeigneter. Aus diesem Grund haben Sun et al. [95] einen Smartphone-basierten und domänenübergreifenden persönlichen Assistenten entwickelt, der generelle Intentionen des Nutzers erkennen kann. Dadurch kann der Assistent bei Aufgaben unterstützen, indem er die richtigen Apps vorschlägt. Die in diesem Kapitel beschriebene Forschungsarbeit basiert ebenfalls in dem domänenübergreifenden Bereich und konzentriert sich auf die Exploration der Anforderungen der Menschen an einen persönlichen Assistenten zur Unterstützung bei täglichen Aufgaben und der generellen Mobilität. Dazu wurden drei Studien durchgeführt, die eine Kombination aus Online-Umfragen und einer Prototyp-basierten Studie sind.

2.3. Methode und Evaluation

Um darzulegen, welche generellen Anforderungen die Nutzer an einen Mobilitätsassistenten haben, wurde ein gemischtes Studiendesign gewählt. Es wurden drei jeweils aufeinander aufbauende Studien durchgeführt, ausgerichtet darauf zu erforschen, welche notwendigen Eigenschaften ein Mobilitätsassistent haben sollte. Wie in [82] beschrieben, ist die Forschung folgendermaßen verlaufen: Die Ergebnisse der ersten Studie wurden als Grundlage für die zweite Studie genutzt sowie die Ergebnisse der zweiten Studie als Grundlage für die dritte Studie. Die ersten beiden Studien wurden jeweils Fragebogen- und die dritte Studie Prototyp-basiert durchgeführt. Jede der Studien beginnt mit der Einverständniserklärung zur anonymen Datenerhebung und der anschließenden Ermittlung von persönlichen Informationen (demografische Daten, tägliche Verkehrsmittelwahl und Pendelzeit).

2.3.1. Erste Studie: Ermittlung der Bedürfnisse

Das Ziel der ersten Studie war es, Unzulänglichkeiten im Bereich der täglichen Mobilität und Automatisierung zu ermitteln, um eine Basis an potenziellen Funktionen für einen Mobilitätsassistenten zu erstellen.

Methode

Die erste Studie wurde mit Hilfe einer Online-Umfrage durchgeführt. Die Studienteilnehmer kamen aus dem Großraum Tübingen, Deutschland und waren Familienangehörige, Freunde und Studenten. Es wurde keine Aufwandsentschädigung für die Teilnahme an der Studie angeboten. Es haben insgesamt 23 Probanden (zehn männliche, 13 weibliche) teilgenommen. Davon waren 14 Personen Studierende aus dem Bereich der Informatik, gefolgt von neun Berufstätigen (fünf aus dem Automobilbereich, vier aus anderen Industrien). Die Studienteilnehmer waren im Alter von 18 bis 56 Jahren ($M = 30.22$, $SD = 12.7$). Die durchschnittliche Pendelzeit pro Tag beträgt 64.26 Minuten ($SD = 31.4$), in der ca. eine Strecke von 25.65km ($SD = 21.91$) zurückgelegt wird. Mehr als 52% der Befragten nutzen für das tägliche Pendeln *Pkw*, *Bus*, *Bahn* und / oder *Fahrrad*. *Kein Verkehrsmittel* und / oder das *Motorrad* wurden von weniger als 9% genannt. Eine Mehrfachauswahl war möglich. Vor Reisebeginn informierten sich 14 Probanden über die Strecke (z. B. Verkehrslage, Fahrplan und Wetter). Die übrigen neun Befragten informierten sich vor Reisebeginn nicht, weil entweder die Streckenlänge zu kurz war, keine Alternativen vorhanden oder es nicht als sinnvoll erschien.

Nach der Erhebung der allgemeinen Daten wurden die Probanden gebeten, Herausforderungen zu nennen, die ihnen in ihrem Alltag begegnen, beispielsweise auf dem Weg zur Arbeit, Supermarkt und Universität. Dazu stand ihnen eine offene Texteingabe zur Verfügung. Im Anschluss sollte jeder Proband seine fünf größten Herausforderungen bewerten hinsichtlich der Relevanz sowie der Dimensionen *Häufigkeit* („Dieses Problem begegnet täglich."), *Zeitverlust* („Ich verliere dadurch wertvolle Zeit."), *Emotion* („Ich ärgere mich sehr darüber.") und *Vermeidbarkeit* („Das Problem ließe sich leicht vermeiden.") auf einer fünfstufigen Likert-Skala [56].

Im letzten Teil wurden die Probanden gefragt, welche Anforderungen sie an einen Mobilitätsassistenten vor beziehungsweise während einer Fahrt haben sowie in anderen Kontexten, wie *Smarthome* und *öffentliche Verkehrsmittel*. Dafür waren wieder offene Texteingaben vorgesehen.

Ergebnisse

Aus den qualitativen Angaben der Probanden wurden Kategorien für jeden Abschnitt des Fragebogens gebildet, die sich, wie in Tabelle 2.1 dargestellt, zusammenfassen lassen (geordnet nach der Häufigkeit der Nennungen). Die Kategorie *Herausforderungen im Alltag* ist in Tabelle 2.2 und 2.3 im Detail dargestellt.

Für die quantitative Auswertung bezüglich der Relevanz und den Dimensionen (*Häufigkeit*, *Zeitverlust*, *Emotion* und *Vermeidbarkeit*) der fünf größten Herausforderungen wurde das Statistikprogramm SPSS genutzt. Das Ergebnis der gewünschten Eigenschaften eines Assistenten ist in Tabelle 2.4 und 2.5 zu sehen. Die Kategorien wurden nach der Anzahl ihrer Nennungen sortiert. Unerwartete Ereignisse während einer Reise wurden von der Mehrheit der Probanden als größte Alltagsherausforderung genannt. Dazu zählen unter anderem Unfälle, Staus und Ausfälle im ÖPNV. Der Mobilitätsassistent soll laut den Befragten die daraus resultierenden zeitlichen Herausforderungen angehen, indem er detaillierte Informationen zur Route, den Geschehnissen und Alternativen bereitstellt. Darüber hinaus wurden

Tabelle 2.1.: Gebildete Kategorien der qualitativen Angaben der Probanden für die drei Bereiche des Fragebogens.

Bereich	Kategorie
Herausforderungen im Alltag	– Verkehrslage – Störungen im ÖPNV – Folgen des Wetters – Fahrzeug – Fahrrad – Zeitmanagement – Sonstiges
Anforderungen an den Mobilitätsasistenten	– Allgemeine Mobilität – Informationen zur Verkehrslage – Informationen zum Wetter – Informationen zum ÖPNV
Weitere Funktionalitäten	– Anbindung an das Fahrzeug – Kalender – Smarthome – E-Mails, Nachrichten – Anbindung an das Fahrrad – Sonstiges

weitere Einsatzmöglichkeiten eines Mobilitätsassistenten identifiziert und in Tabelle 2.4 und 2.5 nach Kontexten gegliedert.

2.3.2. Zweite Studie: Eigenschaften eines Mobilitätsassistenten

In der ersten Studie (Kapitel 2.3.1) hat sich gezeigt, dass die Befragten auf diverse Herausforderungen in ihrem Alltag stoßen. Diese Studie beschäftigt sich daher damit, das Spektrum an Funktionalitäten zu erschließen, die ein Mobilitätsassistent haben sollte, um den Nutzer im Alltag optimal unterstützen zu können.

Methode

Die zweite Studie wurde ebenfalls als Online-Fragebogen und auf Basis der in der ersten Studie (Kapitel 2.3.1) gewonnenen Ergebnisse erstellt. Die 17 Studienteilnehmer (fünf männliche, zwölf weibliche) waren im Alter von 18 bis 54 Jahren ($M = 29.41$, $SD = 11.33$). Rekrutiert wurden sie innerhalb des Freundeskreises, Familie und der Universität aus dem Großraum Tübingen, Deutschland. Neun von ihnen waren berufstätig (drei in der Automobilbranche, zwei in der Verwaltung, vier in anderen Industrien) und die restlichen acht waren Studierende (fünf Informatiker, drei aus anderen Studiengängen). Die

Tabelle 2.2.: (Teil 1) Identifizierte Herausforderungen des Alltags im Detail.

Kategorie	Herausforderung

Verkehrslage	– Stau
	– Verkehrsaufkommen
	– Baustellen
	– Parkplatzmangel
	– Behinderungen durch
	   – Landwirtschaftliche Maschinen
	   – Müllabfuhr
	   – Fußgänger
	   – Radfahrer

Störungen im ÖPNV	– Verspätungen – Ausfälle – Überfüllte Busse / Züge – Lange Umstiegszeiten – Bahnstreiks – Unregelmäßige Fahrpläne
Folgen des Wetters	– Falsche Kleidung – Regenschirm vergessen
Fahrzeug	– schlechte, nicht vorausschauend fahrende Autofahrer – Missachtung der Vorfahrtsregeln – lange Parkplatzsuche, dadurch weite Wege und Zeitverlust – tief stehende Sonne
Fahrrad	– zu wenige Fahrradständer – Fußgänger auf den Radwegen – Instandhaltung des Fahrrades – schlechte Radwege
Zeitmanagement	– zu spätes Losfahren – pünktlich aufstehen – späteste Abfahrtszeit

Tabelle 2.3.: (Teil 2) Identifizierte Herausforderungen des Alltags im Detail.

Kategorie	Herausforderung
Sonstiges	– Vergessen von Terminen / Gegenständen – unangemessene Verkehrsführung – schlechte Wegverhältnisse – unerwartetes Verhalten anderer Verkehrsteilnehmer – leerer Kleider- / Kühlschrank – entladene Smartphonebatterie

durchschnittliche Pendelzeit pro Tag beträgt 83.34 Minuten ($SD = 47.79$), in der ca. eine

2.3. Methode und Evaluation

Tabelle 2.4.: (Teil 1) Ergebnis der quantitativen Auswertung der Anforderungen an einen Mobilitätsassistenten hinsichtlich Informationsbereitstellung und Steuerungsmöglichkeiten.

Kontext	Anforderungen
Verkehrslage	– Stau – Baustellen – Unfälle – Straßensperren – (Groß-)Veranstaltungen – Geschwindigkeitsbegrenzungen
ÖPNV	– Verspätungen – Störungen auf der Strecke – Bus- / Zug-Fahrpläne – Anschlussmöglichkeiten – aktuelle Position des Busses / Zuges
Wetter	– am Start- und Zielort – Unwetterwarnungen
Allgemeine Mobilität	– Vorschläge für die Verkehrsmittelwahl – voraussichtliche Reisedauer und Ankunftszeit – Navigation – schnellste / kürzeste Route – aktueller Aufenthaltsort / Fahrplan – alternative Routen
Fahrzeug	– (technische) Informationen – Parkplatzmöglichkeiten und Reservierung – Informationen zu Park & Ride – Car Sharing
Kalender	– Vorschlagen geeigneter Abfahrtszeiten, um pünktlich am Ziel anzukommen – Terminerinnerungen / -verwaltung

Strecke von 35.71km ($SD = 29.96$) zurückgelegt wird. Mehr als 65% der Befragten nutzen für das tägliche Pendeln *Pkw* und / oder das *Fahrrad* (48%), gefolgt vom *Bus* (35%), *Bahn* (29%), *Kein Verkehrsmittel* (23%) sowie *Motorrad* (6%). Eine Mehrfachauswahl war möglich. Vor Reisebeginn informierten sich elf Probanden über Informationen zur Strecke (z. B. Verkehrslage, Fahrplan und Wetter). Die übrigen sechs Befragten informierten sich vor Reisebeginn nicht, weil entweder die Streckenlänge zu kurz war, keine Alternativen vorhanden oder es nicht als sinnvoll erschien.

Nachdem die Probanden eine Einführung in die Studie „intelligenter Mobilitätsassistent" bekommen hatten, wurden ihnen 37 mögliche Funktionen eines Mobilitätsassistenten aus den Themenbereichen *allgemeine Mobilität, Fahrzeug, ÖPNV, Zeitmanagement, Smarthome* und *Sonstige* vorgestellt, die auf den Ergebnissen der ersten Studie (Kapitel 2.3.1)

2. Mobilitätsassistent

Tabelle 2.5.: (Teil 2) Ergebnis der quantitativen Auswertung der Anforderungen an einen Mobilitätsassistenten hinsichtlich Informationsbereitstellung und Steuerungsmöglichkeiten.

Kontext	Anforderungen
Smarthome	– Temperatur – Zugriff auf Gegensprechanlage – Backup Server – automatisches Einschalten von Haushaltsgeräten – Kühlschrankinhalt
Fahrrad	– Tachometer – Wartungshinweise
Messaging	– E-Mail & Textnachrichten
Sonstiges	– Online Banking – automatisches Ticketing für ÖPNV – Anzeige freier WLANs – Notruf – tägliche Aufgabenliste – Entertainment

basieren. Die Probanden waren angehalten, jede vorgestellte Funktion hinsichtlich der Dimensionen *Attraktivität* (gut / schlecht), *Effizienz* (effizient / ineffizient), *Stimulation* (interessant / uninteressant) und *Neuartigkeit* (innovativ / konservativ) zu bewerten. Diese stammen aus dem „User Experience Questionnaire" [51] und ermöglichen die Einordnung auf einem fünfstufigen Polaritätenprofil. Die Polarität sowie die Reihenfolge der Items wurde randomisiert. Zusätzlich bestand die Möglichkeit, zu jedem Themenbereich in einer offenen Texteingabe weitere Funktionen zu nennen. Im abschließenden Teil des Fragebogens beantworteten die Teilnehmer sieben Fragen zur gewünschten *Anzeige und Mitteilung von Informationen* sowie vier Fragen zur *Nutzung* eines solchen Assistenten, ebenfalls auf einer fünfstufigen Likert-Skala [56]. Die Umfrage endete mit offenen Fragen bezüglich der *Nützlichkeit* der hier präsentierten Funktionen sowie der Erstellung einer Rangordnung über einen Teil der in Tabelle 2.4 und 2.5 gezeigten Kontexte nach der individuellen Relevanz der jeweiligen Versuchspersonen.

Ergebnisse

Die Auswertung der quantitativen Daten erfolgte mit dem Statistikprogramm R. Die Themenbereiche *allgemeine Mobilität*, *Fahrzeug*, *ÖPNV* und *Zeitmanagement* wurden von den Studienteilnehmern überwiegend positiv bewertet, wohingegen *Smarthome* und *Sonstige* als hauptsächlich unwichtig bewertet wurden (s. Abbildung 2.1). Vor allem wurden Funktionen wie *Behinderungen auf der Route* (s. Abbildung 2.1a), *voraussichtliche Reisedauer*

2.3. Methode und Evaluation

Tabelle 2.6.: Zusammenfassende Übersicht der Bewertungen gegliedert nach Themenbereichen.

Themenbereich	Zusammenfassung der Bewertung
Allgemeine Mobilität	im Allgemeinen positiv bewertet
Fahrzeug	im Allgemeinen positiv bewertet; mit Ausnahme von Car Sharing und Steuerung von Fahrzeugfunktionen
ÖPNV	im Allgemeinen positiv bewertet (auch automatisches Ticketing)
Zeitmanagement	im Allgemeinen sehr positiv bewertet; geringer Innovationsgrad
Smarthome	moderat bewertet
Sonstige	im Allgemeinen negativ bewertet

und Ankunftszeit (s. Abbildung 2.1a) und *Termine* (s. Abbildung 2.1d), die bereits Anwendung in bestehenden Applikationen finden, auffallend positiv bewertet. Dazu zählen unter anderem Applikationen aus den Bereichen Navigation, Organisation und Kalender. Im Gegensatz dazu wurden weniger verbreitete Funktionen, wie *automatisches Ticketing für ÖPNV* (s. Abbildung 2.1c) und *kontextsensitive Vorschläge interessanter Orte* (s. Abbildung 2.1f), schlechter bewertet. Letzteres wurde als *stimulierend* bewertet. Ein ähnliches Ergebnis wie gerade beschrieben konnte auch bei der Rangordnung der Kontexte ermittelt werden:

1. Navigation
2. Fahrzeug / Verkehrslage
3. Zeitmanagement
4. Verkehrsmittelwahl
5. ÖPNV
6. Wetter
7. Erinnerungen
8. Messaging
9. Smarthome
10. Infotainment

Bei diversen Funktionen aus den Kontexten *Zeitmanagement, Verkehrsmittelwahl, Wetterlage, Smarthome, Erinnerungen* und *Messaging* gab es von einigen Probanden auffallend positive sowie negative Bewertungen, sodass eine klare Tendenz nicht festgestellt werden konnte. Dies ist zu erkennen an der Standardabweichung in Abbildung 2.2. Ebenfalls zu erkennen ist, dass die Probanden im Durchschnitt nur notifiziert werden möchten, wenn

2. Mobilitätsassistent

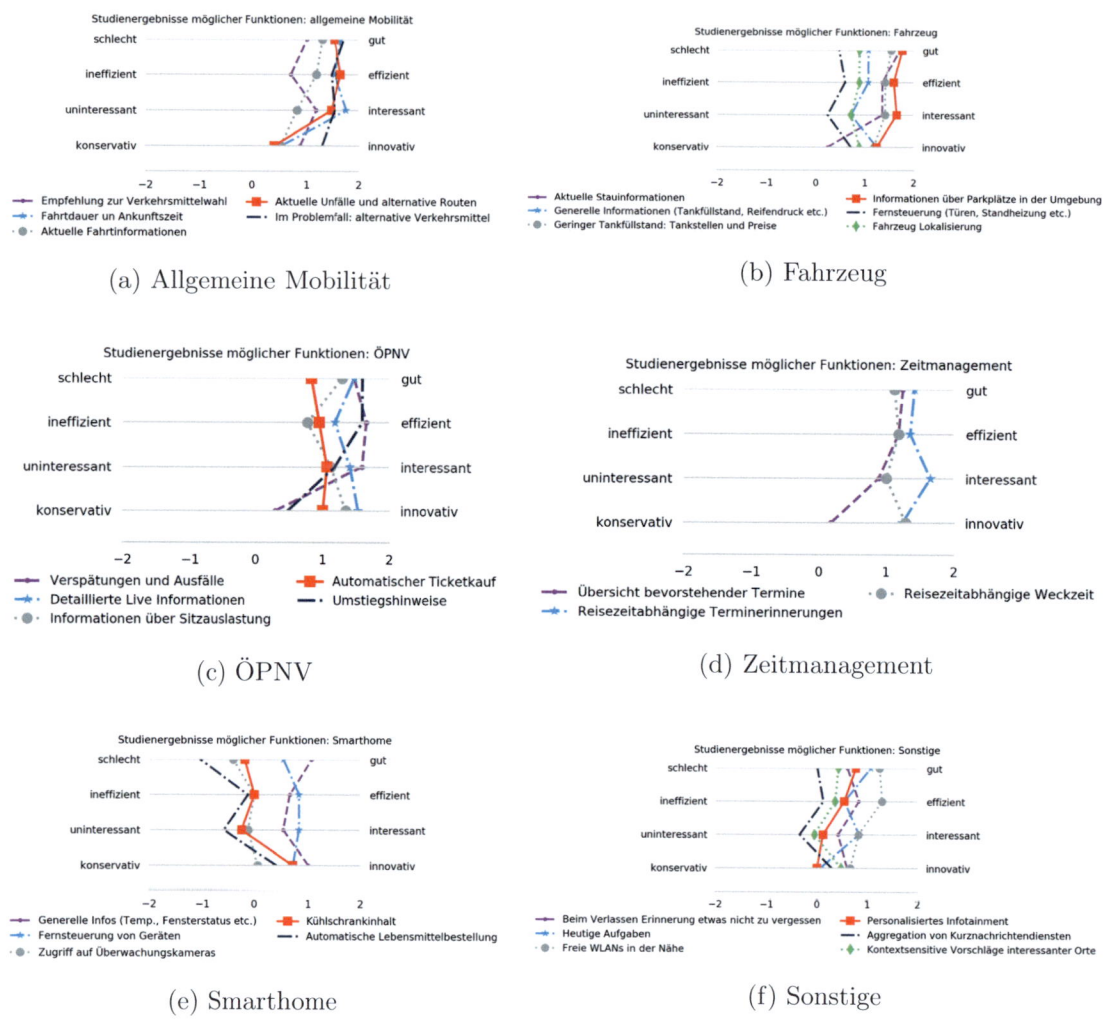

Abbildung 2.1.: Auszug aus den Studienergebnissen möglicher Funktionen eines Mobilitätsassistenten (zweite Studie). Die Probanden hatten verschiedene potenzielle Funktionen aus den Kategorien 2.1a)-2.1f) nach den Dimensionen *Attraktivität*, *Effizienz*, *Stimulation* und *Neuartigkeit* bewertet.

sich Abweichungen oder Änderungen im Vergleich zur ursprünglichen Planung ergeben. Es sollen auch nur die Informationen mitgeteilt werden, die für die jeweilige Situation relevant sind. Daraus lässt sich ableiten, dass der Assistent den Nutzenden das Wichtigste mit möglichst wenig Meldungen mitteilen können soll. Eigenständige Entscheidungen treffen, ohne dass die Bestätigung des Nutzers erforderlich ist, sollte der Mobilitätsassistent nicht können.

Aus den Ergebnissen kann gefolgert werden, dass jeder Nutzer individuelle Anforderungen an einen Mobilitätsassistenten hat. Daher sollte solch ein Assistent ein möglichst breites Spektrum an Funktionen abdecken, deren Einsatz frei von dem Nutzer konfiguriert werden kann, ohne dass er von vornherein bevormundet wird. Dass nicht jeder Nutzer sämtliche in dieser Studie dargestellten Funktionen nutzen möchte, geht auch aus der Abschlussbe-

2.3. Methode und Evaluation

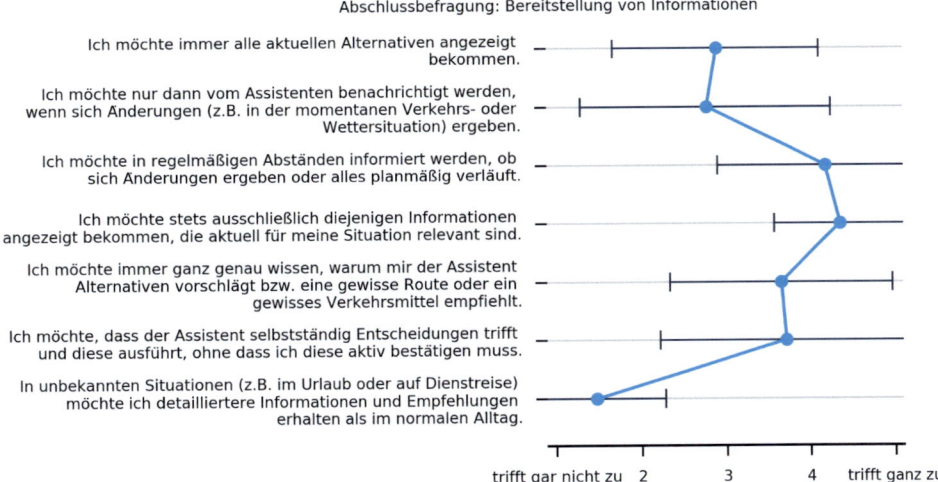

Abbildung 2.2.: Auswertung (Durchschnitt & Standardabweichung) der Bewertungen aller Probanden bezüglich der gewünschten Bereitstellung von Informationen durch einen Mobilitätsassistenten.

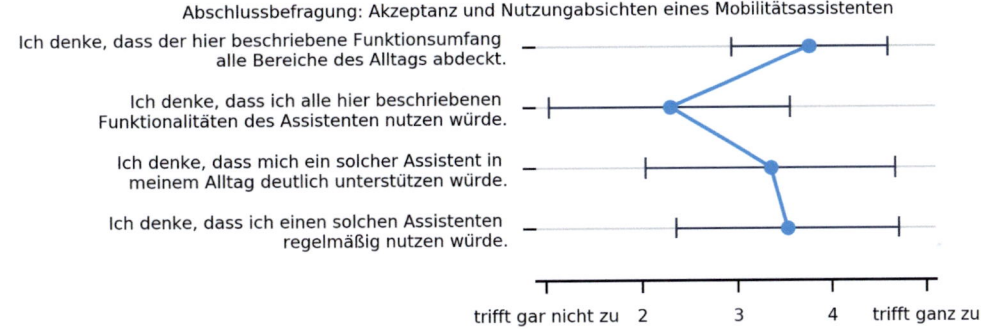

Abbildung 2.3.: Auswertung (Durchschnitt & Standardabweichung) der Bewertungen aller Probanden bezüglich der Akzeptanz und Nutzungsabsichten des vorgestellten Mobilitätsassistenten.

fragung hervor. Die Ergebnisse sind in Abbildung 2.3 dargestellt. Weiter ist zu erkennen, dass mit den abgefragten Funktionen die meisten Bereiche des Alltags abgedeckt sind und solch ein Mobilitätsassistent den Nutzer im Alltag durchaus unterstützen könnte. Die Probanden konnten es sich durchaus vorstellen, den Assistenten täglich zu nutzen.

2.3.3. Dritte Studie: Der Prototyp

Aufbauend auf den Ergebnissen aus dem zweiten Fragebogen (Kapitel 2.3.2) wurden in dieser Studie ausgewählte Funktionen mit Hilfe von interaktiven Mockups realisiert, um validieren zu können, ob die Beurteilung der Probanden sich gleich verhält, wenn eine Funktion nicht nur formuliert ist, sondern auch an einem Prototypen ausgeführt werden kann.

2. Mobilitätsassistent

Basierend auf den Ergebnissen der zweiten Studie wurden vier Funktionen ausgewählt, die entweder unerwartet positiv, negativ oder kontrovers bewertet wurden.

Methode

Die dritte Studie wurde mit Hilfe von Prototypen durchgeführt und war als Interview konzipiert, um praxisnähere Ergebnisse zu erhalten. Die neun Studienteilnehmer (vier männliche, fünf weibliche) waren im Alter von 19 bis 55 Jahren ($M = 44.55, SD = 13.71$). Rekrutiert wurden sie innerhalb des Freundeskreises, Familie und der Universität aus dem Großraum Tübingen, Deutschland. Fünf von ihnen waren berufstätig (Automobilbranche und andere Industrien) und die restlichen vier waren Studierende. Eine Vergütung wurde nicht angeboten. Die Studienteilnehmer wurden zunächst mündlich in das Thema „Mobilitätsassistent" eingeführt. Zudem wurden die Aufgabenstellungen, die an den Mockup-Prototypen durchgeführt werden sollten, in gedruckter Form ausgehändigt. Die vier eigens erstellten, interaktiven Mockups stammten aus den Bereichen *Smarthome*, *ÖPNV* und *Sonstige* und wurden von jedem Studienteilnehmer am PC ausgeführt. Als Eingabegerät wurde die Maus benutzt. Die Probanden haben für jeden Aufgabenbereich eine Einführung und eine konkrete Aufgabenstellung bekommen. Die Probanden wurden zusätzlich angewiesen, während der Ausführung der Aufgaben alle Schritte detailliert zu kommentieren. Zur Orientierung wurden ihnen folgende Leitfragen aus dem Fragenkatalog der „System Usability Scale" [17] vorgelegt:

- Ich kann mir sehr gut vorstellen, das System regelmäßig zu nutzen.

- Ich empfinde das System als unnötig komplex.

- Ich empfinde das System als einfach zu nutzen.

- Ich finde, dass es im System zu viele Inkonsistenzen gibt.

- Ich kann mir vorstellen, dass die meisten Leute das System schnell zu beherrschen lernen.

Mit jedem der nachfolgend beschriebenen Mockups ließ sich nur die jeweilige Aufgabe durchführen.

Aus dem überwiegend moderat bewerteten Bereich *Smarthome* wurden für zwei Funktionen Mockups realisiert. Zum einen sollten die Probanden, mittels des prototypisch umgesetzten Assistenten, die *Gegensprechanlage* der Haustür bedienen, um herauszufinden, ob die klingelnde Person an der Haustür vom Paketdienstleister ist (s. Abbildung 2.4). Zum Anderen sollte mit Hilfe des zweiten Mockups die aktuelle Temperatur im Haus aus der Ferne in Erfahrung gebracht und automatisch auf 23°C bis 20 Uhr angehoben werden (s. Abbildung 2.5).

2.3. Methode und Evaluation

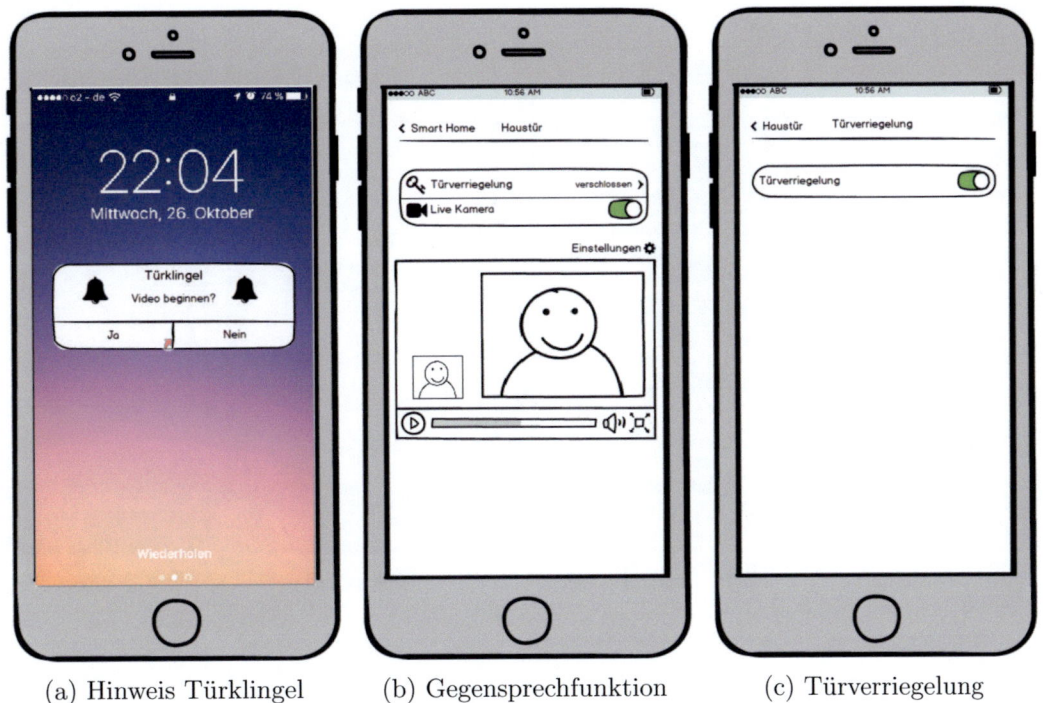

(a) Hinweis Türklingel (b) Gegensprechfunktion (c) Türverriegelung

Abbildung 2.4.: Interaktiver *Smarthome*-Mockup: Bedienung der Gegensprechanlage.

Der Bereich *ÖPNV* wurde überdurchschnittlich positiv bewertet. Es wurde ein interaktiver Prototyp für den *automatischen Fahrscheinkauf* erstellt. Da die automatische Ausführung von Aktionen ohne explizite Zustimmung des Nutzers in der zweiten Studie (Kapitel 2.3.2) negativ bewertet wurde, der *automatische Fahrscheinkauf* jedoch positiv, wurde an zwei unterschiedlichen Varianten untersucht, was die Probanden unter „automatisch" verstanden haben könnten. Bei beiden Varianten lautete die Aufgabenstellung wie folgt: Für eine Fahrt nach Stuttgart wird ein Ticket benötigt. Kurz vor dem Einsteigen in den Zug erscheint eine Meldung auf dem Smartphone. Bei Variante 1 (s. Abbildung 2.6) kam ein Hinweis, dass noch kein Fahrschein vorhanden ist. Mit dem Klick auf „Ja jetzt kaufen" wurde der Proband auf die Website von DB geleitet, um dort den vorgeschlagenen Fahrschein zu kaufen. Bei Variante 2 (s. Abbildung 2.7) kam eine Meldung, dass der Fahrschein gekauft wurde, ohne dass der Nutzer oder die Nutzerin interaktiv einbezogen wurde. Die Reihenfolge der Varianten wurde über die Versuchspersonen randomisiert.

Etwas kontrovers schien der Bereich *Sonstige*. Vor allem die Funktion, sich *interessante Orte* auf der Route anzeigen zu lassen, die inzwischen in fast jeder Navigationssoftware vorhanden ist. Mit dem erstellten Mockup, wie in Abbildung 2.8 zu sehen ist, sollte validiert werden, ob die mittelmäßige Bewertung sich auch am interaktiven Prototypen nachweisen lässt. Die Aufgabenstellung sah vor, dass sich der Nutzer oder die Nutzerin auf seinem Heimweg,a den nächstmöglichen Ort der Kategorie *Sport* anzeigen lässt.

Die Reihenfolge der Aufgaben wurde über die Versuchspersonen randomisiert.

2. Mobilitätsassistent

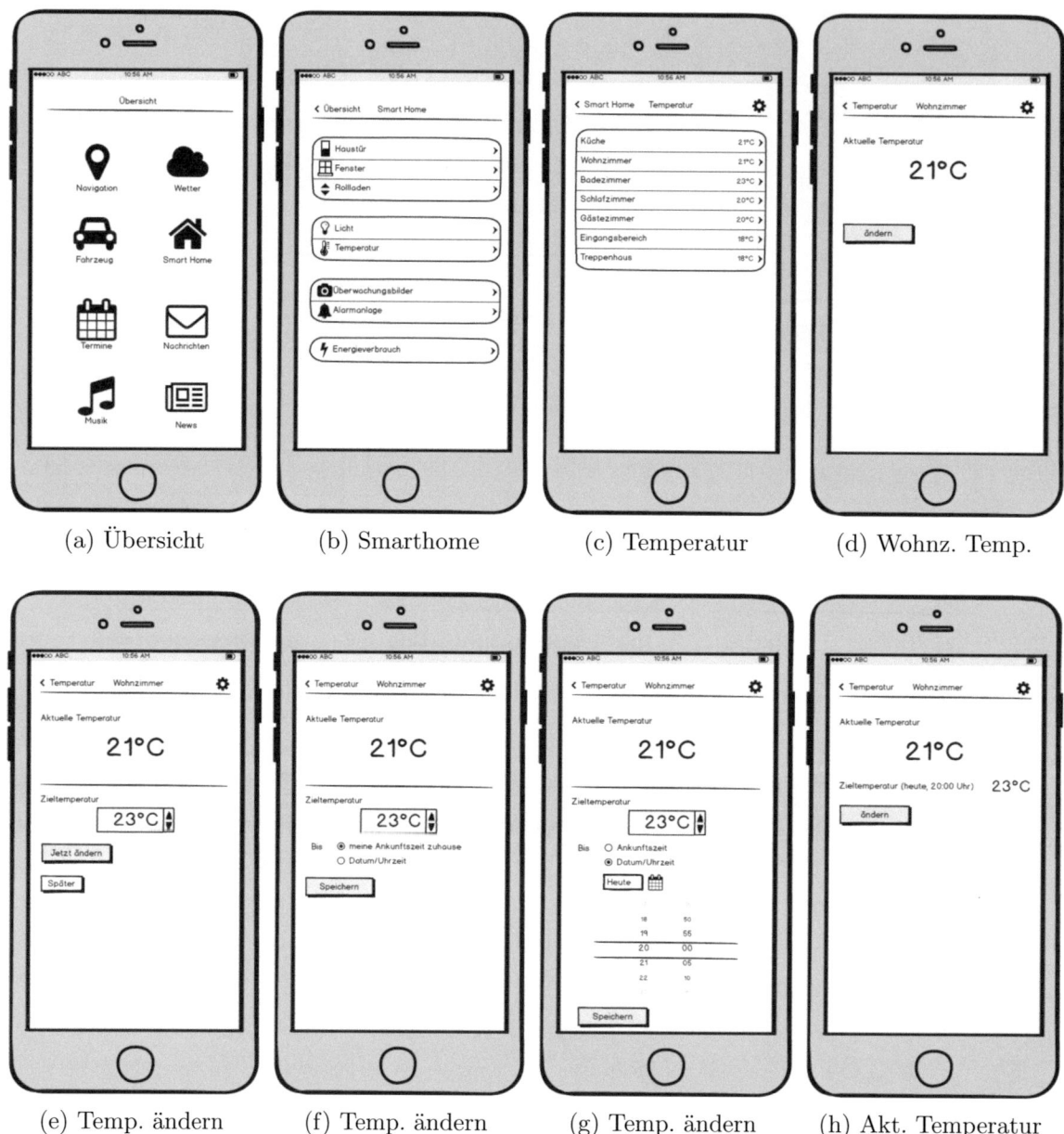

(a) Übersicht (b) Smarthome (c) Temperatur (d) Wohnz. Temp.

(e) Temp. ändern (f) Temp. ändern (g) Temp. ändern (h) Akt. Temperatur

Abbildung 2.5.: Interaktiver *Smarthome*-Mockup: Änderung der Wohnzimmertemperatur.

Ergebnisse

Die für jede Aufgabe von den Probanden abgegebenen Kommentare wurden nach ihrer Valenz sortiert und anschließend über die Gesamtheit zu Sinneinheiten zusammengefasst. Darüber hinaus wurde die Performance bezüglich *#gemachte Fehler* und *#benötigter Hilfestellungen* durch die Versuchsleitung gemessen.

Aus dem Bereich *Smarthome* konnten alle Versuchsteilnehmer die beiden Aufgaben, Bedienung der *Gegensprechanlage* und *Änderung der Temperatur*, ohne *Fehler* und *Hilfestellung* lösen. Die ursprünglichen Bewertungen der *Smarthome*-Szenarien konnten in den Inter-

2.3. Methode und Evaluation

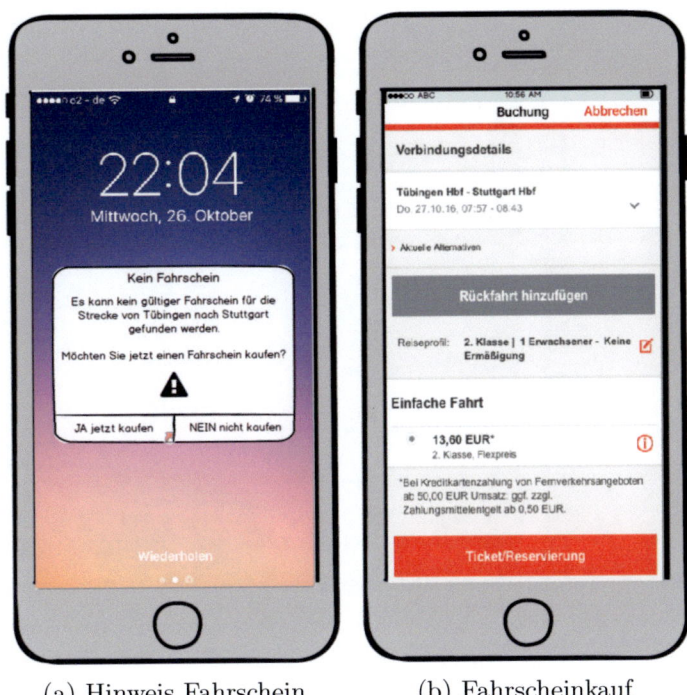

(a) Hinweis Fahrschein   (b) Fahrscheinkauf

Abbildung 2.6.: Interaktiver *ÖPNV*-Mockup: Hinweis zum Fahrscheinkauf.

Abbildung 2.7.: Interaktiver *ÖPNV*-Mockup: automatischer Fahrscheinkauf.

views bestätigt werden. Die Teilnehmer haben zudem vermehrt Sicherheitsbedenken und Zweifel an dem Nutzen im Alltag geäußert.

2. Mobilitätsassistent

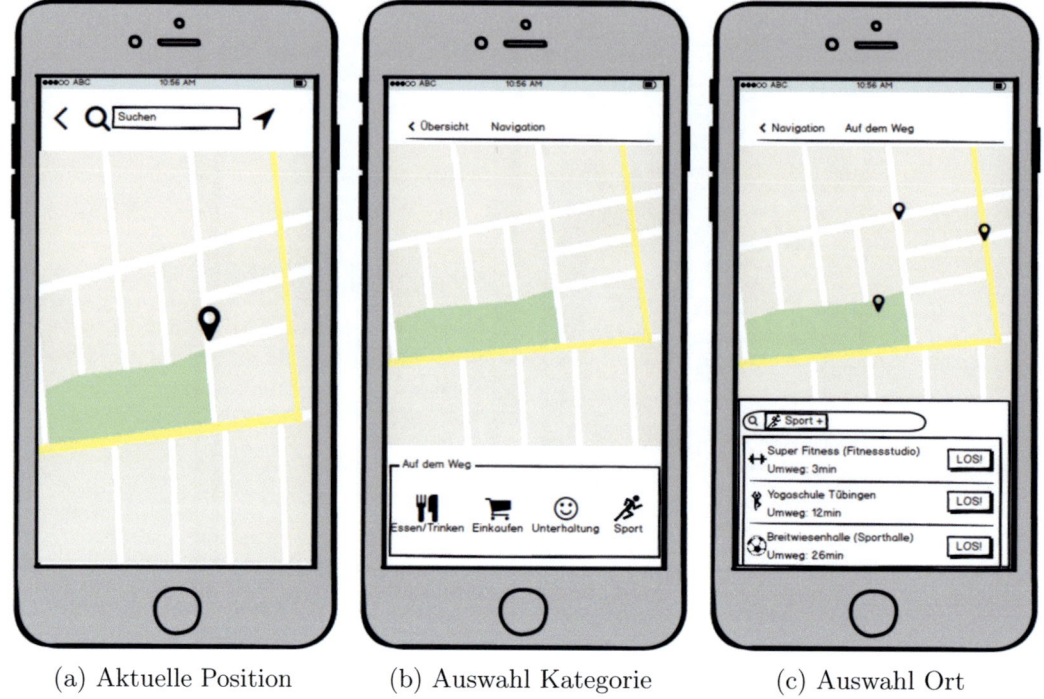

(a) Aktuelle Position   (b) Auswahl Kategorie   (c) Auswahl Ort

Abbildung 2.8.: Interaktiver *Sonstige*-Mockup: Auswahl eines *interessanten Ortes* auf der Route.

Aus dem Bereich ÖPNV wurden zwei Varianten des *automatischen Ticketkaufs* evaluiert, um unter anderem in Erfahrung zu bringen, was genau die Probanden unter „automatisch" verstanden haben. Obwohl die Funktion in der zweiten Studie positiv hinsichtlich der Dimensionen *Attraktivität*, *Effizienz* und *Neuartigkeit* bewertet wurde (s. Abbildung 2.1c), war sie nicht im Detail beschrieben. Die Bewertung der Varianten divergierte. Als positiv wurde lediglich die erste Variante bewertet, bei der Ticketkauf vom Nutzer über die Website getätigt werden musste. Aus den Ergebnissen der Interviews ließ sich keine Abschätzung über die Nutzungswahrscheinlichkeit dieser Funktion treffen.

Aus dem Bereich *Sonstige* wurde die Funktion zur Anzeige von *interessanten Orten* auf der Route von den Probanden examiniert. Diese Aufgabe wurde als nicht komplex bewertet und konnte ohne *Fehler* gelöst werden. Obwohl diese Funktionalität heutzutage in einer Vielzahl Navigationssoftwares verfügbar ist und somit bekannt sein sollte, benötigten zwei Probanden *Hilfestellung* von der Versuchsleitung. Daraus lässt sich schließen, dass diese Funktion im Alltag nicht regelmäßig zum Einsatz kommt, und die kontroverse Einschätzung sowie moderate Bewertung hinsichtlich der Dimensionen *Attraktivität*, *Effizienz*, *Stimulation* und *Neuartigkeit* (s. Abbildung 2.1f) konnten bestätigt werden. Die Mehrheit der Versuchsteilnehmer hatte geäußert, dass sie keinen Bedarf für diese Funktion haben, da sie entweder die *interessanten Orte* entlang ihrer Routen kennen oder sich vor Fahrtbeginn am PC informieren.

Zusammenfassend lässt sich sagen, dass keiner der Probanden schwerwiegende Probleme bei der Lösung der Aufgaben hatte, mit Ausnahme der letzten Aufgabe. Einige haben jedoch angemerkt, dass eventuell ältere Menschen mit geringer Smartphone-Erfahrung die Nutzung eines solchen Mobilitätsassistenten umständlich finden könnten. Verglichen mit der zweiten Studie, konnten einige Unterschiede hinsichtlich der Bewertungen derselben Funktionen festgestellt werden. Ein Grund dafür kann die interaktive Prototyp- und Interview-basierte Methode, die in dieser Studie verwendet wurde, sein.

2.4. Generelle Diskussion

Die Ergebnisse der zweiten Studie haben gezeigt, dass die Nutzenden eines Mobilitätsassistenten nicht mit redundanten oder periodischen Hinweisen notifiziert werden wollen. Stattdessen sollen kontextbezogene Informationen erscheinen, abhängig von der jeweiligen Situation. Darüber hinaus möchten die Probanden nicht von einem Assistenten bevormundet werden, wie beispielsweise bei einem Fahrscheinkauf. Zu einer ähnlichen Erkenntnis kamen auch Brehm et al. [15] und Samson et al. [85]. Daher sollten stattdessen angemessene Vorschläge getätigt werden, sodass die finale Entscheidung über die durchzuführende Aktion bewusst dem Menschen überlassen wird.

In der dritten Studie wurde anhand der Ergebnisse zur Aufgabe *interessante Orte* auf der Route deutlich, dass eine durchgehende Unterstützung durch den Assistenten nachteilig sein kann, zum Beispiel wenn sich die Person in einer bestimmten Situation auskennt. Zum Beispiel ist es nicht notwendig, Navigationshinweise zu geben, wenn die Route bekannt ist, wie der Weg von der Arbeit nach Hause. Der Assistent sollte aus diesem Grund den jeweiligen Kontext beachten, in dem sich die Nutzenden befinden, und gezielt unterstützende Hinweise geben, wenn die Nutzenden sich gerade unsicher sind. Wie beispielsweise bei plötzlichen Störungen oder bei unbekanntem Umfeld, zum Beispiel dem Weg vom Flughafen ins Hotel in einer, unbekannten Stadt. Demnach sollte der Mobilitätsassistent flexibel sein und sich kontextabhängig auf die Situation seines Nutzers einstellen können. Die geäußerten Sicherheitsbedenken im Bereich *Smarthome* können auf die derzeit noch geringe Verbreitung und die daraus resultierend geringe Akzeptanz zurückgeführt werden.

Wegen der geringen Probandenanzahl der jeweiligen Studien, lassen sich die Ergebnisse nur bedingt generalisieren, obwohl in allen Studien eine Diversifikation der Probanden hinsichtlich Alter, Beruf und Pendelgewohnheiten gegeben war. Ein Mobilitätsassistent sollte dennoch eine angemessene Bandbreite an Funktionen abdecken. Um genauere Aussagen treffen zu können, ist es notwendig, die Probandenanzahl zu erhöhen und weiter zu diversifizieren. Nichtsdestotrotz lässt sich bereits aus dieser Studie schließen, dass es nicht trivial ist, einen Mobilitätsassistenten zu entwickeln, der für eine heterogene Gruppe von

Menschen alle Funktionalitäten zu ihrer Zufriedenheit bereitstellt. Um die unterschiedlichen Zielgruppen nicht mit den unterschiedlichsten Funktionen zu überfordern, wäre es denkbar, jede Person vorab selbst entscheiden zu lassen, welche Funktion der persönliche Möbilitätsassistent zur Verfügung stellen soll. Dies könnte jedoch zu mehr initialem Aufwand für die Nutzenden führen, vor allem wenn Funktionen nicht bekannt sind und erst ausprobiert werden müssen. Eine andere Möglichkeit wären zielgruppenorientierte Mobilitätsassistenten, deren Bandbreite an Funktionen auf die jeweilige Zielgruppe (z.B. Arbeitnehmer, Student, Eltern) zugeschnitten sind, um den Nutzenden den Start mit dem Assistenten zu vereinfachen. Vorstellbar ist jedoch auch, vor allem um die Flexibilität zu bewahren, eine Mischung aus beiden Ansätzen: Funktionen könnten in *Profilen* zusammengefasst werden, die manuell oder automatisch (z.B. abhängig vom Tageskontext oder der Tageszeit) (de-)aktiviert werden können.

Des Weiteren lassen die Ergebnisse darauf schließen, dass viele Funktionen, die Nutzenden vorgeschlagen haben, um Herausforderungen im Alttag besser bewältigen zu können, bereits in existierenden Anwendungen vorhanden sind und deswegen wahrscheinlich überwiegend positiv bewertet wurden. Aber auch einige noch nicht verfügbare Funktionen wurden positiv bewertet. Im nächsten Schritt wäre es interessant zu untersuchen, wie die positiv bewerteten Funktionen in einer übergreifenden (Smartphone-)Anwendung realisiert werden könnten.

2.5. Schlussfolgerung

Um die Bedürfnisse und Anforderung der Nutzer an einen Mobilitätsassistenten herauszufinden, wurden drei Studien durchgeführt. Dabei galt es, die aktuelle Unzufriedenheit der Menschen in bestimmten Situationen und den gewollten Grad der Unterstützung herauszufinden. In der letzten Studie wurden vier mögliche Assistenz-Szenarios eines Mobilitätsassistenten als Mockups realisiert, basierend auf den Ergebnissen aus den ersten beiden Studien. Die Probanden wurden gebeten, die ihnen gestellten Aufgaben mit Hilfe der Mockups zu lösen. Respektive der Ergebnisse lässt sich feststellen, dass es nicht trivial ist, eine Bandbreite von Funktionen bereitzustellen, um jeden Nutzer in den unterschiedlichsten Situationen unterstützen zu können. Aus diesem Grund sollte der Mobilitätsassistent eine adäquate Bandbreite an Funktionen bieten und sich gleichzeitig personalisieren lassen, um sich bestmöglich auf die Nutzenden einstellen zu können. Unterschiedliche visuelle Ausprägungen sind für solch einen Assistenten vorstellbar, sollten jedoch abhängig vom konkreten Einsatzgebiet gewählt werden.

Angesichts der Ergebnisse aus den Studien kann geschlussfolgert werden, dass die Dimensionen *Attraktivität*, *Effizienz* und *Stimulation* in den Kategorien *allgemeine Mobilität*, *Fahrzeug* sowie *ÖPNV* überwiegend gut bewertet wurden bezüglich der Informationsbereitstellung (unter anderem Fahrpläne, Stauinformationen und Parkplatzsituation), jedoch moderat hinsichtlich der Dimension *Neuartigkeit*. *Zeitmanagement* wurde ebenfalls moderat hinsichtlich *Neuartigkeit* bewertet, jedoch positiv bezogen auf die anderen Dimensionen, nicht nur hinsichtlich Informationsbereitstellung sondern auch im Fall der Prozessautomatisierung, wie beispielsweise im Fall der adaptiven Weckfunktion. Die Kategorien *Smarthome* und *Sonstige* wurden moderat bis negativ hinsichtlich aller Dimensionen bewertet.

Über alle Studien kann zusammengefasst werden, dass die Nutzenden sich nicht von einem Mobilitätsassistenten bevormunden lassen möchten. Der Nutzer oder die Nutzerin möchte stattdessen in den meisten Fällen einen Hinweis mit einem Handlungsvorschlag erhalten, den er beziehungsweise sie bestätigen oder ablehnen kann. Es könnte durchaus interessant sein, zu verfolgen, wie sich diese Einstellung der Menschen durch den fortschreitenden Grad der Automatisierung im Alltag verändert.

Final konnte erkannt werden, dass ein Bedarf für solch einen Mobilitätsassistenten existiert. Aus diesem Grund wird in dieser Forschungsarbeit das Thema des Mobilitätsassistenten weiterverfolgt. Dabei konzentriert sich die weitere Forschung darauf, wie ein solcher Mobilitätsassistent technisch realisiert werden kann. Um unter anderem die Mobilitätsgewohnheiten eines Menschen kontextsensitiv abbilden zu können und Ressourcen beim Umgang mit dem Smartphone zu schonen, bedarf es mehr als nur der (bloßen) Smartphone-Anwendung. Hier bietet sich daher eine Client-Server-Architektur an, wobei der Server rechenintensive Aufgaben übernimmt und der Client, in diesem Fall das Smartphone, hauptsächlich für die Interaktion mit dem Nutzer zuständig ist. Um dem Nutzer eines Mobilitätsassistenten kontextsensitiv die richtigen Hinweise zur richtigen Zeit zur Verfügung zu stellen, sollte der Kontext zunächst erkannt werden. Dazu stellt die Semantik besuchter Orte einen vielversprechenden Indikator dar. Die Erkennung der Normalität eines Tagesverlaufs kann ebenfalls hilfreich sein.

2.6. Systemübersicht

Wie sich in den hier beschriebenen Studien gezeigt hat, ist die Implementierung eines domänenübergreifenden Mobilitätsassistenten nicht trivial, vor allem weil auf möglichst viele unterschiedliche Systeme zurückgegriffen werden sollte. Andernfalls kann es dazu kommen, dass nicht die notwendige Bandbreite an Funktionen für alle Zielgruppen bereitgestellt werden kann. Um den Mobilitätsalltag eines Individuums kontextsensitiv in einem Modell abzubilden und darauf basierend Handlungsempfehlungen zu geben, wird der hier erforschte Assistent in folgende Forschungsbereiche unterteilt, die gleichzeitig die Bestandteile des technischen Systems repräsentieren. Eine bildlich vereinfachte Darstellung des Systems für einen Mobilitätsassistenten zeigt die Abbildung 2.9.

2. Mobilitätsassistent

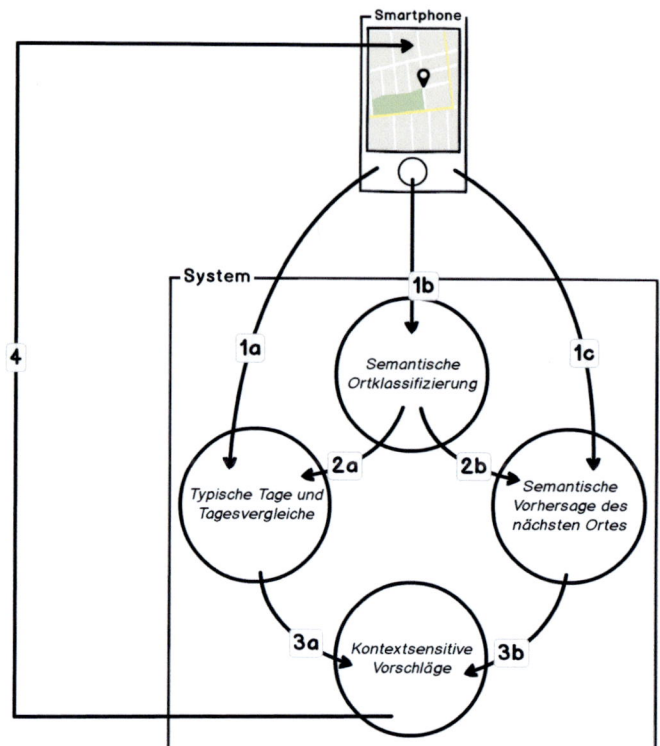

Abbildung 2.9.: Vereinfachte Darstellung des Systems für einen Mobilitätsassistenten.

Vereinfacht erklärt zeichnet die Assistenz-App auf dem Smartphone unterschiedliche Sensordaten auf und schickt diese im ersten Schritt (1a, b, c) an drei unterschiedliche Subsysteme. Die *Semantische Ortklassifizierung* (siehe Kapitel 4) versucht mit Hilfe der erhaltenen Sensordaten des Smartphones, den Aufenthaltsorten des Nutzers, eine Bedeutung beziehungsweise Kategorie zuzuweisen.

Die Ortsklassifizierungen werden im nächsten Schritt (2a, b) an die Subsysteme *Typische Tage und Tagesvergleiche* (Kapitel 5) und *Semantische Vorhersage des nächsten Ortes* (Kapitel 6) propagiert. Mit Hilfe der Sensordaten aus Schritt (1a) und der klassifizierten Aufenthaltsorte aus (2a) werden durch das Subsystem *Typische Tage und Tagesvergleiche* Modelle von typischen Tagesverläufen eines Nutzers erstellt und Vergleiche zwischen typischen und aktuellen Tagesverläufen getätigt, um Aussagen treffen zu können, wie ähnlich der aktuelle Tagesverlauf dem gewohnten Tagesablauf ist.

Parallel dazu baut das Subsystem *Semantische Vorhersage des nächsten Ortes*, mit Hilfe der erhaltenen Daten aus Schritt (1c) und (2b), ein semantisches Modell über die Mobilitätsgewohnheiten eines Individuums auf und ist in der Lage, nicht nur die Kategorie des nächsten Aufenthaltsortes zu schätzen, sondern basierend darauf auch den Ort selbst. Durch diese semantische Abstraktion der absoluten Orte kann von vornherein ein eingeschränkter Lösungsraum erzeugt werden, wodurch unter Umständen eine höhere Vorhersagegenauigkeit erzielt werden kann.

2.6. Systemübersicht

Die generierten Ergebnisse zur Tagesähnlichkeit und die Schätzung zum nächsten Aufenthaltsort werden im dritten Schritt (3a, b) an das Subsystem *Kontextsensitive Hinweise* übermittelt, das Handlungsempfehlungen generieren kann, die im vierten Schritt (4) an das Smartphone des Individuums geschickt werden, um situationsabhängig unterstützende Hinweise und Handlungsempfehlungen darstellen zu können.

Demnach werden bei Weitem nicht alle mit Hilfe der durchgeführten Studien erkannten Anforderungen in dieser Arbeit gelöst, da dies zu ressourcenintensiv wäre. Dafür konzentriert sich diese Forschungsarbeit jedoch auf die Grundlage eines solchen Systems, die im Nachhinein mit den notwendigen Funktionen ergänzt werden kann. Die Grundlage stellt, meines Erachtens nach, ein System dar, das den Kontext des Nutzers erkennt und mit Hilfe einer ereignisgesteuerten Architektur weitere Aktionen, die auf bestimmte Ereignisse warten, ausführt.

3. Datenbasis

Um weitgehende Einblicke in die Mobilitätsgewohnheiten und -entscheidungen eines Menschen zu erhalten, ist es notwendig, eine umfangreiche Datengrundlage zu haben.

Ein für unsere Forschung geeigneter Datensatz zeichnet sich vor allem durch die nachfolgenden Kriterien aus.

Anforderung an die Datenerhebung:

Zeitraum Die Daten sollten über einen möglichst großen Zeitraum aufgezeichnet werden, mit möglichst wenig Lücken. Im Verlauf der Forschung hat sich gezeigt, dass für unsere Forschung ein Zeitraum von sechs Monaten die Mindestanforderung darstellt.

Probanden Die Anzahl der Nutzer, die zum Datensatz mit ihren Aufzeichnungen beigetragen haben, sollte möglichst hoch sein. Im Forschungsverlauf hat sich gezeigt, dass für eine grundlegende Diversifikation der Daten die Anzahl von 30 Probanden nicht unterschritten werden sollte.

Ground Truth Labels Annotation der besuchten Orte durch den Nutzer nach ihrer Semantik. Ground Truth Labels sind unter anderem wichtig für den Einsatz von überwachten Lernalgorithmen und vor allem zur Evaluation von Ergebnissen.

Anforderung an die erhobenen Daten:

GPS Kontinuierliche Aufzeichnung der Trajektorien der Nutzenden mittels GPS, bestehend aus *Längengrad*, *Breitengrad* und *Zeitstempel* mit einer für die Trajektorienberechnung adäquaten Abtastrate. Eine zu niedrige Abtastrate kann zur Folge haben, dass Aufenthaltsorte und Fortbewegungen nicht richtig erkannt werden können.

WLAN Intervallgesteuerte Aufzeichnung von Informationen über vorhandene WLANs in der Umgebung. Es sollten die *SSID*, *BSSID*, *Leistungspegel* und der *Konnektivitätsstatus* aufgezeichnet sein.

Bluetooth Intervallgesteuerte Aufzeichnung von Informationen über vorhandene Bluetooth-Geräte in der Umbegung. Dabei sollten Informationen über die *MAC-Adresse*, *Gerätenamen*, *-klasse* und *Konnektivitätsstatus* aufgezeichnet sein.

3. Datenbasis

Aktivitätsdaten Kontinuierliche Aufzeichnung von Accelerometerdaten und / oder Activity-Recognition-API[1]-Daten bei Aktivitätswechsel.

Statuswerte Intervall- / Eventgesteuerte Aufzeichnung von Smartphone-Zustandswerten. Dabei sollten Informationen über den *Ladezustand*, *Flugzeugmodus*, *USB-Verbindung* und *Signalstärke zum Mobilfunkmasten* vorhanden sein.

Der Datensatz braucht nicht auf die genannten Kriterien limitiert sein. Variationen und erweiterte Umfänge können unter Umständen ebenfalls adäquat für das Forschungsvorhaben sein.

Die Bildung dieser Kriterien war ein iterativer Prozess, der sich auf [12, 105, 43, 70, 33, 67, 3, 55, 86, 39] und die eigene Erfahrung stützte. Die genannten Kriterien sollen den größtmöglichen Aufschluss über die (Mobilitäts-)Gewohnheiten (auch Tageskontext, Vorhersage des nächsten Ortes) eines Menschen und charakteristische Merkmale von besuchten Orten bringen. Im Weiteren wird während des ganzen Forschungsvorhabens derselbe Datensatz benutzt.

In diesem Kapitel werden zunächst einige bekannte Datensätze beschrieben. Im Anschluss wird erklärt, weshalb die Aufzeichnung eines eigenen Datensatzes notwendig war und wie dort vorgegangen und was aufgezeichnet wurde.

3.1. Übersicht verfügbarer Datensätze

Aktuell existieren verschiedene Datensätzen, die durch Teilnehmer von unterschiedlichen Datenaufzeichnungskampagnen erstellt wurden. Nicht alle Datensätze beruhen auf Werten gleicher Sensoren. Eine Übersicht der Datensätze ist zu finden in Tabelle 3.1 und 3.2. Die Auswahl der hier betrachteten Datensätze erfolgt nach Bekanntheit / Beliebtheit in der Wissenschaft und Länge des Aufzeichnungszeitraums.

---

[1] Eine API, die Sensorwerte klassifiziert. Das Resultat ist die wahrscheinlichste Aktivitätskategorie, wie zum Beispiel gehen, laufen oder stehen.

3.1. Übersicht verfügbarer Datensätze

Tabelle 3.1.: (Teil 1) Übersicht öffentlich zugänglicher Smartphone-Datensätze.

Datensatz	Zeitraum	Teiln.	Quelle	GTL[a]	GPS	WLAN	BT	AR[b]	Status	Sonstiges
GeoLife [104]	2007–2011	178	GPS Logger	✗	✓	✗	✗	✗	✗	
Reality mining [30]	2004	100	Nokia 6600	✗	✗	✗	✓	✗	✓	– Historie (Anrufe, SMS) – Mobilfunkturm-ID[d] – App-Nutzung
Student-Life [97]	2013	48	Google Nexus 4	✗	✓	✓	✓	✓	✗	– Historie (Anrufe, SMS) – Auswertungen des Gesundheitszustands & – Vorlesungsteilnahme – Konversationen – Licht – App-Nutzung
LDCC [49]	2009–2012	168	Nokia N95	✗	✓	✓	✓	✓	✓	– Historie (Anrufe, SMS) – Mobilfunkturm ID – Aufnahmen (Foto, Video) – Wiedergabe Musik – App-Nutzung

[a] Ground Truth Labels für die Semantik des besuchten Ortes
[b] Activity Recognition
[c] Zwecks Datenschutz verfälscht und auf Cluster-IDs abgebildet.
[d] wird zu Positionsbestimmung genutzt

3. Datenbasis

Tabelle 3.2.: (Teil 2) Übersicht öffentlich zugänglicher Smartphone-Datensätze.

Datensatz	Zeitraum	Teiln.	Quelle	GTL[a]	GPS	WLAN	BT	AR[b]	Status	Sonstiges
SherLock [63]	2015–2016	50	Samsung Galaxy S5	✗	✓[c]	✓	✓	✗	✓	– Historie (Anrufe, SMS) – Accelerometer – Aufnahmen (Foto, Video) – App-Nutzung – Magnetfeldsensor – Malware-Angriffe
Mobility Companion	2014–2017	64	Smartphone	✓	✓	✓	✓	✓	✓	– Normalität des Tagesverlaufs – Fortbewegungsart

[a] Ground Truth Labels für die Semantik des besuchten Ortes
[b] Activity Recognition
[c] Zwecks Datenschutz verfälscht und auf Cluster-IDs abgebildet.
[d] wird zu Positionsbestimmung genutzt

3.1.1. GeoLife

Von *Microsoft Research Asia* wurde im April 2007 eine Initiative gestartet, um einen Datensatz bestehend aus GPS-Logger-Aufzeichnungen zu erstellen. Bis August 2012 haben 178 Nutzer aus Peking, China und Umgebung ihre täglichen Trajektorien mit Hilfe von unterschiedlichen GPS-Loggern aufgezeichnet. Die Probanden haben die Logger am Körper getragen. Der Datensatz enthält eine Sequenz von zeitlich angereicherten geografischen Punkten, bestehend aus *Längengrad*, *Breitengrad* und *Höhe*. Über 90% aller enthaltenen Trajektorien sind mit einer Abtastrate von 1–5 Sekunden aufgezeichnet. Dabei sind insgesamt über 1,2 Mio. km beziehungsweise über 48.000 Stunden an Trajektorien zusammengekommen. Wie Tabelle 3.1 und 3.2 entnommen werden kann, wurden bis auf GPS-Daten weder Ground Truth Labels von den Nutzern vergeben noch weitere Sensordaten aufgenommen. Der *GeoLife*-Datensatz ist ein anonymisierter GPS-Datensatz und kann frei von Microsoft bezogen werden. [104]

3.1.2. Reality mining

Wissenschaftler des *MIT Human Dynamics Lab* haben 2004 eine Datenaufzeichnung mit Nokia 6600 Smartphones initiiert. Über neun Monate waren 100 Personen daran beteiligt, mit speziellen Logging-Apps auf ihren mobilen Endgeräten Sensorwerte über ihren Alltag aufzuzeichnen. 75 der 100 Teilnehmer der Studie sind Labormitarbeiter, 20 Personen sind Master-Studenten und fünf sind Erstsemester. Zusätzlich zur Datenaufzeichnung musste ein Fragebogen mit allgemeinen Fragen zur Person ausgefüllt werden sowie periodisch gestellte Fragen von einer vorinstallierten App beantwortet werden. Ziel ist es, die Möglichkeiten zu ergründen, wie mit Hilfe von Smartphones zwischenmenschliche Beziehungen und Interaktionen erforscht werden können. Insgesamt haben die Beteiligten mehr als 450.000 Stunden Informationen über Aufenthaltsorte, Kommunikation etc. zusammengetragen. Die Bestimmung der Aufenthaltstorte erfolgt über die IDs der Mobilfunktürme sowie Bluetooth-Geräte in der Nähe. Letzteres ermöglicht eine Indoor-Lokalisierung. Die Aufenthaltsorte der Nutzer sind im Datensatz durch Labels (*home, work, elsewhere*) angereichert worden. Da die Labelvergabe automatisch durch einen Algorithmus erfolgt ist und ohne explizite Validierung des Nutzers, werden sie hier nicht als Ground Truth Labels gewertet (siehe Tabelle 3.1 und 3.2). Um spätere Ergebnisse genau validieren zu können, ist es für dieses Forschungsvorhaben notwendig, auf direkt vom Nutzer vergebene Ground Truth Labels zugreifen zu können. Der Datensatz kann nach Angabe einiger privater Informationen kostenfrei auf der Website der *MIT Human Dynamics Lab* bezogen werden. Zur Verfügung gestellt wird der Datensatz im proprietären *MATLAB*-Binärformat (*.mat-Datei). Der Zugriff auf die Daten ist somit erschwert, da die *.mat-Datei nur mit dem Erwerb einer

3. Datenbasis

kostenpflichtigen *MATLAB*-Lizenz für die Installation der gleichnamigen Software möglich ist. [30]

3.1.3. StudentLife

Um einen besseren Einblick in das studentische Leben zu erhalten, haben Forscher des *Dartmouth College* eine Datenaufzeichnungskampagne gestartet und hauptsächlich Studenten derselben Universität rekrutiert. Es wurde ein *Google Nexus 4* Smartphone für die Dauer der Studie angeboten, für alle die, die kein Android-Smartphone haben. Die Forscher haben als Ziel unter anderem folgende Fragen zu beantworten:

- Warum sind einige Studenten besser als andere?

- Warum brechen Studenten das Studium ab?

- Was für einen Einfluss haben unter anderem die Arbeitsbelastung, mentales Wohlergehen, Schlaf und Stress auf die Bildungsleistung?

Wie Tabelle 3.1 und 3.2 zu entnehmen ist, haben insgesamt 48 Probanden, über die Laufzeit der Kampagne von zehn Wochen, ihre Daten erfolgreich aufgezeichnet. Die Probanden unterteilen sich in zehn weibliche und 38 männliche Teilnehmer. Als Anreiz für die Teilnahme haben die Veranstalter jedem Probanden ein *StudentLife* T-Shirt angeboten sowie mehrere *Jawbone UP* und *Google Nexus 4* Geräte verlost. Die durch die Logging-App auf den Smartphones aufgezeichneten Daten wurden täglich mit den Servern der Forscher in anonymisierter Form synchronisiert. Die im Datensatz enthaltenen Auswertungen, unter anderem Antworten auf die oben gestellten Fragen, geschahen nachträglich auf den Servern mit Hilfe der von den Forschern entwickelten Algorithmen. Der gesamte Datensatz kann auf der *StudentLife*-Webseite[2] heruntergeladen werden. Enthalten sind diverse `*.csv`-Dateien mit Informationen unter anderem zur GPS-Position der Probanden. Die besuchten Orte sind nicht mit Ground Truth Labels annotiert. Zudem sind analog zu den o.g. Kriterien Bluetooth- und WLAN-Informationen vorhanden, jedoch ohne Angabe zur Konnektivität. Zu finden sind auch Angaben zu Aktivitätswechseln und einigen wenigen Statusinformationen des Smartphones, wie Lade- und Lockzustand. Ergänzend beinhaltet der Datensatz noch weitere Daten, wie zum Beispiel Auswertungen des Gesundheitszustands, stattgefundene Konversationen, App-Nutzungsstatistiken und Anruf- und SMS-Historie. [97]

---

[2]http://studentlife.cs.dartmouth.edu/

3.1.4. Lausanne Data Collection Campaign

Ein sehr umfangreicher Datensatz ist im Zeitraum 2009 bis 2012 aufgezeichnet worden. Initiiert vom *Nokia Research Center* in Lausanne, Schweiz haben im Rahmen der *Lausanne Data Collection Campaign* 168 Nutzer (110 männlich, 58 weiblich), vorwiegend im Alter von 22 bis 33 Jahren, mit Nokia N95 Smartphones Daten über ihren Alltag aufgezeichnet. Darunter fallen unter anderem 106 Berufstätige und 44 Studenten. Die Probanden kommen aus Lausanne, Schweiz sowie der Umgebung und wurden von den Organisatoren der *Lausanne Data Collection Campaign* in deren Freundes- und Familienkreisen rekrutiert ohne Aussicht auf eine Aufwandsentschädigung. Die Applikation zur Datenaufzeichnung ist so gestaltet, dass sie im Hintergrund arbeitet, ohne dass der Nutzer oder die Nutzerin davon etwas im Alltag merkt. Die temporär auf den Smartphones gespeicherten Daten werden nächtlich zur Verarbeitung und Auswertung an einen zentralen Server geschickt. Da Energieeffizienz nicht der primäre Fokus dieser Kampagne ist, sind lediglich rudimentäre Energieeffizienztaktiken in die Applikation zur Datenaufzeichnung implementiert, um die Smartphone-Batterie nicht bereits nach einigen Stunden zu entladen. Wie Tabelle 3.1 und 3.2 zu entnehmen ist, wird eine hohe Bandbreite an Sensor- und Statusinformationen aufgezeichnet, wie zum Beispiel GPS, WLAN, Bluetooth, Anruf- und SM-SHistorie, App-Nutzung. Der Datensatz umfasst insgesamt ca. 715 durch die Teilnehmer aufgezeichnete Monate. Um unter anderem die Privatsphäre der Probanden zu schützen, haben sich die Organisatoren gegen das Annotieren der Datensätze durch die Probanden entschieden. Somit können anschließend durch Dritte nur Vermutungen über die Intentionen, bezüglich der getätigten Aktionen der Urheber der Daten, angestellt werden. [49]

Die aufgezeichnete Daten sind im Rahmen der Nokia *Mobile Data Challenge* der Öffentlichkeit zur Verfügung gestellt worden. Ziel ist es, neue Einblicke und Erkenntnisse aus den Daten zu generieren, ohne dabei die Privatsphäre der Teilnehmer zu verletzen. Die Organisatoren haben dazu im Rahmen der *Mobile Data Challenge* interessierte Forscher aufgerufen, Publikationen zu diversen Kategorien einzureichen. Einerseits ist es den Forschern erlaubt gewesen, ihre eigenen Ideen einzureichen, andererseits wurden sie aufgerufen, speziell Themen in den Kategorien *Semantische Ortsvorhersage*, *Vorhersage des nächsten Ortes* und *Demografische Attributsbestimmung* auf dem zur Verfügung gestellten Datensatz zu erforschen. Nokia hat dazu die erhobenen Daten anonymisiert, in Test- und Trainingsdatensätze unterteilt und als *.csv-Dateien zur Verfügung gestellt. Der Datensatz steht ausschließlich Forschern von gemeinnützigen Organisationen zur Verfügung. Um Zugriff auf den Datensatz der *Lausanne Data Collection Campaign* zu erhalten, muss ein relativ aufwändiger Bewerbungsprozess durchlaufen werden. Leider ist es im Rahmen meiner Forschungsarbeit nicht möglich gewesen, Zugang zu diesem Datensatz zu erhalten, da nicht alle Auflagen erfüllt werden konnten. [52]

3.1.5. SherLock

Unter dem Namen *SherLock* ist eine Kampagne ins Leben gerufen worden, die als Ziel unter anderem die Datenaufzeichnung unterschiedlicher Sensoren, Ressourcenverbräuche und Statuswerte hat. Damit sollen IT-Sicherheitsforscher Zugang zu einem gelabelten Smartphone-Datensatz erhalten, der vor allem Aufzeichnungen über die normale Smartphone-Nutzung sowie Cyber-Angriffe enthält. Auf den, zu Datenaufzeichnungszwecken, eingesetzten *Samsung Galaxy S5* Smartphones sind zwei Apps installiert, die Daten für diesen Zweck aufzeichnen. Zum einen ist die gleichnamige App *SherLock* installiert, die sämtliche Sensorwerte, Statusinformationen und Nutzerinteraktionen aufzeichnet, und zum anderen *Moriarty*, die versucht periodisch auf dem Smartphone installierte Apps mit Malware-Verhalten zu infizieren. Ein harmloses Puzzlespiel versucht so auf einmal die Kontakte des Nutzers zu kopieren. Die Reaktionen des Nutzers auf dieses unerwartete Verhalten werden aufgezeichnet und mit Labels versehen.

Die Kampagne ist vom *BGU Cyber Security Research Center* initiiert worden in Kooperation mit dem israelischen *Ministerium für Raumfahrt und Technologie*. Es haben 50 Probanden (22 Frauen, 28 Männer) an dem Experiment teilgenommen, die hauptsächlich im Alter von 16 bis 43 Jahren waren. Eine Aufwandsentschädigung für die Teilnahme gab es nicht. Jedoch ist eine Voraussetzung gewesen, dass die Teilnehmer das erhaltene *Samsung Galaxy S5* Smartphone mit den beiden vorinstallierten Apps, *SherLock* und *Moriarty*, als primäres Smartphone im Alltag nutzen. Das Experiment zur Datenaufzeichnung ist im Februar 2015 gestartet und dauerte 1,5 Jahre an. Dieser Datensatz enthält eine sehr umfangreiche Aufzeichnung von fast allen Sensor- und Statusinformationen und Nutzerinteraktionen, die ohne `root`-Rechte auf dem eingesetzten Smartphone abrufbar sind (siehe Tabelle 3.1 und 3.2). Die Abtastrate der Aufzeichnungen variiert dabei von 1 Tag bis 5 Sekunden. Darüber hinaus wurden die Nutzer gebeten, einige Fragen hinsichtlich Angaben zur Person sowie IT-Sicherheit zu Beginn der Studie zu beantworten. Der gesamte Datensatz ist, auch aufgrund der zum Teil sehr hohen Abtastrate, mehrere Terabyte groß und öffentlichen Forschungseinrichtungen zugänglich, sofern den Datennutzungsbestimmungen zugestimmt wird. Die aufgezeichneten Daten stehen im `*.csv`-Format zur Verfügung. Um vor allem die Privatsphäre der Studienteilnehmer zu schützen wurde der Datensatz vor der Offenlegung anonymisiert. Davon betroffen sind unter anderem die GPS Aufzeichnungen, wobei Koordinaten durch bestimmte *Cluster IDs* ersetzt wurden. Durch die Experimentteilnehmer besuchte Orte sind in diesem Datensatz nicht mit Ground Truth Labels annotiert. [63]

Tabelle 3.3.: Abtastraten der *Mobility Companion* App für die verschiedenen Datenquellen.

Quelle	Abtastrate	Hinweis
Ort	ca. 45 Sek. – 5 Min.	Nach 5 Minuten wird ein *Geofence* mit einem Radius von 75 Metern aktiviert und die Aufzeichnung pausiert bis, der *Geofence* verlassen wird.
WLAN	ca. 45 Sek.	Wenn *Geofence* aktiv ist, wird die Aufzeichnung pausiert.
Bluetooth	ca. 30 Min.	Wenn *Geofence* aktiv ist, wird die Aufzeichnung pausiert.
Activity Recognition	ca. 45 Sek.	Keine dynamische Steuerung der Abtastrate für die Abfrage der zuletzt erkannten Aktivität.
Status	ca. 10 Min.	Keine dynamische Steuerung der Abtastrate, aufgrund geringen Ressourcenverbrauchs.

3.2. Eigener Datensatz

Aufgrund des Mangels an frei zugänglichen Datensätzen, die die zuvor genannten Kriterien vollumfänglich erfüllen, ist eine eigene Kampagne initiiert worden, deren Ziel darin besteht, einen für das Forschungsvorhaben adäquaten Datensatz aufzubauen. Vor allem das Fehlen von Ground Truth Labels, die unter anderem sehr wichtig für die Evaluation sind, war eines der Hauptargumente für die eigene Kampagne. Eine Publikation dieses Datensatzes kann unter anderem aus Gründen des Datenschutzes aktuell nicht in Betracht gezogen werden.

3.2.1. Aufzeichnung

Die eigens entwickelte *Mobility Companion* App für Android-basierte Smartphones ist so konzipiert, dass alle zuvor genannten Kriterien bei der Datenaufzeichnung berücksichtigt werden. Die Reduzierung der Akkulaufzeit ist ein weiteres Kriterium, auf das Wert gelegt wurde. Da die Nutzer ihr eigenes Smartphone einsetzen und es so nutzen sollen wie vor der Teilnahme an der Kampagne, sollte die Akkulaufzeit trotz der zusätzlich installierten *Mobility Companion* App ähnlich sein wie zuvor. Ansonsten läuft die Kampagne Gefahr zu scheitern, mangels aktiver Teilnehmer aufgrund zu geringer Smartphone-Laufdauer. Denn die wenigstens Nutzer möchten bei der freiwilligen Teilnahme an einem Experiment gravierende Nachteile erleben. Um den Stromverbrauch möglichst gering zu halten, wird mit unterschiedlichen Abtastraten für die Aufzeichnungen der einzelnen Sensoren gearbeitet, wie in Tabelle 3.3 beschrieben.

3. Datenbasis

Ort Der aktuelle Aufenthaltsort wird ca. alle 45 Sekunden abgefragt. Sollte sich der aktuelle Aufenthaltsort bei der nächsten Abfrage nicht geändert haben, so wird das Abfrageintervall um 45 Sekunden erhöht. Dies geschieht sukzessiv, bis das Intervall 5 Minuten erreicht hat. Danach wird ein *Geofence* mit einem Radius von 75 Metern aktiviert. Solange der *Geofence* aktiv ist, erfolgt keine Aufzeichnung. Sobald der Nutzer oder die Nutzerin den *Geofence* wieder verlässt, startet die intervallgesteuerte Ortsaufzeichnung von neuem.

WLAN Informationen über WLANs in der Umgebung werden ca. alle 45 Sekunden aufgezeichnet. Sobald ein *Geofence* atkiviert wird, pausiert die WLAN-Aufzeichnung. Der Grundgedanke dahinter ist: Wenn sich der geografische Aufenthaltsort des Nutzers nicht signifikant ändert, sollten sich die vorhandenen WLANs auch nicht mehr ändern.

Bluetooth Informationen über Bluetooth-Geräte in der Umgebung werden ca. alle 30 Minuten aufgezeichnet. Die Abtastrate wurde so gewählt, da Beobachtungen gezeigt haben, dass sich in der Umgebung die Bluetooth-Geräte nur selten ändern. Dies gilt auch für den Verbindungsstatus. Die Aufzeichnung wird pausiert, sobald ein *Geofence* aktiv ist.

Activity Recognition Um die aktuelle Aktivität des Nutzers aufzuzeichnen, wird ca. alle 45 Sekunden der *Google API Client*[3] aufgerufen und die aktuelle Aktivitätskategorie (*still*, *tilting*, *walking*, *running*, *on bicycle*, *in vehicle*, *unknown*) abgefragt. Diese Aufzeichnung ist nicht an den *Geofence* geknüpft, da Bewegungen passieren können, auch wenn der *Geofence* aktiv ist.

Status Statusinformationen des Smartphones werden ca. alle 10 Minuten abgefragt. Da diese Abfrage nicht ressourcenintensiv ist, wird sie bei aktivem *Geofence* nicht pausiert.

Die gesammelten Informationen werden auf dem jeweiligen Smartphone des Nutzers in einer *SQLite*-Datenbank gespeichert und periodisch, bei vorhandener WLAN-Verbindung, mit dem zentralen Server synchronisiert. Das Datenbankschema der Aufzeichnungen ist beschrieben in Anhang A.

3.2.2. Räumlich-zeitliche Datenvorverarbeitung

Um die Orte, an denen sich der Nutzer oder die Nutzerin längere Zeit aufgehalten hat, von Bewegungen zwischen den jeweiligen Orten zu trennen, ist eine (Vor-)Verarbeitung

---

[3]https://developers.google.com/android/reference/com/google/android/gms/location/ActivityRecognitionApi

der aufgezeichneten GPS-Daten notwendig. Erst danach ist es möglich, dem Nutzer seinen Tagesverlauf, in der in Kapitel 3.2.3 beschriebenen Form, darzustellen und ihm die Möglichkeit des Annotierens zu geben.

Definition 3.1 (Trajektorie). Die aufgezeichnete zeitlich geordnete Trajektorie T eines Nutzers durch seinen Tag besteht aus einer Sequenz von räumlich-zeitlichen Punkten p.

$$T = \{p_0 = (x_0, y_0, t_0), \ldots, p_N = (x_N, y_N, t_N)\}, \tag{3.1}$$

wobei $x_i, y_i \in \mathbb{R}, t_i \in \mathbb{R}^+$, mit $i = 0, 1, \ldots, n$, und $t_0 < \ldots < t_N$. Die geographische Länge wird durch x repräsentiert, die geographische Breite durch y und der Zeitpunkt der Aufzeichnung durch t.

Da die *Trajektorie* (Definition 3.1) in Form von aufgezeichneten GPS-Daten keine explizite Aussage über signifikante Aufenthaltsorte und Bewegungen zwischen solchen Orten trifft, gilt es in diesem Schritt, diese Orte und Bewegungen zu erkennen, um die semantische Trajektorie zu erhalten. Damit soll die Grundlage für das in Kapitel 3.2.3 beschriebene Ground Truth Labeling geschaffen werden.

Um die semantische Trajektorie zu erhalten, wird in den GPS-Aufzeichnungen nach *Stops* und *Moves* gesucht, wofür das *Clustering-Based Stops and Moves of Trajectories (CB-SMoT)*-Verfahren zum Einsatz kommt. Es basiert auf dem Prinzip von *DBSCAN* [32] sowie *SMoT* [2] und ist ein räumlich-zeitliches Clustering-Verfahren, das zusätzlich die Geschwindigkeit in Betracht zieht. Es wird in [72, 68] wie folgt beschrieben.

Stop Ein *Stop* ist ein für den Nutzer signifikanter Aufenthaltsort, an dem er mindestens eine bestimmte Zeit verbracht hat.

Move Ein *Move* ist der Transfer – beziehungsweise die Trajektorie – zwischen zwei *Stops*.

Trajektorien werden von dem Algorithmus nach Subtrajektorien untersucht, in denen die Geschwindigkeit geringer ist als in anderen Teilen der Trajektorie, um dort *Cluster* zu bilden. Diese *Cluster* stellen *Stops* dar. Deshalb sind beim *Clustering-Based Stops and Moves of Trajectories*-Verfahren die Parameter `minTime` – Pendant zum DBSCAN-Parameter `minPts` –, der die minimale zeitliche Verweildauer des Nutzer in einem *Cluster* beschreibt, sowie der Parameter `Eps`, der beschreibt, wie nah die Punkte mindestens beieinander liegen müssen, relevant.

Definition 3.2 (Candidate Stop). Ein *Candidate Stop* C ist ein Tupel aus (R_C, Δ_C), wobei R_C für ein geschlossenes Polygon in $\mathbb{R}^2$ steht und somit die Geometrie des *Candidate Stops* angibt. Das Δ_C ist eine positive Zahl und steht für die minimale Aufenthaltszeit. Die *Candidate Stop* sind eine durch eine Anwendung $\mathcal{A}$ vorgegebene Menge $\{C_1 = (R_{C_1}, \Delta_{C_1}), \ldots, C_N = (R_{C_N}, \Delta_{C_N})\}$, deren Geometrien sich nicht überlappen.

3. Datenbasis

Definition 3.3 (Stop). Ein *Stop* der Trajektorie T ist definiert durch ein Tupel (R_k, t_j, t_{j+n}) und bildet die maximale Subtrajektorie $T_k = \{(x_i, y_i, t_i) \mid (x_i, y_i) \text{ schneidet } R_k\} = \{(x_j, y_j, t_j), \ldots, (x_{j+n}, y_{j+n}, t_{j+n}),\}$ aus T, wobei R_k die Geometrie des *Candidate Stop* C_k ist, mit $|t_{j+n} - t_j| \geq \Delta_k$.

Die *Candidate Stops* (Definition 3.2) können dem Algorithmus von einer Anwendung vorgegeben werden und stellen bekannte Orte eines Nutzers dar, die für ihn von besonderem Interesse sind. Hält sich der Nutzer oder die Nutzerin in einem *Candidate Stop* für eine bestimmte Zeit auf, wird dieser als *Stop* erkannt. Der Algorithmus kann darüber hinaus auch unbekannte, nicht durch die Anwendung $\mathcal{A}$ vorgegebene *Stops* (Definition 3.3) erkennen. Ein *Move* ist durch alle Punkte definiert, die zwischen zwei *Stops* liegen und nicht zu den *Stops* gehören.

Definition 3.4 (Eps-linear-neighboorhood). Gegeben ist eine Trajektorie $T = \{p_0, \ldots, p_k, \ldots, p_N\}$ bestehend aus GPS-Punkten p. Die *Eps-linear-neighboorhood* $LNEps(p_k)$ eines Punkts p_k ist die maximale Anzahl an Punkten p_i, wie hier beschrieben:

$$LNEps = \left\{ p_m \in T \mid \left(\sum_{i=m}^{k-1} dist(p_i, p_{i+1}) \right) \right\} \leq Eps \cup \\ \left\{ p_n \in T \mid \left(\sum_{i=k+1}^{n} dist(p_{i-1}, p_i) \right) \right\} \leq Eps \qquad (3.2)$$

Durch *Eps* wird die maximale Distanz zwischen p_k und seinen Nachbarpunkten in der Trajektorie T angegeben.

Definition 3.5 (Core point). Ein Punkt p einer Trajektorie mit den Parametern *Eps* und *minTime* wird *Core Point* genannt, wenn $|t_n - t_m| \geq minTime$, wobei n der letzte Punkt p in der *Eps-linear-neighboorhood* $LNEps(p)$ ist und m der erste.

Bei diesem Algorithmus gibt es zwei Phasen. In der ersten Phase werden alle *Stops* aus der *Trajektorie* extrahiert. Dazu werden zuerst, ähnlich wie bei DBSCAN, alle GPS-Punkte p als unverarbeitet markiert. Anschließend wird für jeden unverarbeiteten Punkt p_k die *Eps-linear-neighboorhood* $LNEps(p_k)$ (Definition 3.4) berechnet. Der *Core point* p_k (Definition 3.5) ist abhängig vom Parameter `Eps`, der die maximale Distanz zwischen ihm und seinen Nachbarn beschreibt, sowie von `minTime`, der Mindestdauer eines Aufenthalts, ab der dieser als *Stop* gewertet werden kann. Da `Eps` in diesem Fall in Metern angegeben wird und `minTime` in Minuten, kann eine maximale Geschwindigkeit berechnet werden, die vom Nutzer nicht überschritten werden darf, um einen Ort als *Stop* zu werten. In diesem Fall betragen $Eps = 75m$ und $minTime = 180s$, woraus sich eine maximale Durchschnittsgeschwindigkeit ($\frac{Eps}{minTime} \cdot 3.6$) von $1.5 km/h$ errechnen lässt. Da der Nutzer oder die Nutzerin an einem Aufenthaltsort selten ohne Bewegung ist und durch den Einfluss von Messungenauigkeiten des GPS leichte Drifts entstehen können, ist ein Grenzwert für die Durchschnittsgeschwindigkeit notwendig, um einen Aufenthaltsort auch als *Stop* klassifizieren zu können.

Wenn ein Punkt p_k die Anforderungen an einen *Core point* erfüllt, wird ein neues *Cluster* erzeugt und für alle Punkte in *LNEps* die *Eps-linear-neighboorhood* berechnet. Nachdem diese Punkte berechnet wurden, werden sie als verarbeitet markiert und der Algorithmus beginnt mit der Verarbeitung der restlichen, unverarbeiteten Punkte in T.

In der zweiten Phase des *Clustering-Based Stops and Moves of Trajectories*-Verfahrens wird für jedes erkannte *Cluster* ein *Stop* in der Menge aller *Stops* S erzeugt. Für alle Punkte, die nicht zu einem *Stop* gehören, wird jeweils ein *Move* in der Menge aller *Moves* M angelegt. Die auf diese Weise berechneten *Stops* und *Moves* werden mit den durch das Smartphone aufgezeichneten Daten verknüpft gespeichert. Auf diese Weise wird dem Nutzer eine Ground-Truth-Labeling-Grundlage auf *Stop*- und *Move*-Basis geschaffen, die wie in Kapitel 3.2.3 beschrieben zum Einsatz kommt.

3.2.3. Ground Truth Labeling

Dieser Datensatz unterscheidet sich, neben der Bandbreite der durch das Smartphone periodisch aufgezeichneten Informationen, auch durch das manuelle Ground Truth Labeling von besuchten Orten und benutzten Verkehrsmitteln von den in Kapitel 3.1 beschriebenen Datensätzen. Ein korrekt annotierter Datensatz ist vor allem für den Einsatz des überwachten Lernens – einem Teilbereich des maschinellen Lernens – wichtig sowie für die Evaluation von Ergebnissen. Angesichts der gestellten Forschungsfragen ist es primär notwendig, annotierte Daten für die besuchten Orten zu haben. Dabei ist eine GPS-Position sowie die Semantik des Aufenthaltsortes notwendig. Darüber hinaus kann noch das benutzte Verkehrsmittel angegeben werden.

Die *Mobility Companion* App kann nicht nur Daten des Smartphones aufzeichnen, wie Kapitel 3.2.1 erklärt, sondern auch visualisieren, wie beispielhaft in Abbildung 3.1 dargestellt. Hauptsächlich werden die besuchten Orte und Bewegungen zwischen den Orten dargestellt, nachdem sie bereits vorverarbeitet wurden (siehe Kapitel 3.2.2). Die App erlaubt dem Nutzer, einen Tag auszuwählen, um die Aufzeichnungen anzusehen und die Orte sowie Bewegungen zwischen den Orten zu annotieren. Die restlichen aufgezeichneten Daten werden nicht dargestellt, sind aber in der Datenbank der App mit den angezeigten Orten und Bewegungen verknüpft. Abbildung 3.1b zeigt einen beispielhaften Tagesverlauf eines Nutzers. Diese Zeitleistenansicht erlaubt dem Nutzer, die aufgezeichneten Daten zu annotieren. Zu sehen sind durch den Nutzer besuchte Orte und Bewegungen zwischen den Orten.

3. Datenbasis

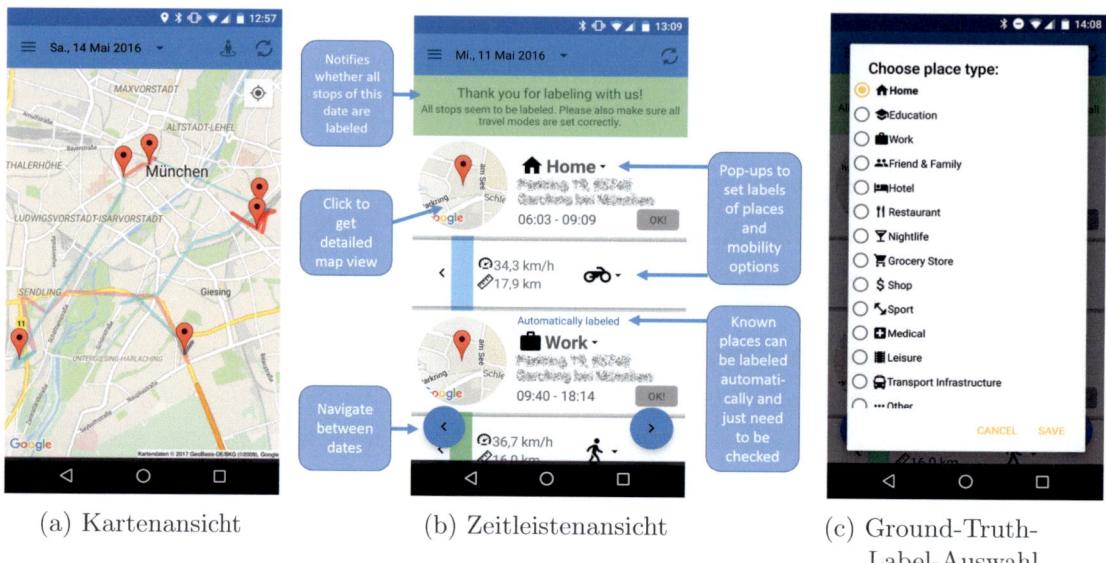

(a) Kartenansicht (b) Zeitleistenansicht (c) Ground-Truth-Label-Auswahl

Abbildung 3.1.: Die selbst entwickelte *Mobility Companpion* App ermöglicht es Sensor- und Statuswerte von Android-Smartphones der Nutzer aufzuzeichnen. Quelle des Kartenmaterials [40].

Um dem Nutzer das Ground Truth Labeling zu vereinfachen, merkt sich die *Mobility Companion* App die Eingaben für die Semantik eines Ortes und schlägt ihm die gleiche Eingabe automatisch vor, wenn der Ort erneut besucht wird. Dies ist anhand des Zusatzes „Automatically labeled" zu erkennen beim zweiten besuchten Ort in Abbildung 3.1b. Der Vorschlag kann durch Drücken auf „OK" angenommen oder durch die Auswahl einer anderen Kategorie (Tippen auf die Ortsbezeichnung) korrigiert werden. der Nutzer oder die Nutzerin kann aus insgesamt 15 Kategorien eine dem jeweilgen Aufenthaltsort zuordnen (vgl. Abbildung 3.1c). Die möglichen Kategorien für Orte sind in Tabelle 3.4 aufgeführt. Aus eigener Erfahrung kann gesagt werden, dass diese 15 Kategorien die am häufigsten besuchten Ortskategorien im durchschnittlichen Alltag eines Menschen repräsentieren. Ähnliche Kategorien kamen bereits auch in anderen Forschungsarbeiten zum Einsatz [52, 70, 12, 55, 5].

Neben den Angaben zum besuchten Ort (Ortskategorie, Adresse und Zeitspanne) werden, wie in Abbildung 3.1b zu sehen ist, Informationen zum Transfer zwischen zwei Orten dargestellt. Analog zum Ort wird hier die zurückgelegte Entfernung und Durchschnittsgeschwindigkeit in km/h angezeigt sowie die Verkehrsmittelkategorie. Mit Hilfe der Ergebnisse der *Activity Recognition* wird automatisch das wahrscheinlichste Transportmittel aus der Menge $\{Car, Walking\}$ für die jeweilige Strecke ausgewählt. Der Nutzer oder die Nutzerin kann durch Tippen auf das Transportmittelsymbol, analog zu Abbildung 3.1c, die Kategorie anpassen, sollte die Vorauswahl nicht zutreffend sein. Die vollständige Auflistung der möglichen Transportmittelkategorien ist in Tabelle 3.5 aufgeführt. Durch das Tippen auf den nach links dargestellten Pfeil ist es zudem möglich, einen Transfer

Tabelle 3.4.: Auflistung der vorhanden Kategorien zum Ground Truth Labeling von **Orten** in der *Mobility Companion* App.

Kategorie	Beschreibung
Home	das Zuhause
Education	Bildungseinrichtung, wie zum Beispiel Schule, Universität, Bibliothek
Work	Arbeitsplatz
Friend & Family	das Zuhause von Freunden und Familienangehörigen
Hotel	Beherbergungsbetrieb, wie zum Beispiel Hotel, Hostel, Pension
Restaurant	Gaststätte, wie zum Beispiel (Schnell-)Restaurant, Imbiss
Nightlife	nächtliche Orte der Freizeitgestaltung zwischen den Abend- und Morgenstunden, wie zum Beispiel Bar, Discothek
Grocery Store	Lebensmittel- und Drogeriegeschäft
Shop	alle Einzelhandelsgeschäfte außer *Grocery Store*
Sport	Ort für Ausübung von Bewegungs-, Spiel- und Wettkampfformen, wie zum Beispiel Fußball, Kraftsport, Schach
Medical	medizinische Einrichtungen und Apotheken, wie zum Beispiel Krankenhaus, Zahnarzt
Leisure	Orte der Freizeitgestaltung, sofern keine andere Kategorie zutrifft, wie zum Beispiel Kino, Picknick im Park, Strand
Transport Infrastructure	Verkehrsinfrastruktur, wie zum Beispiel Bus-, (U-)Bahn-, Taxi-, Tram-, Zug-Haltestelle
Other	Falls keine der anderen Kategorien zutrifft, soll diese Kategorie genutzt werden.
Detection is completeley wrong	Sollte ein Ort als Aufenthaltsort erkannt werden, der jedoch gar nicht besucht wurde, dann soll diese Kategorie verwendet werden.

zwischen zwei Orten in mehrere Teilstrecken zu teilen. Genutzt wird das vor allem bei multimodalen Transfers. Auf diese Weise können alle verwendeten Fortbewegungsmittel auf einer Strecke zwischen zwei Orten angeben werden.

Eine generelle Übersicht des Tagesverlaufs ist mit der Kartensicht (vgl. Abbildung 3.1a) möglich. Dort werden alle besuchten Orte und Bewegungen zwischen den Orten des

3. Datenbasis

Tabelle 3.5.: Auflistung der vorhanden Kategorien zum Ground Truth Labeling von **Fortbewegungsmitteln** in der *Mobility Companion* App.

Kategorie	Beschreibung
Subway	Ubahn
Train	Fernzug
Tram	Straßenbahn
Pendelbus	Bus, nur für berechtigte Mitarbeiter der BMW AG
Bus	Bus
Car	Personenkraftwagen
Plane	Luftfahrzeug
Walking	Bipedie, ohne Flugphase
Cycling	Fahrrad
Running	Bipedie, mit Flugphase
Motorcycle	Kraftrad
Detection is completeley wrong	Sollte eine Strecke erkannt werden, die vom Nutzer jedoch gar nicht zurückgelegt wurde, dann soll diese Kategorie verwendet werden.

ausgewählten Tages dargestellt. Die Einfärbung der Verbindungslinien zwischen den Orten ist abhängig von der Fortbewegungsart.

3.2.4. Datensatzkennzahlen

Über den Zeitraum von 2014 bis 2017 haben sich 64 Teilnehmer an der Aufzeichnung des eigenen Datensatz beteiligt. Wie in Tabelle 3.6 ersichtlich, wurden über eine Million WLAN- und fast zwei Millionen Aktivitätsdaten generiert. Die Anzahl der Aufzeichnungen dieser und anderer Sensoren ist, wie in Kapitel 3.2.1 beschrieben, abhängig von der Frequenz, unter anderem bedingt durch Energiespartaktiken, sowie von den getätigten Einstellungen der einzelnen Teilnehmer. Jeder Teilnehmer hatte die Wahl, welche Sensoren aufgezeichnet werden sollten. Dazu konnten in den Einstellungen der *Mobility Companion* App die jeweiligen Werte gesetzt werden. Nach der Vorverarbeitung der GPS-Daten mit Hilfe von *Clustering-Based Stops and Moves of Trajectories* wurden jeweils fast neuntausend *Stops* und *Moves* erzeugt. Mehr als zwei Drittel der *Stops* sind explizit durch die Probanden mit Ground Truth Labels annotiert worden. Die Mehrheit der annotierten *Stops* machen insgesamt *Home* und *Work* aus. Die Ortskategorie *Medical* ist am seltensten vertreten.

Tabelle 3.6.: Beschrieben ist die jeweilige Art der aufgezeichneten Daten sowie die Anzahl der aufgezeichneten Messungen. Im den beiden letzten Abschnitten sind Angaben zu den vorverarbeiteten GPS-Daten zu finden, wie in Kapitel 3.2.2 beschrieben.

Art der Aufzeichnung	Anzahl
Probanden	64
GPS-Punkte	653,952
WLAN	1,080,001
Bluetooth	171,891
Aktivitätsdaten	1,941,028
Statuswerte	522,675
Move	9,174
Stop	8,943
Stops annotiert	6,387
Stops nicht annotiert	2,556
Home	2,418
Education	236
Work	1,369
Friend & Family	587
Hotel	71
Restaurant	415
Nightlife	75
Grocery Store	170
Shop	119
Sport	146
Medical	14
Leisure	169
Transport Infrastructure	111
Other	343
Detection is completeley wrong	144

Eine detaillierte Beschreibung des Datensatzes ist in den jeweiligen Kapiteln dieser Forschungsarbeit zu finden, da für die unterschiedlichen Forschungsvorhaben unterschiedlich aufbereitete Datengrundlagen notwendig sind.

4. Semantische Ortsklassifizierung

Dieses Kapitel beschreibt, wie zur semantischen Klassifizierung von besuchten Orten eines Menschen ein Modell aufgebaut wird. Dazu wird ein Klassifikationsalgorithmus eingesetzt, der mit Hilfe von Trainingsdaten ein Modell erzeugt, das Orte nach den in Tabelle 3.5 genannten Ortskategorien klassifizieren soll. So soll mehr über die Bedeutung der Aufenthaltsorte eines Menschen in Erfahrung gebracht werden. Einige Inhalte dieser Forschungsarbeit sind bereits in [80] veröffentlicht.

4.1. Einleitung

Damit ein Mobilitätsassistent den Kontext eines Menschen erfassen und die Vorhaben antizipieren kann, ist es vorteilhaft, die Semantik der vergangenen Handlungen zu kennen. Durch die Antizipation der Handlungen kann ein Nutzer oder eine Nutzerin eines Mobilitätsassistenten pro-aktiv unterstützt werden und sich somit auf das eigentliche Vorhaben konzentrieren. Ein Schritt in Richtung Verständnis von Nutzerhandlungen kann die semantische Identifizierung des Aufenthaltsortes sein. Dazu wird die Ortsangabe auf semantische Features beziehungsweise *interessante Orte*, wie beispielsweise die Arbeit, bevorzugtes Restaurant oder das Zuhause des Nutzers, abgebildet. Laut Dashdorj et al. [28] bietet sich durch die Klassifizierung von Nutzerverhalten und -umfeld ein enormes Potenzial zur Herleitung des Nutzerkontextes.

Heutzutage ist es möglich, mit Hilfe von GPS und anderen Systemen, den geografischen Aufenthaltsort eines Menschen relativ akkurat zu bestimmen. Nur durch die errechneten geografische Koordinaten kann neben der Position auf der Erde nur bedingt eine Aussage über die Handlungsabsichten des Menschen an seinem Aufenthaltsort getroffen werden. Online-Dienste, wie „Foursquare" und „Google Maps", können zu angefragten Koordinaten existierende Einrichtungen, beispielsweise Restaurants und Einkaufsmöglichkleiten in der Nähe, ausgeben. Eine hohe Dichte an vorhandenen *interessanten Orten* in diesen Online-Datenbanken kann jedoch die exakte Zuordnung des Ortes zur besuchten Einrichtung erschweren. Denn wenn die Person sich in einem ein- oder vor allem mehrstöckigen Gebäude aufhält, kann anhand der geografischen Koordinaten die besuchte Einrichtung nicht mehr identifiziert werden und somit auch keine Rückschlüsse auf ihre Handlungen gezogen

4. Semantische Ortsklassifizierung

werden. Auch eine präzise Ortung nur mittels GPS ist unter Umständen in Innenstädten nur eingeschränkt möglich, unter anderem bedingt durch Mehrwegempfang, der durch Häuserschluchten verursacht werden kann. Um den Energieverbrauch zu senken, nutzen Smartphones zur Ortung GPS und WLAN, wobei GPS nur sporadisch genutzt wird, da es einen höheren Energiebedarf hat. Eine reine Ortung basierend auf kartografierten WLAN Acces Points kann ebenfalls zu falschen Ortungsergebnissen führen, vor allem wenn mobile WLAN Access Points erfasst wurden, die regelmäßig ihren Standort ändern, beispielsweise verbaute WLAN Access Points in Kraftfahrzeugen.

Um jedoch in jeder Situation die Semantik des Aufenthaltsortes ermitteln zu können, nicht nur rein abhängig vom GPS, wird in diesem Kapitel ein Framework vorgestellt, das mit Hilfe unterschiedlicher Sensorwerte und Statusinformationen des Smartphones den Ort einer Person klassifizieren und den Kontext ableiten kann. Im Weiteren wird das Verfahren *semantische Ortsklassifizierung* genannt. Um die Klassifizierung möglichst genau durchzuführen, werden markante Features für jeden möglichen Ortstyp (siehe Tabelle 3.4) mit Hilfe eines Selektionsalgorithmus extrahiert. Das resultierende Multi-Klassen-Klassifikationsproblem wird weiter in ein 2-Klassen-Klassifikationsproblem konvertiert. Dazu wird ein Set von Binärklassifikatoren erstellt. Der wissenschaftliche Beitrag dieses Kapitels lässt sich wie folgt zusammenfassen:

- Eine neuartige und umfassende Zusammenstellung an Features (nutzer- und umgebungszentriert) geeignet zur Klassifizierung von Ortskategorien.

- Eine neuartige Methode basierend auf smarten Binärklassifikatoren zur Lösung von Multi-Klassen-Klassifikationsproblemen in Kombination mit Featureselektion.

- Zeitabhängige binäre Klassifikatoren unter Berücksichtigung von Feature-Feature-Korrelationen.

4.2. Stand der Forschung

Die auf dem *Lausanne Data Collection Campaign*-Datensatz (beschrieben in Kapitel 3.1.4) gestartete *Mobile Data Challenge* – ein Wettbewerb für Studenten – hat als einen Themenbereich die „semantische Vorhersage des nächsten Ortes", für den Studenten ihre Forschungsergebnisse einreichen konnten [52]. Die Korrektheit der eingereichten Ergebnisse kann jedoch nur geschätzt werden, da der Datensatz keine *Ground Truth Labels* enthält. Die Gewinner des Wettbewerbs erzielten unter Nutzung des Gradient Boosted Trees und einer 10-fachen Kreuzvalidierung eine Genauigkeit von 75% [49]. Zhu et al. [107] hatten den Fokus auf Featureselektion gelegt. Dafür wurden aus dem Datensatz möglichst viele Features erstellt und mit einem eigenen Algorithmus die markantesten pro Ort selektiert.

In [38] haben Ghosh et al. den *GeoLife*-Datensatz (beschrieben in Kapitel 3.1.1) als Datenbasis genutzt und das *THUMP*-Framework zur Analyse von GPS-Aufzeichnungen entwickelt. Dabei clustert es auf Basis von geografischen und semantischen Informationen Trajektorien, um unterschiedliche Kategorien von Nutzern zu bilden, gemäß ihrer Theorie, dass menschliche Bewegungsmuster bestimmte Bedeutungen haben und nicht willkürlich passieren. Auf demselben Datensatz wird in [57] gezeigt, dass die Vorhersage des nächsten Ortes unter Einbeziehung von semantischer Verhaltensforschung verbessert werden kann. In [8] haben die Autoren erfolgreich einen kontextsensitiven Vorhersagealgorithmus erstellt und auf den *GeoLife*-Datensatz angewandt.

Andere Studien basieren zum Teil auf nicht annotierten Datensätzen und / oder nur auf einer geringen Anzahl an Sensoren und Statusinformationen [4, 6, 10, 14, 21, 24, 36, 45, 48, 53, 59, 74, 75, 76, 78, 89, 94, 108]. Das Gebiet der physischen Aktivitätserkennung, z.B. gehen und laufen, auf Basis des Accelerometers ist bereits stark erforscht [4, 6, 10, 21, 24, 36, 48, 59, 75, 76, 78]. Dabei konnten Genauigkeiten bis zu 90% erreicht werden. Aktuelle Smartphones sind derzeit mit mehr Sensoren als nur dem Accelerometer ausgestattet. Deshalb konzentriert sich die Forschung in diesem Kapitel auf die Einbeziehung weiterer Sensor- und Statuswerte, um möglichst genaue Aussagen zu einem Ort tätigen zu können. Das Gebiet der *semantischen Ortsklassifizierung* ist derzeit nicht so weit erforscht wie beispielsweise die semantische Klassifizierung von physischen Aktivitäten eines Menschen.

4.3. Datenbasis

Es wurden die aufgezeichneten Daten, wie in Kapitel 3.2 beschrieben, von 19 Probanden zur Erstellung eines Klassifikators für Ortskategorien (siehe Tabelle 3.4) verwendet. Die Datenaufzeichnung erfolgte in diesem Fall über 183 Tage im Jahr 2016, hauptsächlich in und um München, Deutschland, aber auch in einigen anderen Ländern, wie z.B. Hongkong und den Philippinen. Die Mindestanforderung, um die Daten eines Probanden als geeignet zu erachten, lag bei mindestens 30 aufgezeichneten *Stops*, was ca. einer Aufzeichnungsdauer von einer Woche entspricht.

Insgesamt wurden 1852 *Stops* zusammengetragen (siehe Tabelle 4.1), die annotiert waren und ca. einer Gesamtaufenthaltsdauer von 6700 Stunden entsprachen. WLAN-Daten waren in 88% aller Aufzeichnungen enthalten, Aktivitätsdaten in 80%, Bluetooth-Daten in 58%, und 99% aller Aufzeichnungen beinhalteten Statusinformationen des Smartphones. Nach der Datenaufzeichnung ist in Gesprächen mit den Probanden aufgefallen, dass der Mehrheit der Unterschied zwischen *Grocery Store* und *Shop* während der Aufzeichnungsperiode nicht bewusst war. Aus diesem Grund wurden die Instanzen der zwei genannten Ortskategorien in *Shop* zusammengeführt. Die Kategorien *Hotel*, *Leisure* und *Medical* machen insgesamt

4. Semantische Ortsklassifizierung

Tabelle 4.1.: Verteilung von *Stops* über alle Ortskategorien des eigenen Datensatzes im Betrachtungszeitraum. Instanzen der Kategorien *Grocery Store* und *Shop* wurden aufgrund der Uneindeutigkeit in *Shop* zusammengefasst. Die Kategorien *Hotel*, *Leisure* und *Medical*, wurden ausgeschlossen, weil sie eine nicht repräsentative Menge an Instanzen aufwiesen.

Ortskategorie	Instanzen	
Home	707	38%
Education	107	6%
Work	344	19%
Friend & Family	237	13%
Restaurant	177	10%
Nightlife	59	3%
Shop	85	4%
Sport	81	4%
Transport Infrastructure	55	3%
Summe	**1852**	**100%**

3% aller Instanzen aus. Um Über- / Unteranpassung des Modells zu vermeiden, wurden sie von dem Klassifikationsvorhaben ausgeschlossen und werden hier nicht weiter betrachtet. Dies bedeutet jedoch nicht, dass diese Ortskategorien generell nicht zu klassifizieren seien. Diesem Forschungsvorhaben standen zum damaligen Zeitpunkt nicht genug Instanzen der Kategorien zur Verfügung.

4.4. Klassifikationsfeatures

In Tabelle 4.2 und 4.3 sind alle die Klassifikationsfeatures aufgelistet, die zur Modellbildung aus den aufgezeichneten Daten generiert wurden, weil sie charakteristisch für bestimmte Ortskategorien zu sein scheinen. In den nachfolgenden Unterkapiteln wird auf die Features weiter eingegangen.

4.4.1. Nutzerzentriert

Aktivität

Die jeweiligen physischen Aktivitäten eines Menschen können charakteristisch für einen besuchten Ort sein. Denn im Büro oder einem Restaurant bewegt ein Mensch sich für gewöhnlich weniger als in einem Fitnessstudio. Die extrahierten Features sind in Tabelle 4.2 und 4.3 (*Aktivität*) zu finden.

4.4. Klassifikationsfeatures

Tabelle 4.2.: (Teil 1) Aus den aufgezeichneten Daten extrahierte Klassifikationsfeatures gruppiert nach Kategorien. Alle Features werden zur Klassifikation in die Modellbildung einbezogen.

	Features pro Stop
Aktivität	Absolute Dauer {in vehicle, on bicycle, running, still, tilting, unknown, walking} Relative Dauer {in vehicle, on bicycle, running, still, tilting, unknown, walking} Vorherrschende Aktivität Zweite vorherrschende Aktivität Aktivitätsindex {aktuell, vorangehend, nachfolgend} Frequenz von Aktivitätsänderungen {aktuell, vorangehend, nachfolgend}
Status	Durchschnittlich verfügbare Mobilfunknetzstärke Stecker eingesteckt Vorherrschender Steckertyp Vorherrschender Klingelmodus Klingelmodus wurde geändert Anteil Zeit {Flugz.modus, Mobilfunknetz verfügbar, Stecker nicht eingesteckt} Anteil Zeit {AC, USB} bei eingestecktem Stecker Anteil Zeit Klingelmodus {normal, lautlos, Vibration}
Stop	Absolute Dauer {des Stops, des Stops des Tages} Stop nach Ladenschlusszeit Werktag Vorherrschende {vorangehende, nachfolgende} Ortskategorie Tageszeit als *Stop*-Mitte Gesamtheit der verbrachten Zeit an diesem Cluster Gesamtheit der verbrachten nächtlichen Zeit an diesem Cluster

Die mit Hilfe der Google API aufgezeichneten *Activity-Recognition*-Daten wurden auf einen Aktivitätsindex von 0 bis 10 abhängig von der Bewegungsintensität abgebildet, wie in Tabelle 4.4 dargestellt. Die Abbildung der Werte auf die Aktivitätskategorien wurde eigens erstellt. Dadurch ist es möglich, einen durchschnittlichen Aktivitätsindex für jeden *Stop* zu berechnen. Je translationaler die Aktivität, desto höher der Aktivitätsindex.

Die *Frequenz von Aktivitätsänderungen* ergibt sich durch die Anzahl der Änderungen zwischen *translationalen Bewegungen* und *nicht translationalen Bewegungen*, geteilt durch einen Intervall von 30 Minuten. Dieses Feature kann vor allem dazu genutzt werden, Orte zu erkennen, an denen ein Mensch üblicherweise aktiver ist, wie zum Beispiel ein Supermarkt, im Vergleich zu einem Ort mit üblicherweise weniger Aktivität, wie ein Restaurant (als Gast).

4. Semantische Ortsklassifizierung

Tabelle 4.3.: (Teil 2) Aus den aufgezeichneten Daten extrahierte Klassifikationsfeatures gruppiert nach Kategorien. Alle Features werden zur Klassifikation in die Modellbildung einbezogen.

	Features pro Stop
WLAN	Durchschnittlicher Netzwerktyp {insgesamt, empfangsstärkste} Durchschnittlicher Netzwerktyp der verbundenen Netzwerke Verbunden mit einem Bildungsnetzwerk Bildungsnetzwerk in der Nähe Anzahl einzigartiger {BSSID, SSID} in der Nähe Anteil der verbundenen Zeit
Bluetooth	Erkannte Geräteklassen {audio video, computer, health, imaging, misc, networking, peripheral, phone, toy, uncategorized, wearable} Überwiegend verbundene Bluetooth-Geräteklasse Anzahl Bluetooth-Geräte in der Nähe Anteil der verbundenen Zeit
Geografisch	Distanz zur nächsten {Eisenbahnschiene, Straße, Eisenbahnschiene oder Straße} Nah zu {Eisenbahnschiene, Straße} Wahrscheinlichste Ortskategorie basierend auf interessanten Orten in der Nähe Wahrscheinlichkeit interessanter Orte der Ortskategorie {Home, Work, Education, Friend & Family, Restaurant, Nightlife, Shop, Sport, Transport Infrastructure}

Tabelle 4.4.: Abbildung des Aktivitätsindexes auf die möglichen Aktivitätskategorien, kommend von *Googles Activity-Recognition-API*, abhängig von der Bewegungsintensität.

Aktivitätskategorie	Index	Aktivitätsgruppe
still	0	nicht translationale
tilting	1	Bewegungen
walking	4	
running	7	translationale
on bicycle	9	Bewegungen
in vehicle	10	
unknown	–	–

Status

Die Art der Smartphone-Nutzung kann Aufschluss über den Aufenthaltsort geben. Typischerweise korrelieren die Nutzung und die Statusinformationen des Smartphones mit den Ortskategorien. Es ist nicht unüblich, dass der *Flugzeugmodus* auf Flügen (*Transport Infrastructure*) und zu Hause (*Home*) während der Nacht aktiviert ist. Im Büro (*Work*) hingegen ist das Smartphone oft auf *lautlos* geschaltet. Weitere Features können der Tabelle 4.2 und 4.3 (*Status*) entnommen werden.

4.4. Klassifikationsfeatures

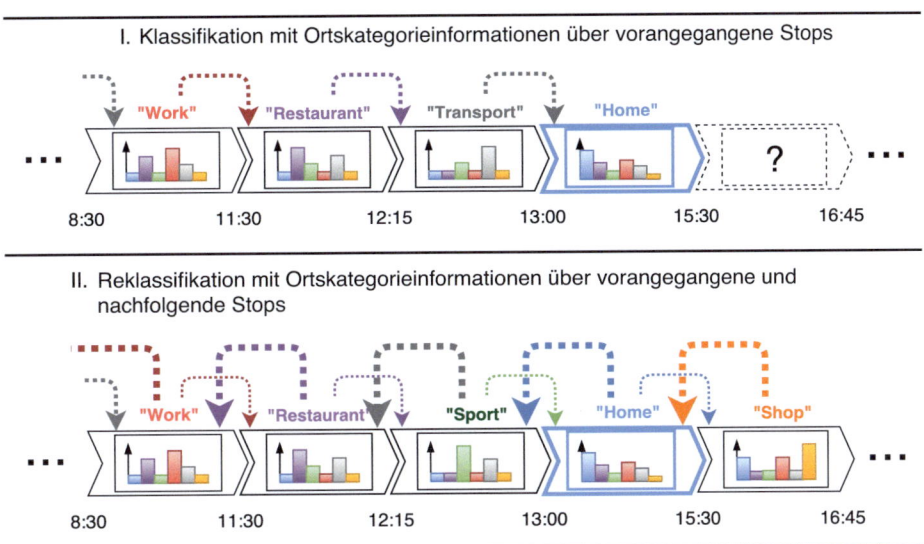

Abbildung 4.1.: Grafische Darstellung der Reklassifizierung der vorangehenden *Stops* mit den gewonnenen Informationen aus den Ortskategorien der nachfolgenden *Stops* zur Verbesserung der Klassifikationsgenauigkeit.

Stop

Im Tagesverlauf werden Orte besucht, deren Vorkommen und Reihenfolge üblicherweise nicht zufällig sind. Freunde (*Friend & Family*) werden an Werktagen oft direkt nach der Arbeit (*Work*) besucht. Nach dem Lebensmitteleinkauf (*Shop*) geht ein Mensch oft nach Hause (*Home*). Um solche Korrelationen nicht zu vernachlässigen, werden die *vorherrschende, vorangehende Ortskategorie* zwei Stunden vor dem *Stop* und die *vorherrschende, nachfolgende Ortskategorie* zwei Stunden nach dem *Stop* als Features extrahiert.

Nachdem die nachfolgenden *Stops* klassifiziert wurden und somit die Ortskategorien bekannt sind, können diese dazu benutzt werden, um vorangehende, erkannte Ortskategorien zu reklassifizieren, wie in Abbildung 4.1 dargestellt. Denn das Wissen über nachfolgende Ortskategorien kann die Klassifikationsgenauigkeit für die vorangehenden Ortskategorien erhöhen, da die Reihenfolge, wie zuvor beschrieben, oftmals nicht zufällig ist.

Die Reklassifizierung ist beschränkt auf eine Iteration. Hier wird von einem Laborumfeld ausgegangen und deswegen angenommen, dass die Informationen über vorangehende und nachfolgende Ortskategorien der *Stops* von Anfang an vorliegen, jedoch anhand der Wahrheitsmatrix des Klassifikators verfälscht wurden, da alle *Stops* theoretisch anfällig für Falschklassifikationen sind. Für die Klassifikation vorangehender *Stops* nach ihren Ortskategorien wird eine Wahrheitsmatrix benutzt, die von einer Klassifikation ohne Kenntnisse

4. Semantische Ortsklassifizierung

über vorangehende oder nachfolgende Ortskategorien stammt. Für die Klassifikation nachfolgender *Stops* nach ihren Ortskategorien wird eine Wahrheitsmatrix benutzt, die von einer Klassifikation mit verfälschtem Wissen über vorangehende Ortskategorien stammt und kein Wissen über nachfolgende Ortskategorien von *Stops* hat. Auf diese Weise wird die Unsicherheit über nachfolgende Ortskategorien simuliert. In einem „online-fähigen" Szenario ist dies nicht möglich, da die Ortskategorien der nachfolgenden *Stops* vor dem Aufenthalt unbekannt sind.

Da räumliche und zeitliche Informationen oft korrelieren, werden weitere zeitbezogene Features extrahiert. Denn es ist beispielsweise üblich, dass ein Mensch sich nachts zu Hause (*Home*) aufhält. Um solche und weitere Merkmale zu erkennen, wurden Features, wie in Tabelle 4.2 und 4.3 (*Stop*) beschrieben, extrahiert.

4.4.2. Umgebung

WLAN

Die aktuelle Verfügbarkeit von WLAN Access Points kann charakteristisch für bestimmte Orte sein. Jeder Access Point hat einen „Service Set Identifier", der den Namen des Netzwerks darstellt, und einen „Basic Service Set Identifier", der eine einzigartige Kennung des Access Points darstellt. Beide Informationen werden als Features genutzt und als *Anzahl von einzigartigen (B)SSIDs in der Nähe* je Stop extrahiert.

Des Weiteren gibt es einen Unterschied zwischen privaten und firmenweiten WLANs, vor allem in der Authentifizierung. WLANs im privaten Gebrauch haben überwiegend nur einen Access Point. Firmen hingegen betreiben, je nach Unternehmensgröße, in der Regel mehrere Access Points mit unterschiedlichen „Basic Service Set Identifiern", jedoch haben alle den gleichen „Service Set Identifier" und unterstützen das „Extensible Authentication Protocol". Unter Berücksichtigung dieser Gegebenheiten wird der *Netzwerktyp* als Feature extrahiert.

Im Jahr 2003 ist die *eduroam*-Initiative gestartet. Bildungseinrichtungen weltweit stellen eingeschriebenen Studierenden kostenfreien Zugang zum gleichnamigen WLAN zur Verfügung. Angesichts dessen ist die Wahrscheinlichkeit der Ortskategorie *Education* hoch, wenn der „Service Set Identifier" *eduroam* ausgestrahlt wird. Alle extrahierten Features sind in Tabelle 4.2 und 4.3 (*WLAN*) aufgelistet.

Bluetooth

Analog zum WLAN (Kapitel 4.4.2) können auch Bluetooth-Geräte Charakteristika von Orten abbilden. Daher werden für Bluetooth ähnliche Features wie für WLAN extrahiert (siehe Tabelle 4.2 und 4.3 (*Bluetooth*)).

Mobilfunknetzwerk

Die Mobilfunkabdeckung und -signalstärke kann zur Identifizierung eines Ortes beitragen. Für weitere Nachforschungen werden mobilfunkbezogene Features extrahiert, zu sehen in Tabelle 4.2 und 4.3 (*Status*).

Geografisch

Mit Hilfe weiterer Datenquellen, wie beispielsweise „Foursquare" und „Google Places", können Informationen über *interessante Orte* in der Nähe bezogen werden. Ausgehend vom geometrischen Schwerpunkt jedes *Stops* werden „Foursquare"[1] und „Google Places"[2] nach *interessanten Orten* in einem Radius von 50 Metern angefragt. Der gewählte Radius stellt den durchschnittlichen Lokalisierungsfehler innerhalb von Gebäuden dar.

Die *Wahrscheinlichkeit interessanter Orte* in der Nähe wird für jede mögliche Ortskategorie (siehe Tabelle 3.4) abgeleitet. Zunächst werden alle möglichen *interessanten Orte*, deren Öffnungszeiten nicht mit der Zeit während des Aufenthalts an dem *Stop* übereinstimmen, ausgeschlossen. Anschließend wird das Gewicht w_k für jede Ortskategorie k mit der Definition 4.1 berechnet. Dabei wird die quadratische Distanz zur konvexen Hülle des *Clusters* und die Popularität während der Aufenthaltszeit, wie durch „Foursquare" spezifiziert, berücksichtigt.

Definition 4.1 (Gewichtung Ortskategorie). Zur Gewichtung von Ortskategorien werden die quadratische Distanz zur konvexen Hülle eines *Clusters* und die Popularität während der Aufenthaltszeit, wie durch „Foursquare" spezifiziert, berücksichtigt.

$$w_k = \sum_{i=1}^{n_k} \frac{1+\beta}{\alpha \cdot dist_{k,i}^2} \quad , \tag{4.1}$$

setzt sich, ergänzend zur Distanz $dist_{k,i}$ zwischen dem *Stop* und dem *interessanten Ort i* der Ortskategorie k, aus β, der Popularität, und α, dem Distanzfaktor, zusammen.

Im beispielhaften Fall von Abbildung 4.2 ist $\alpha = 2$ und $\beta = 0.5$ für die Popularität abhängig von der Zeit gesetzt. Für unpopuläre Zeiten würde $\beta = 0$ gesetzt werden. Im

---
[1] https://developer.foursquare.com/
[2] https://developers.google.com/places/

4. Semantische Ortsklassifizierung

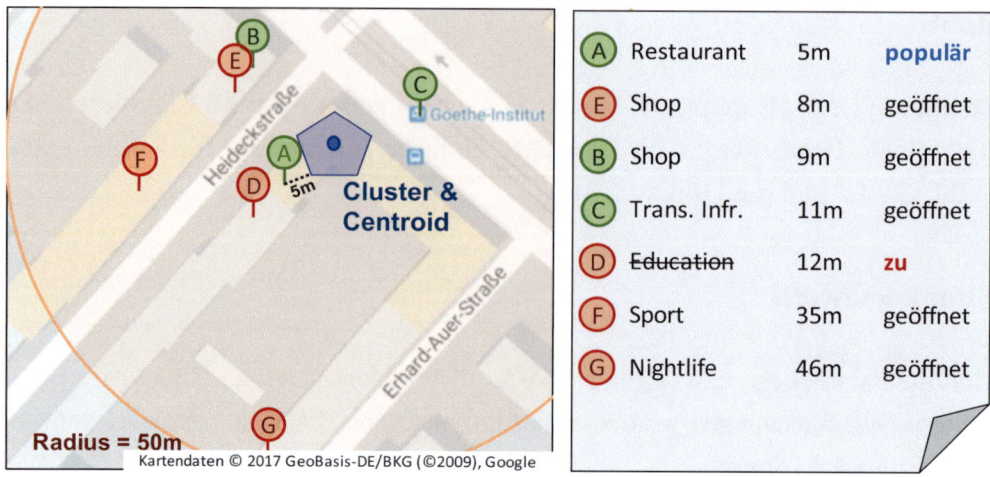

Abbildung 4.2.: Dargestellt in rot („Foursquare") und grün („Google") sind die *interessanten Orte* im Umkreis von 50 Metern um einen *Stop* (geometrischer Schwerpunkt (centroid) und konvexe Hülle des *Clusters*). Zu sehen ist die Entfernung zum *Stop*, und ob der *interessante Ort* gerade populär, geöffnet oder geschlossen (zu) ist. Quelle des Kartenmaterials [40].

letzten Schritt wird die Definition 4.2 zur Berechnung der Ortskategoriewahrscheinlichkeit verwendet.

Definition 4.2 (Ortskategoriewahrscheinlichkeit). Berechnung der Wahrscheinlichkeit für jede Ortskategorie p_k, reduziert um den Distanzfaktor γ.

$$p_k = \frac{w_k}{\sum_k^N w_k} \cdot \gamma \quad , \quad \text{wobei} \quad \gamma = 1 - (\frac{dist_{min}}{dist_{max}})^2 \quad (4.2)$$

Um zu verhindern, dass auch entfernte *interessante Orte* eine hohe Wahrscheinlichkeit erhalten, wird mit γ, das einen Wert von 0 bis 1 annehmen kann, die Wahrscheinlichkeitsverteilung angepasst. Alle *interessanten Orte*, die außerhalb des Radius $dist_{max}$ liegen, werden so mit $\gamma = 0$ gewichtet und von der weiteren Betrachtung ausgeschlossen. Mit $dist_{min}$ wird die Entfernung vom *interessanten Ort* zum *Stop* angegeben.

Informationen weiterer Datenquellen für die Ortskategorie *Transportation Infrastructure* kommen von *Google Roads*[3] und *Overpass Rails*[4]. Weitere extrahierte Features sind in Tabelle 4.2 und 4.3 (*Geografisch*) aufgelistet.

---

[3] https://developers.google.com/maps/documentation/roads/intro
[4] http://overpass-api.de/api/interpreter

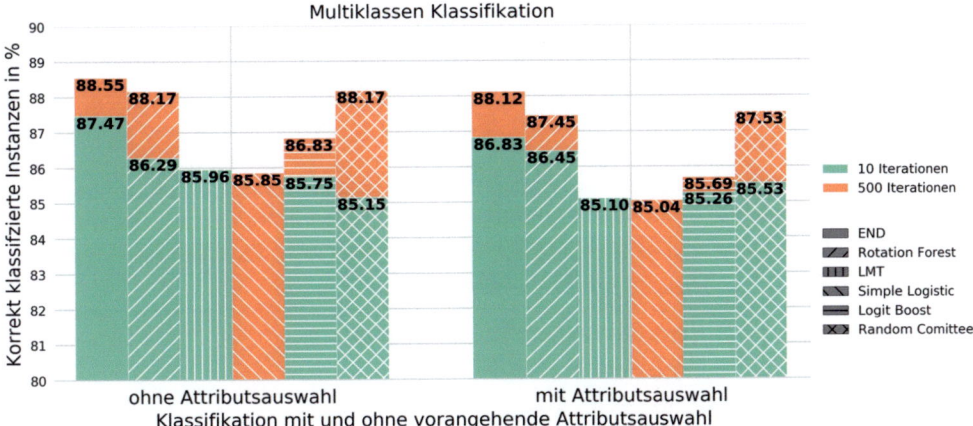

Abbildung 4.3.: Ergebnisse der besten Multiklassen-Klassifikatoren mit 10 und 500 Iterationen. Der LMT-Algorithmus optimiert sich selbst, ohne die Anzahl der Iterationen auszugeben. Simple Logistic benutzt standardmäßig 500 Iterationen.

4.5. Implementierung und Evaluation

Für die Evaluation der nachfolgend beschriebenen Klassifikatoren werden in Kapitel 4.3 beschriebene Datenbasis sowie die in Kapitel 4.4 beschriebenen Features benutzt. Für das Training und den Test jedes Klassifikationsmodells wird eine 10-fache Kreuzvalidierung verwendet. Sofern nicht anders beschrieben, werden für die Evaluation die von Weka[5] empfohlenen Parameter für die verwendeten Algorithmen genutzt.

4.5.1. Multiklassen-Klassifikation

Ein Multiklassen-Klassifikations-Setup ist die direkte Anwendung eines Klassifikators auf einen mehrdimensionalen Datensatz mit optionaler, automatischer Featureselektion vor der Klassifikation. Wir haben 23 verschiedene, in Weka implementierte Klassifikationsalgorithmen benutzt, um Ergebnisse zu berechnen. Die Ergebnisse der Klassifikatoren mit der höchsten Genauigkeit sind in Abbildung 4.3 dargestellt. Um eine noch höhere Genauigkeit zu erreichen, wurden die Standardeinstellungen der Klassifikatoren END, Rotation Forest, Logit Boost und Random Comittee verändert. Diese Algorithmen sind Ensemble-Klassifikatoren, die eine endliche Menge an verschiedenen Lernalgorithmen benutzen, um dadurch bessere Ergebnisse zu erreichen. Dies geschieht durch die Anzahl der lernenden Iterationsschritte. Die Anzahl der standardmäßigen zehn Iterationen wurde bis auf 500 angehoben. Die besten Ergebnisse, unter Beachtung der Laufzeit, wurden mit 500 Iterationen erreicht.

---

[5] http://www.cs.waikato.ac.nz/ml/weka/; Version 3.6.13

4. Semantische Ortsklassifizierung

Tabelle 4.5.: Die drei charakteristischsten Features je Ortskategorie bewertet mit dem Korrelationskoeffizienten.

Ortskat.	Feature	Korr.-koeff.
Home	Gesamtheit der verbrachten Zeit am Cluster	0.91
	Gesamtheit der verbrachten nächtlichen Zeit am Cluster	0.79
	Absolute Dauer *des Stops des Tages*	0.67
Work	Anzahl Bluetooth-Geräte in der Nähe	0.63
	Distanz zur nächsten *Straße*	0.52
	Stop nach Ladenschlusszeit[1]	0.45
Education	Bildungsnetzwerk in der Nähe	0.76
	Verbunden mit einem Bildungsnetzwerk	0.59
	Durchschnittlicher Netzwerktyp *insgesamt*	0.46
Friend & Family	Gesamtheit der verbrachten Zeit am Cluster	0.30
	Werktag	0.22
	Gesamtheit der verbrachten nächtlichen Zeit am Cluster	0.21
Restaurant	Wahrsch.keit interessanter Orte der Ortskat. *Nightlife*	0.36
	Gesamtheit der verbrachten Zeit an diesem Cluster	0.31
	Absolute Dauer *des Stops des Tages*	0.31
Nightlife	Wahrsch.keit interessanter Orte der Ortskat. *Nightlife*	0.23
	Relative Dauer *unknown*	0.21
	Frequenz von Aktivitätsänderungen *aktuell*	0.18
Shop	Wahrsch.keit interessanter Orte der Ortskat. *Shop*	0.53
	Relative Dauer *unknown* (Aktivität)	0.30
	Aktivitätsindex *aktuell*	0.27
Sport	Wahrsch.keit interessanter Orte der Ortskat. *Sport*	0.28
	Anteil der verbundenen Zeit (WLAN)	0.22
	Gesamtheit der verbrachten Zeit an diesem Cluster	0.20
Transport Infrastructure	Wahrsch.keit interessanter Orte der Ortskat. *Transport Infrastructure*	0.35
	Distanz zur nächsten *Eisenbahnschiene*	0.29
	Aktivitätsindex *aktuell*[2]	0.25

[1] Aufgeführt anstatt „Distanz zur nächsten *Eisenbahnschiene oder Straße*" aufgrund der kontextuellen Überlappung mit „Distanz zur nächsten *Straße*".
[2] Aufgeführt anstatt „Nah zu *Eisenbahnschiene*" aufgrund der kontextuellen Überlappung mit „Distanz zur nächsten *Eisenbahnschiene*".

Einen weiteren Beitrag zur Verbesserung der Genauigkeit kann eine vorgeschaltete Featureauswahl leisten. Der Pearson'sche Korrelationskoeffizient wurde in diesem Fall als Kriterium für die Relevanz der Features genutzt und als gewichteter Durchschnitt zwischen Features und Ortskategorien der jeweiligen Klassen berechnet. Nach der Berechnung wurden alle Features mit einem Korrelationskoeffizienten unter 0.05 entfernt. Die Ergebnisse zeigen eine minimale positive sowie negative Verbesserung der Genauigkeit. Dies zeigt die intrinsische Möglichkeit der genannten Algorithmen, die Relevanz der Features für das jeweilige Klassifikationsproblem zu bewerten und dementsprechend die relevanten Features selbst auszuwählen. Die drei charakteristischsten Features jeder Ortskategorie, berechnet unter Anwendung des Korrelationskoeffizienten, sind in Tabelle 4.5 gelistet.

4.5.2. Binäre Klassifikation

Um die Vorteile der Featureselektion mit Hile des Korrelationskoeffizienten zu erforschen, wird ein binäres Klassifikationsmodell trainiert. Ein ähnliches Verfahren nutzt auch der END-Algorithmus, der Multiklassen-Probleme in eine Menge von binären Problemen wandelt, um vor allem einen Performancevorteil zu erzielen. Für jede Klasse, hier Ortskategorie, werden Features mit einem Korrelationskoeffizienten unter einem bestimmten Schwellwert entfernt, um potenzielle Falschklassifizierungen zu vermeiden. Nach der Featureselektion für jede Ortskategorie werden separate Modelle für die Ortskategorien trainiert und getestet.

Für jedes Klassifikationsproblem werden Instanzen, die jeweils nicht zur klassifizierenden Klasse gehören, zur gegensätzlichen Klasse gruppiert. Danach wird jeder Klassifikator mit diesen Daten trainiert und getestet. Jede Instanz wird mit jedem, für jede Ortskategorie erstellten, Klassifikatormodell getestet. Anschließend wird die Klasse gewählt, deren Klassifikator für die jeweilige Instanz die höchste Klassifikationswahrscheinlichkeit ausgegeben hat. Auf diese Weise wurde ein Multiklassen-Klassifikationsproblem in eine Menge aus binären Klassifikationsproblemen transformiert.

Der Schwellwert des Korrelationskoeffizienten für die Featureauswahl hat Auswirkungen auf die Klassifikationsergebnisse, wie in Abbildung 4.4 für die besten Klassifikationsalgorithmen dargestellt. Durch die Featureauswahl konnte eine Performanceverbesserung für Random Committee und Rotation Forest erreicht werden. Logistic Model Tree und Simple Logistic haben im Vergleich zur Multiklassen-Klassifikation geringere Genauigkeiten erzielt.

4.5.3. Binäre Klassifikation unter Berücksichtigung der Zeit

Der binäre Klassifikator, beschrieben in Kapitel 4.5.2, ist eindimensional begrenzt, da nur Korrelationen zwischen Features und Ortskategorien berücksichtigt werden und Korrelationen zwischen Features vernachlässigt. Jedoch können Korrelationen zwischen Ortskategorien, Features und Zeit charakteristisch für bestimmte Ortskategorien sein. Beispielsweise ist die Wahrscheinlichkeit gering, dass eine Person bei einem Aufenthalt im Fitnessstudio das Smartphone lädt. Auch ist der Aktivitätsindex in der Regel bei einem kurzen Aufenthalt bei einem Freund (*Friend & Family*) höher als bei einem längeren.

4. Semantische Ortsklassifizierung

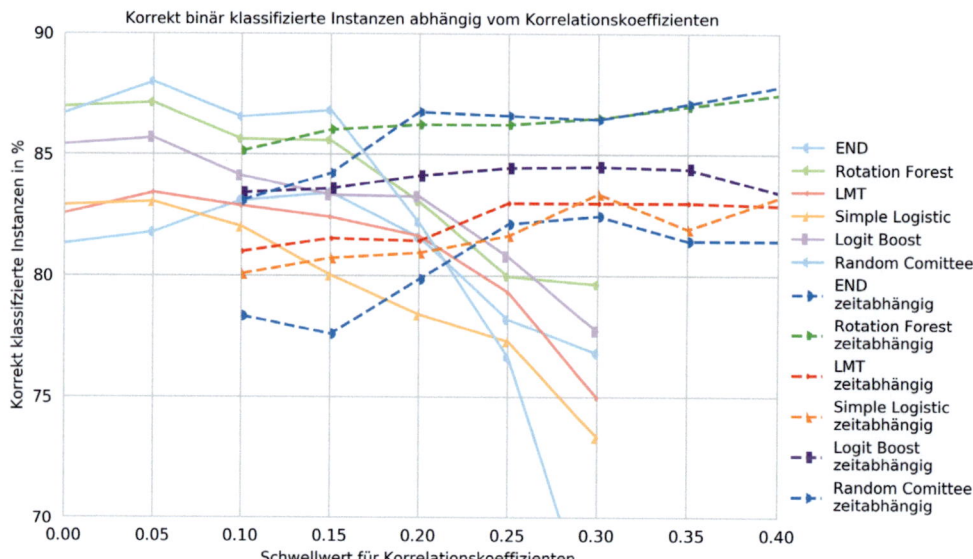

Abbildung 4.4.: Ergebnisse der besten binären Klassifikatoren (durchgezogene Linien) und binären Klassifikatoren unter Berücksichtigung der Zeit (gestrichelte Linien).

Unter dieser Annahme wird ein zeitabhängiges Modell erstellt, bestehend aus zwei Klassifikatoren: einem für kürzere und einem für längere Aufenthalte an einem Ort. Ein kurzer Aufenthalt hat der eigenen Erfahrung nach eine maximale Dauer von 38 Minuten. Beide Klassifikatoren werden mit Instanzen und Features trainiert, mit Ausnahme der Features, deren Korrelationen mit der Aufenthaltsdauer an einem *Cluster* über einem bestimmten Schwellwert liegen. Diese Features werden nur bei dem jeweiligen Klassifikator verwendet. Das hat jedoch zur Folge, dass die Menge an Trainingsdaten sich verringern kann und die Möglichkeit der Über- und Unteranpassung des zeitabhängiges Modells steigt.

Die Klassifikationsgenauigkeit ist abhängig vom gewählten Schwellwert des Korrelationskoeffizienten zwischen den Features und der Aufenthaltsdauer. In diesem Fall wird ein Schwellwert von 0.05 verwendet, da dieser beim rein binären Klassifikator die besten Ergebnisse erreicht hat, wie in Kapitel 4.5.2 beschrieben.

Der Anteil der korrekt klassifizierten Instanzen ist in Abbildung 4.4 dargestellt. Abgebildet sind die Ergebnisse der besten Klassifikatoren. Bedingt durch geringe Schwellwerte werden Features in Trainingsdaten für bestimmte Ortskategorien ausgedünnt. Das führt zu einer unterdurchschnittlichen Klassifikationsgenauigkeit. Verglichen mit den Ergebnissen des Multiklassen-Klassifikators sind die Genauigkeiten des Rotation Forest und Random Committee signifikant besser. Alle anderen Algorithmen haben geringere Genauigkeiten erreicht. Verglichen mit den rein binären Klassifikatoren weisen die Ergebnisse ähnliche Werte auf.

Tabelle 4.6.: Klassifikationsergebnisse des Multiklassen-Klassifikators END mit 500 Iterationen und 10-facher Kreuzvalidierung. Aufgeführt sind folgende Maße: Richtig-positiv-Rate (TPR), Falsch-negativ-Rate (FPR), Precision (Prec.), Grenzwertoptimierungskurve (ROC) und F-Maß (F-Meas.).

Ortskategorie	TPR	FPR	Prec.	ROC	F-Meas.
Home	0.989	0.000	1.000	0.998	0.994
Education	0.935	0.005	0.926	0.995	0.930
Work	0.930	0.011	0.952	0.995	0.941
Friend & Family	0.844	0.024	0.840	0.985	0.842
Restaurant	0.842	0.054	0.623	0.974	0.716
Nightlife	0.441	0.002	0.867	0.971	0.584
Shop	0.718	0.018	0.663	0.977	0.689
Sport	0.691	0.005	0.875	0.979	0.772
Transport Infrastructure	0.527	0.009	0.630	0.974	0.574
Gewichteter Durchschnitt	0.886	0.012	0.894	0.990	0.885

4.6. Diskussion

Das beste Ergebnis wurde vom Multiklassen-Klassifikator END mit einer Genauigkeit von 88.55% erreicht (siehe Abbildung 4.3). Andere Klassifikatoren produzierten ähnliche Ergebnisse. Die Details der END-Klassifikationsergebnisse, die in diesem Kapitel diskutiert werden, sind in Tabelle 4.6 aufgeführt.

Mit dem in Kapitel 4.5.1 beschriebenen Versuchsaufbau können die Ortskategorien *Home* und *Work* eindeutig mit einer Richtig-positiv-Rate von 0.989 beziehungsweise 0.93, einer Falsch-positiv-Rate von 0 beziehungsweise 0.011 und einem positiven Vorhersagewert von 1 beziehungsweise 0.952 klassifiziert werden. Ähnlich verhält sich das Ergebnis für die Ortskategorie *Education*, deren Richtig-positiv-Rate über 0.93 liegt. Ein Grund für diese eindeutige Klassifikation sind unter anderem die *eduroam*-bezogenen Features, die nur vorhanden sind, wenn es eine Bildungseinrichtung ist.

Im Vergleich dazu wird für *Friend & Family* eine geringere Richtig-positiv-Rate erzielt, nämlich nur 0.844. Wie sich herausgestellt hat sind vor allem Instanzen der Ortskategorie *Sport* als *Friend & Family* klassifiziert worden. Ein Grund hierfür kann die geringe Menge an verfügbaren, charakteristischen Features für *Sport* sein. Weitere Nachforschungen haben ergeben, dass die Mehrheit der Probanden bei sportlichen Aktivitäten das Smartphome gar nicht dabei hat beziehungsweise es im Spind einschließt. Aus diesem Grund manifestieren sich die Sensorwerte ähnlich wie bei Aufenthalten der Kategorie *Friend & Family*.

Eine ähnlich hohe Richtig-positiv-Rate von 0.842 weist *Restaurant* auf, als auch die höchste Falsch-positiv-Rate von 0.054, was auf eine Überlappung von *Restaurant*-bezogenen Features und Instanzen anderer Klassen hinweist. Je nach Kontext des Probanden sowie

4. Semantische Ortsklassifizierung

Restaurantart können signifikante Unterschiede der Sensorwerte hinsichtlich Aktivitätsprofil, Aufenthaltsdauer und Tageszeit des Aufenthalts in den Instanzen festgestellt werden. Dies resultiert aus den verschiedenen Zwecken, die ein Besuch der Ortskategorie *Restaurant* haben kann, wie beispielsweise der Genuss eines Kaffees, ein schnelles Mittagessen oder ein Abendessen mit anschließendem Verzehr mehrerer Getränke. Die aufgezeichneten Sensorwerte sind ebenfalls abhängig vom Typ des besuchten Restaurants. Ein Besucher eines normalen Restaurants verbringt mehr Zeit im Sitzen als ein Besucher eines Schnellrestaurants mit Stehtischen, dessen Aktivitätsprofil dadurch signifikant andere Werte aufweist. Hinzu kommt, dass Restaurants an einer Vielzahl von Orten existieren und vorwiegend, im Gegensatz zu anderen Ortskategorien, in Datenbanken von Anbietern *interessanter Orte* registriert sind, wie z.B. „Foursquare" und „Google Places". Bedingt durch die Dichte an Restaurants, kann es Auswirkungen auf die Klassifikation geben und dazu kommen, dass Orte anderer Ortskategorien als *Restaurant* erkannt werden, weil sie in unmittelbarer Nähe zu einem Restaurant sind. Zum Beispiel, wenn sich die eigene Wohnung in einem mehrstöckigen Gebäude über einem Restaurant befindet oder es zu Ungenauigkeiten in der Positionsbestimmung kommt. Dadurch werden vor allem die geografisch abhängigen Features beeinflusst. Somit wird deutlich, dass mehrere Faktoren der Grund für die zustande gekommene Falsch-positiv-Rate und den geringen positiven Vorhersagewert von 0.623 sein können.

Die Klasse *Nightlife* enthält bis zu 30% falsch klassifizierte Instanzen, wovon Orte der Ortskategorie *Restaurant* die nachgewiesene Mehrheit sind. Zusätzlich zu den bereits genannten Klassifikationsherausforderungen der Klasse *Restaurant* existiert noch eine kontextuelle Herausforderung. In der Realität ist es oft nur ein schmaler Grad zwischen einem Ort der Kategorie *Nightlife*, wie einer Bar, und einem *Restaurant*. Denn häufig bieten Orte der Kategorie *Nightlife* kleinere Mahlzeiten / Snacks an und *Restaurants* ebenfalls Getränke aller Art. Zwei Gründe, früher zu kommen beziehungsweise sich dort länger aufzuhalten. Deshalb ist die Klassifikation als eine der beiden Ortskategorien vom Kontext des Besuchs abhängig. Aus diesem Grund wurden diese beiden Ortskategorien in der *Mobile Data Challenge* (siehe Kapitel 3.1.4) als eine Kategorie behandelt [52]. Der vergleichsweise hohe positive Vorhersagewert von 0.876 weist darauf hin, dass dennoch charakteristische Features existieren und beide Ortskategorien somit weiterhin separat gehandhabt werden können.

Wie bereits erwähnt, werden Instanzen der Klasse *Sport* häufig falsch klassifiziert mangels charakteristischer Features. Hinzu kommt, dass bei Orten der Klasse *Sport* in vielen Fällen keine Sportbezogenen Einträge in Datenbanken von Anbietern *interessanter Orte* vorhanden sind. Wie Abbildung 4.5 zeigt, wurden alle Instanzen, die eine signifikante Wahrscheinlichkeit für einen *interessanten Ort* der Ortskategorie *Sport* besitzen, richtig klassifiziert. Vice versa, fast alle falsch klassifizierten Instanzen beinhalteten keine solche signifikante Wahrscheinlichkeit. Der Grund, warum unverhältnismäßig viele *Stops*

4.6. Diskussion

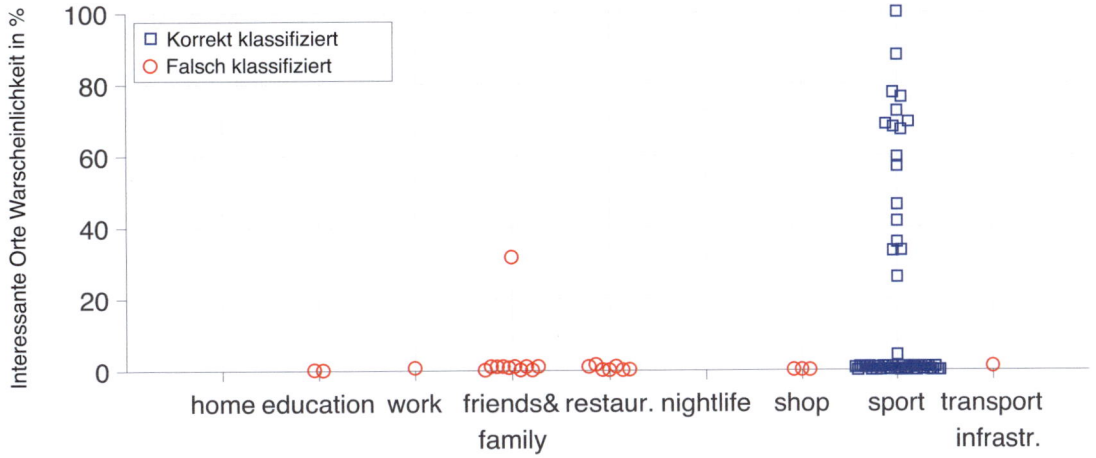

Abbildung 4.5.: Verteilung der klassifizierten Instanzen der Ortskategorie *Sport* für die jeweilige standortbasierte Wahrscheinlichkeit der *interessanten Orte*. Das charakteristischste Feature für die Ortskategorie *Sport* ist der *interessante Ort*. In Fällen, in denen die Wahrscheinlichkeit für *interessante Orte* fast null ist (keine *Sport*-bezogenen *interessanten Orte* vorhanden), werden *Sport*-Instanzen oft falsch klassifiziert.

fälschlicherweise als *Friend & Family* klassifiziert wurden, ist, dass Aufenthalte bei Freunden hinsichtlich der Umgebung und des Verhaltensprofils ebenfalls unauffällig bezüglich charakteristischer Ortsmerkmale sein können. Dazu zählt auch das Aktivitätsprofil.

Im Fall von *Transportation Infrastructure* wurde aufgrund der geringen Anzahl an charakteristischen Features fast die Hälfte derjenigen Instanzen korrekt klassifiziert. Die hauptsächlichen Merkmale stammen aus dem geografischen Bereich sowie den Aktivitäten. Da diese Klasse am wenigstens aufgezeichnete Instanzen aufweist, kann die geringe Richtig-positiv-Rate von 0.527 als Auswirkung einer Unteranpassung interpretiert werden. Um eine bessere Aussage treffen zu können, sind mehr Trainingsdaten notwendig.

Um festzustellen, welche Featuregruppe den größten Mehrwert bringt, wurde ein END-Multiklassen-Klassifikatoren-Setup erstellt, das als Basis die *Stop*-Features nutzt und iterativ mit den anderen in Tabelle 4.2 und 4.3 aufgeführten Featuregruppen anreichert. Nach jeder Iteration wurde die Genauigkeit gemessen. Die Ergebnisse sind in Tabelle 4.7 zu finden. Durch die Nutzung nur der *Stop*-bezogenen Features konnte eine Genauigkeit von 81.05% erreicht werden. Durch die Nutzung aller Features konnte zuvor eine Genauigkeit von 88.55% erreicht werden. Die *geografischen* Features erzeugen dabei zusammen mit der Basisgruppe *Stop* den größten Mehrwert und steigern die Genauigkeit auf 86.88%. Darüber hinaus wird deutlich, dass die restlichen Featuregruppen in der Lage sind, ein Stück weit die

4. Semantische Ortsklassifizierung

Tabelle 4.7.: Vergleich des Mehrwerts hinsichtlich der Genauigkeit durch Hinzufügen oder Entfernen verschiedener Featuregruppen bei der Erstellung des END-Multiklassen-Klassifikators. Als Basis dient die Featuregruppe *Stop*, durch die eine Genauigkeit von 81.05% erzielt wird.

Featuregruppe	Stop Features und Featuregruppe	Alle Features außer Featuregruppe
Aktivität	81.59%	87.91%
Status	82.56%	88.17%
WLAN	84.23%	87.91%
Bluetooth	81.75%	**88.39%**
Geografisch	**86.88%**	85.37%

geografischen Features zu kompensieren, sollte beispielsweise keine genaue Lokalisierung möglich sein. Es wird eine Genauigkeit von 85.37% erreicht, wenn alle Featuregruppen bis auf die *geografischen* Features in die Modellbildung einbezogen werden. Den geringsten Mehrwert hinsichtlich der Genauigkeit leistet die Featuregruppe *Bluetooth*.

4.7. Schlussfolgerung

In diesem Forschungsvorhaben wurde gezeigt, wie die Semantik von Aufenthaltsorten eines Menschen mit Hilfe der Daten eines Smartphones abgeleitet werden kann. Diese semantische Ortsklassifizierung kann dazu beitragen, den Kontext eines Nutzers zu erkennen und sein Verhalten zu antizipieren.

Durch die Extraktion von Features aus den Sensordaten und Statusinformationen, die mit Hilfe von Smartphones aufgezeichnet wurden, konnte ein Modell trainiert werden, das zur Ortskategorieklassifikation von *Stops* genutzt werden kann. Die Stärken dieses Modells werden vor allem in Bereichen deutlich, wo keine akkurate Lokalisierung des Nutzers möglich ist, wie beispielsweise in mehrstöckigen Gebäuden. Das Framework ist so gestaltet, dass es jederzeit mit weiteren Features erweitert werden kann, z.B. kommend von Fahrzeugen und Wearables. Dies kann zu weiteren Erkenntnissen über die Absichten eines Menschen führen und die Klassifikationsgenauigkeit des Modells verbessern.

Zur Modellerstellung wurde ein Datensatz genutzt, der von 19 Probanden über eine Periode von 183 Tagen aufgezeichnet wurde. Über 80 Features wurden zur Ortsklassifizierung extrahiert und verschiedenen Klassifikatoren zur Verfügung gestellt. END stellte sich als Klassifikator mit der höchsten Genauigkeit von 88.55% heraus.

4.7. Schlussfolgerung

Die Evaluation hat gezeigt, dass selbst bei einer Klassifikation ohne Einbeziehung von *geografischen* Features, beispielsweise aufgrund von inakkurater Lokalisierung, eine Genauigkeit von 85.37%, durch die Kompensation anderer Features erreicht werden kann.

Der Vergleich mit ähnlichen Forschungsarbeiten hat ergeben, dass durch diesen vorgestellten Ansatz eine höhere Genauigkeit erreicht werden kann und eine bessere Generalisierung der Klassifikatoren stattfindet als bei anderen Ansätzen [8, 38, 67, 107].

Mit der hier vorgestellten semantischen Ortsklassifikation ist ein Teil der Basis für die Erstellung von typischen Tagen und Messungen von Tagesähnlichkeiten (Kapitel 5) sowie für die semantische Vorhersage des nächsten Ortes (Kapitel 6) geschaffen worden. Durch die erreichte Genauigkeit von 88.55% werden in elf von 100 Fällen Orte nicht korrekt klassifiziert und können daher die Ursache für eine später fehlerhafte Antizipation der Intentionen eines Menschen sein. Das Modell könnte jedoch für die Befähigung eines nicht sicherheitskritischen Mobilitätsassistenten ausreichend sein. Die weitere Forschung in diesem Bereich sollte sich auf die Verbesserung der Genauigkeit konzentrieren, durch beispielsweise die Extraktion weiterer Features (z.B. Beziehungen zwischen Menschen, Wetter, lokale Veranstaltungen) und Einbeziehung weiterer Datenquellen (z.B. Fahrzeuge, Wearables).

5. Typische Tage und Tagesvergleiche

In diesem Kapitel wird der Teil des Systems beschrieben, der die bereits vorverarbeiteten semantisch annotierten Daten aus Schritt (2a) des Systemschaubilds in Abbildung 2.9 auf Seite 38 erhält und diese anschließend auf typische Tagesverläufe untersucht sowie versucht diese mit konkreten Tagesverläufen zu vergleichen.

5.1. Einleitung

Heutzutage existieren mehrere Assistenten, die versuchen mit Hinweisen und Vorschlägen den Alltag eines Menschen einfacher zu gestalten und profane Tätigkeiten abzunehmen, wie zum Beispiel „Google Now". Die in Kapitel 2 gewonnenen Erkenntnisse über einen potenziellen (Mobilitäts-)Assistenten sagen aus, dass sich von einem solchen Assistenten erzeugte Hinweise auf ein Minimum beschränken sollten. Hinweise, die falsch sind beziehungsweise für den Nutzer nicht relevant oder unplausibel, senken das Vertrauen in einen solchen Assistenten [58]. Es kann zu einer abgeneigten Haltung und Ablehnung des Assistenten kommen. Um die Relevanz einer Information für einen Nutzer zu bestimmen, kann unter anderem das Wissen über den Kontext des Nutzers und seine Handlungsabsichten von Bedeutung sein.

In der täglichen Mobilität eines Menschen ist eine nicht vernachlässigbare Regelmäßigkeit zu erkennen. Song et al. [91] fanden heraus, dass die Mehrheit der am Tag zurückgelegten Strecken zur gleichen Zeit zu den selben Orten stattfinden und es möglich ist, bis zu 93% solcher Bewegungsmuster vorherzusagen. Ein Mobilitätsassistent könnte mit diesem Wissen über die Tagesverläufe eines Menschen fehlerhafte Hinweise, bezogen auf Mobilitätsbedarf und -vorhersage, minimieren.

Demnach kann mit dem Wissen über die Reihenfolge der besuchten Orte an bestimmten Tagen der Kontext abgeleitet werden, der dem Nutzer selbst aufgrund seiner Mobilitätsgewohnheiten eventuell gar nicht bewusst ist. Zum Beispiel kann es sein, dass der Nutzer oder die Nutzerin unter der Woche nach Feierabend alternierend entweder zum *Sport* oder zu einem Freund (*Friend & Family*) geht, bevor er oder sie zu Hause (*Home*) ankommt. Um den Nutzerkontext in Erfahrung zu bringen, wird in diesem Kapitel versucht einen typischen Tagesablauf auf Basis von aufgezeichneten Tagesverläufen zu modellieren und so

5. Typische Tage und Tagesvergleiche

Ableitungen über den nächsten Aufenthaltsort des Nutzers zu erzeugen. Darüber hinaus werden geografische Aufenthaltsorte unter Verwendung der semantischen Ortsklassifizierung, wie in Kapitel 4 beschrieben, semantisch abstrahiert.

Um den aktuellen (Tages-)Kontext des Nutzer mit Hilfe des Modells des typischen Tages in Erfahrung zu bringen, werden Ähnlichkeitsmaße benutzt und der jeweilige Tagesverlauf des Nutzers mit dem typischen Tag verglichen. So kann nicht nur der Kontext des Nutzers abgeleitet, sondern darüber hinaus auch eingeschätzt werden, ob es möglich ist, eventuell relevante Hinweise an den Nutzer zu schicken. Dadurch kann unter anderem verhindert werden, dass der Nutzer oder die Nutzerin durch einen Assistenten vermehrt inkorrekte / unplausible Hinweise bekommt und somit das Vertrauen in das System sinkt. Der wissenschaftliche Beitrag dieses Kapitels lässt sich wie folgt zusammenfassen:

- Eine Regel zur Bildung eines geeigneten Trainingsdatensatzes als Basis zur bestmöglichen Abbildung typischer Tagesverläufe.

- Eine Dichte- und heuristikbasierte Methode zur Modellierung des typischen Tagesverlaufs.

- Adaption bestimmter Maße zur Feststellung der Ähnlichkeit zweier Tagesverläufe.

- Eine Möglichkeit zur Ableitung des Nutzerkontextes.

5.2. Stand der Forschung

In der Psychologie wird eine Gewohnheit unter anderem mit der Neigung, sich auf eine bestimmte Weise in einem bestimmten Kontext zu verhalten, definiert [69]. Auf Basis von GPS-Daten haben Matsuo et al. [60] ein Gewohnheitsmodell entworfen, das menschliches Verhalten als Übergänge zwischen Aufenthaltsorten definiert. Auf dieser Basis bilden sie die Gewohnheiten ab, indem sie für jeden Aufenthaltsort den durchschnittlichen Startzeitpunkt, den durchschnittlichen Endzeitpunkt, die durchschnittliche Aufenthaltsdauer und den jeweiligen Wochentag extrahieren. Kang et al. und Roorda et al. [46, 84] kommen ebenfalls zu dem Ergebnis, dass das menschliche Mobilitätsverhalten eine zeitliche Stabilität aufweist und somit auf wiederkehrenden Aktivitäten basiert. In [5] wird auch von einem sogenannten „Skeleton Schedule" gesprochen, dass Langzeitabsichten eines Menschen repräsentiert.

Gonzales et al. und Song et al. [39, 91] fanden heraus, dass die Entropie in der täglichen Mobilität hoch ist, so dass die Mehrheit der getätigten Besuche von bestimmten Orten Gewohnheitsfahrten sind. Dieser durch zeitliche und räumliche Trajektorien geprägte Mobilitätsbedarf weist ein Vorhersagepotenzial von bis zu 93% Genauigkeit auf. In [62] haben sich Minnen et al. auf die zeitliche Komponente von wiederkehrenden Mobilitätsereignissen der Menschen konzentriert und konnten feststellen, dass anhand der Tageszeiten der Mobilitätsereignisse Rückschlüsse auf die (Wochen-)Tage eines Menschen möglich sind. Die als Tagebuch geführten Daten wurden dafür in 10 Minuten Zeitfenster unterteilt und mit unterschiedlichen statistischen Mitteln untersucht. Farrahi et al. [35] haben zur Unterscheidung zwischen Werktag und Wochenende Mobilfunkdaten von 30 Studenten untersucht und konnten den Unterschied mit einer Genauigkeit von 80% feststellen. Laut den Autoren sei dies auf die Bedeutung des Aufenthaltsortes zurückzuführen. Ebenfalls mit Zeitfenstern arbeiteten Eagle et al. [31], die für jedes Zeitfenster das dominierende Verhalten eines Menschen bestimmt haben, beispielsweise *Home* und *Work*. Diese wesentlichen Komponenten im Mobilitätsverhalten eines Menschen beschreiben sie mit „Eigenbehaviors". Durch die Gewichtung der „Eigenbehaviors" war es ihnen möglich den weiteren Tagesverlauf mit einer Genauigkeit von bis zu 79% vorherzusagen.

In [99] haben Wood et al. tägliche Aktivitätsgewohnheiten von Menschen untersucht, beispielsweise Essen, Zeitunglesen oder Lernen. Dabei kam raus, dass 45% der heterogenen alltäglichen Verhaltensweisen an den selben Orten stattfinden. Daraufhin haben Neal et al. [69] gezeigt, dass Sequenzen von Verhaltensaktivitäten sich in ähnlichen Kontexten wiederholen.

Mit dem Vergleich von Tagesverläufen beschäftigen sich Biagioni et al. in [12] und analysierten dafür GPS Aufzeichnungen über 46 Tage von 30 Probanden. Diese sollten im ersten Schritt Tagespaare selbst auf Ähnlichkeit einschätzen. Anschließend wurden die Tagespaare durch eigens entwickelte Ähnlichkeitsmaße bewertet und das Ergebnis den Probanden vorgelegt. Die Ergebnisse der Algorithmen wurden im letzten Schritt durch die Probanden auf Plausibilität untersucht und bewertet. Die Autoren kamen zu der Erkenntnis, dass Ähnlichkeitsmaße, die die geografische Distanz beim Vergleich von Tagesverläufen berücksichtigen mehr den Einschätzung der Probanden entsprechen. Mit diesem Ansatz lassen sich auch Abweichungen vom typischen Verhalten erkennen, das auch von McInerney et al. in [61] diskutiert wird. Dabei haben sie ein Maß für die Entropie hinsichtlich der Mobilität eines Menschen definiert, mit der Aussagen darüber getroffen werden können, ob eine zeitliche Periode einen hohen Grad an Mobilitätsgewohnheiten aufweist. Die Ergebnisse zeigen, dass Werktage einen höheren Gewohnheitsgrad aufweisen als Wochenenden.

Durch die Einbeziehung von menschlichen Mobilitätsprofilen und Erkennung von typischen Tagesverläufen ist es demnach möglich, auf den Kontext zu schließen, in dem sich ein Mensch befindet. Darüber hinaus kann durch die Bestimmung der Ähnlichkeit eines konkreten Tagesverlaufs zu einem typischen Tagesverlauf darauf geschlossen werden, ob ein System, das auf menschlichen Mobilitätsgewohnheiten aufgebaut ist, jeweils hilfreich unterstützen kann oder nicht. Denn wenn eine hohe Abweichung von einem gewöhnlichen Verlauf erkannt wurde, ist die Wahrscheinlichkeit gering, dass ein System beispielsweise bei der Vorhersage des nächsten Ortes richtig liegt. In so einem Fall wäre es von Vorteil,

5. Typische Tage und Tagesvergleiche

Tabelle 5.1.: Verteilung von *Stops* über alle Ortskategorien des eigenen Datensatzes im Betrachtungszeitraum vom 28. Februar 2015 bis 25. August 2016. Instanzen der Kategorie *Unknown* konnten aus persönlichen Gründen nicht annotiert werden.

Ortskategorie	Instanzen	
Home	879	26.9%
Education	1	0.1%
Work	980	30.0%
Friend & Family	486	14.9%
Hotel	20	0.6%
Restaurant	275	8.4%
Nightlife	2	0.1%
Grocery Store	8	0.2%
Shop	81	2.5%
Sport	32	1.0%
Medical	0	0%
Leisure	4	0.1%
Transport Infrastructure	10	0.3%
Other	65	2.0%
Detection is completely wrong	59	1.8%
Unknown	363	11.1%
Summe	**3265**	**100%**

einem Nutzer eines solchen Systems keine Vorschläge zu senden, da es sich negativ auf sein Empfinden auswirken kann, wie die Studie in Kapitel 2.3.2 gezeigt hat. Die nachfolgende Forschungsarbeit beschäftigt sich daher mit der Möglichkeit, typische Tagesverläufe zu erstellen und objektive Aussagen über die Ähnlichkeit zweier Tagesverläufe zu treffen. Die resultierenden Ergebnisse sollen, wie in Abbildung 2.9 auf Seite 38 illustriert, die Generierung kontextsensitiver Vorschläge beeinflussen.

5.3. Datenbasis

Für dieses Forschungsvorhaben wurde die Datenbasis wie in Kapitel 3.2 beschrieben genutzt. Die Daten wurden im Zeitraum zwischen dem 28. Februar 2015 und dem 25. August 2016 aufgezeichnet und größtenteils annotiert. Dabei wurden 3265 *Stops* erkannt, verteilt über 617 unterschiedliche Orte. Die *Stops* teilen sich, wie in Tabelle 5.1 aufgelistet, auf die Ortskategorien (siehe Tabelle 3.4) auf. *Stops* der Kategorie *Unknown* konnten aus persönlichen Gründen nicht annotiert werden. Auffallend ist auch, dass in dem gesamten Zeitraum kein *Stop* der Kategorie *Medical* existiert.

5.3. Datenbasis

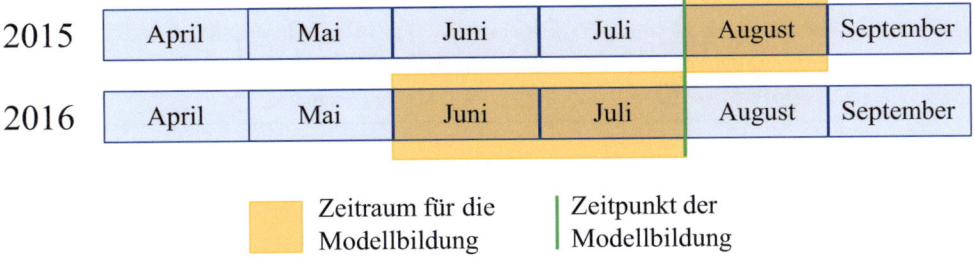

Abbildung 5.1.: Bildung des Trainingsdatensatzes 2+1 Monat: Genutzt werden die Tagesverläufe der vergangenen 60 Tage ab Modellerstellung, sowie die Tagesverläufe aus dem Zeitraum der kommenden 30 Tage, jedoch des Vorjahres.

Um Über- / Unteranpassung bei der Modellerstellung zu vermeiden, bedarf es einem diversifizierten Trainingsdatensatz, der einerseits ausreichend Instanzen zur Modellbildung enthält und andererseits die aktuellen Gewohnheiten eines Menschen adäquat widerspiegelt. Zur späteren Bildung der *Modelle der typischen Tage* (siehe Kapitel 5.5.1) wurden folgende Größen für den Trainingsdatensatz getestet:

1 Monat Die Tagesverläufe der zuletzt vergangenen 30 Tage.

3 Monate Die Tagesverläufe der zuletzt vergangenen 90 Tage.

1 Jahr Die Tagesverläufe der zuletzt vergangenen 365 Tage.

2+1 Monat Die Tagesverläufe der zuletzt vergangenen 60 Tage sowie die Tagesverläufe der kommenden 30 Tage, jedoch aus dem Vorjahr, wie in Abbildung 5.1 illustriert.

Die resultierenden Modelle der unterschiedlichen Zeiträume sowie die Sensitivität sind Tabelle 5.2 zu entnehmen. Laut der Sensitivität ist ein Trainingsdatensatz in der Größe von 3 Monaten vielversprechend bezogen auf die *Modellierung von typischen Tagen*. Auffallend ist auch, dass der dritte Monat ausschlaggebend für die Sensitivität ist. Um hier weiter nachzuforschen, wurde das Modell des typischen Mittwochs erstellt, zum einen auf Basis der letzte 3 Monate sowie mit dem Zeitraum 2+1 Monat, wie in Abbildung 5.1 illustriert. In Tabelle 5.2 sind die Tagesverläufe des typischen Mittwochs auf Basis der unterschiedlichen Trainingsdatensätze zu sehen. Nach dem dritten *Stop* kann ein Unterschied zwischen den Modellen festgestellt werden. In Abbildung 5.2 sind die Vorteile des 2+1 Monatszeitraums zu sehen: Die Orte der typischen Tage sind auf jeweils einer Karte dargestellt. Es ist zu sehen, dass bei dem auf drei Monaten basierenden Modell unter anderem ein *Stop* in Frankreich vorhanden ist. Dies ist auf einen Urlaub in Frankreich zurückzuführen und es ist davon auszugehen, dass der Verlauf dieses typischen Mittwochs in der kommenden Zeit so nicht mehr eintreten wird. Es ist denkbar, dass eine Person nicht immer im gleichen Monat des Jahres Urlaub macht. Jedoch sind Menschen zu großen Teilen gewohnheitsgetrieben, sodass sich die Aktivitäten der nächsten 30 Tage aus dem Vorjahr durchaus im kommenden Zeitraum wiederholen könnten. Sollte unter bestimmten Umständen dieser Fall nicht

5. Typische Tage und Tagesvergleiche

Tabelle 5.2.: Modelle eines typischen Dienstags. Trainingsdatensätze wurden ausgehend vom 1. August 2016 erstellt. Für jedes der Modelle ist abhängig vom Trainingszeitraum die Sensitivität (TPR) angegeben.

Typischer Dienstag
<Cluster ID> / <Ortskategorie>

1 Monat	3 Monate
164 / Home	164 / Home
42 / Shop	139 / Work
7 / Work	164 / Home
42 / Shop	139 / Work
164 / Home	164 / Home
164 / Home	139 / Work
	164 / Home
	164 / Home
TPR: 29.17%	**TPR: 47.06%**

1 Jahr	2+1 Monat
164 / Home	164 / Home
139 / Work	139 / Work
164 / Home	164 / Home
139 / Work	
164 / Home	
164 / Home	
TPR: 45.82%	**TPR: 48.34%**

Tabelle 5.3.: Modelle eines typischen Mittwochs, modelliert auf Basis von 3 Monaten und 2+1 Monat Trainingsdaten. Trainingsdatensätze wurden ausgehend vom 1. August 2016 erstellt.

Typischer Mittwoch
<Cluster ID> / <Ortskategorie>

3 Monate	2+1 Monat
164 / Home	164 / Home
139 / Work	139 / Work
139 / Work	254 / Work
165 / Sport	139 / Work
519 / Other	172 / Sport
519 / Other	164 / Home
164 / Home	

5.3. Datenbasis

(a) Basierend auf 3 Monaten Trainingsdaten.

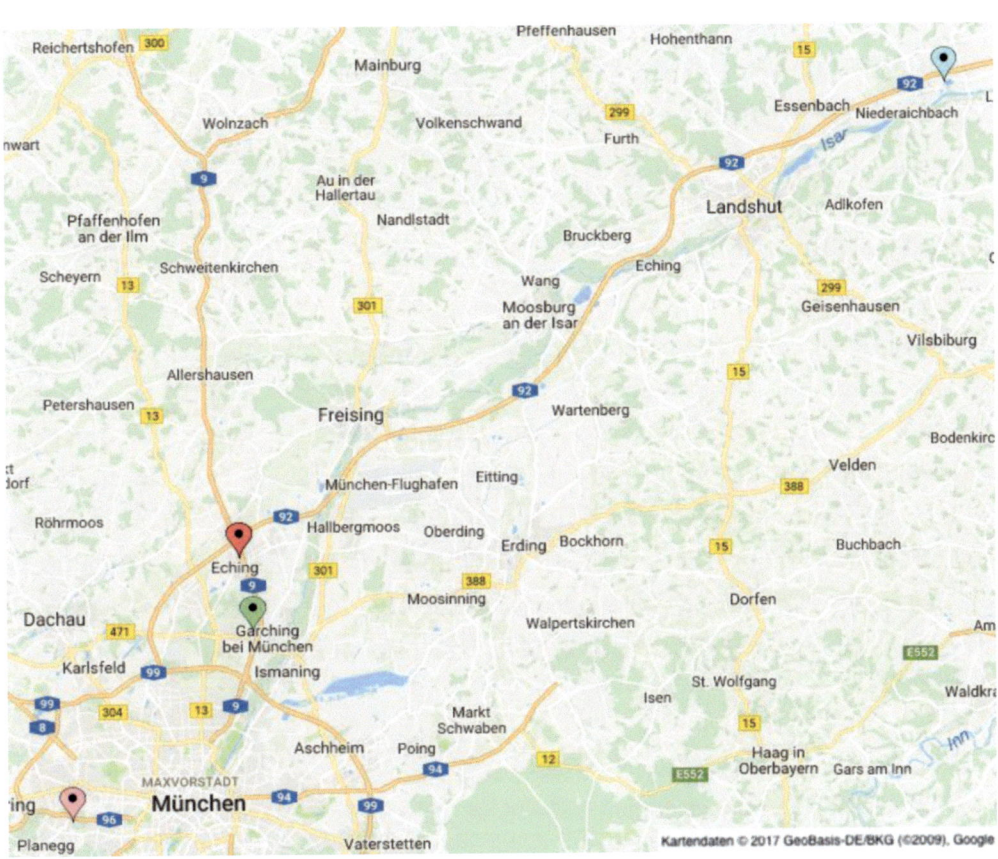

(b) Basierend auf 2+1 Monat Trainingsdaten.

Abbildung 5.2.: Kartografische Darstellung der Modelle eines typischen Mittwochs modelliert auf Basis von 3 Monaten und 2+1 Monat Trainingsdaten. Trainingsdatensätze wurden ausgehend vom 1. August 2016 erstellt. Quelle des Kartenmaterials [40].

5. Typische Tage und Tagesvergleiche

eintreten, können die Vorjahresdaten, die nur zu einem Drittel einfließen, von den Daten der letzten 60 Tage heruntergewichtet werden.

Um die zuvor genannte generelle negative Auswirkung auf die *Modellierung der typischen Tage* zu vermeiden, wird für die Modellbildung der 2+1 Monatszeitraum verwendet. Die Vorteile des 2+1 Monatszeitraums sind folgende:

- Saisonal wiederkehrende Gewohnheiten können auf Basis der Vorjahresdaten erkannt werden.

- Minimierung des Einflusses älterer Daten der jüngsten Vergangenheit durch Beschränkung des Zeitraums auf die letzten zwei Monate.

- Vorjahresdaten sind auf einen Zeitraum von einem Monat beschränkt und dienen als eine Art Gewichtung für immer noch bestehende Gewohnheiten.

Der Testdatensatz, bestehend aus den Tagen vom Montag, den 1. August 2016, bis einschließlich Sonntag, den 7. August 2016, ist kartografisch in Abbildung B.1 dargestellt sowie als Tagesverlaufsansicht in Tabelle 5.4 und 5.5.

5.4. Ähnlichkeitsmaße

In diesem Kapitel werden Algorithmen erklärt, die beim Vergleichen von Tagesverläufen zum Einsatz kommen. Des Weiteren wird beschrieben, wie der Algorithmus für den Anwendungsfall des Vergleichs von zwei Tagesverläufen angepasst wurde, und das Ergebnis gegebenenfalls normiert, um einen Ähnlichkeitswert zwischen 0 und 1 zu erhalten. Der Wert 0 steht dabei für die maximale Unähnlichkeit und der Wert 1 für maximale Ähnlichkeit. Als Eingabe erhält jeder Algorithmus zwei miteinander zu vergleichende Tagesverläufe, entweder basierend auf geografischen *Stops* oder Ortskategorien. Eine Übersicht der nachfolgend beschriebenen Ähnlichkeitsmaße kann Tabelle 5.6 entnommen werden.

5.4.1. Jaccard-Koeffizient

Mit dem Jaccard-Koeffizienten (Jaccard) lässt sich eine Aussage über die Ähnlichkeit zweier Mengen treffen. Nach Real et al. [77] wird zur Berechnung des Jaccard-Koeffizienten die Größe der Schnittmenge (Anzahl gemeinsamer Elemente) durch die Größe der Vereinigungsmenge geteilt:

$$J(A, B) = \left| \frac{A \cap B}{A \cup B} \right| \tag{5.1}$$

5.4. Ähnlichkeitsmaße

Tabelle 5.4.: Tagesverläufe des Testdatensatzes von Montag, den 1. August 2016, bis Mittwoch, den 3. August 2016, dargestellt mit und ohne Berücksichtigung von *Movements*.

<Cluster ID> / <Ortskategorie>	
ohne *Movement*	**mit *Movement***
Montag	
164 / Home	164 / Home
139 / Work	139 / Work
568 / Other	*None / Movement*
139 / Work	568 / Work
164 / Home	*None / Movement*
	139 / Work
	164 / Home
Dienstag	
164 / Home	164 / Home
139 / Work	139 / Work
578 / Work	578 / Work
588 / Other	*None / Movement*
578 / Work	588 / Other
588 / Other	578 / Work
139 / Work	*None / Movement*
164 / Home	588 / Other
	139 / Work
	None / Movement
	164 / Home
Mittwoch	
164 / Home	164 / Home
139 / Work	139 / Work
164 / Home	*None / Movement*
42 / Shopping	164 / Home
164 / Home	42 / Shopping
	164 / Home

Das Ergebnis kann Werte zwischen 0 und 1 annehmen. Je näher der Wert an 1 liegt, desto größer ist die Ähnlichkeit der Mengen.

Für diesen Anwendungsfall stellen die *Stops* beziehungsweise die Ortskategorien je Tag die Mengen dar. Die Reihenfolge der Einträge in den jeweiligen Mengen wird vom Jaccard-Koeffizienten nicht beachtet.

5. Typische Tage und Tagesvergleiche

Tabelle 5.5.: Tagesverläufe des Testdatensatzes von Donnerstag, den 4. August 2016, bis Sonntag, den 7. August 2016, dargestellt mit und ohne Berücksichtigung von *Movements*.

<Cluster ID> / <Ortskategorie>	
ohne *Movement*	**mit *Movement***
Donnerstag	
164 / Home	164 / Home
139 / Work	139 / Work
490 / Work	323 / Work
590 / Other	*None / Movement*
156 / Other	490 / Work
323 / Work	590 / Other
164 / Home	156 Other
	323 / Work
	None / Movement
	164 / Home
Freitag	
164 / Home	164 / Home
139 / Work	*None / Movement*
490 / Work	139 / Work
589 / Other	490 / Work
139 / Work	589 / Other
323 / Work	139 / Work
164 / Home	*None / Movement*
	323 / Work
	None / Movement
	164 / Home
Samstag	
164 / Home	164 / Home
25 / Friend & Family	25 / Friend & Family
165 / Sport	165 / Sport
Sonntag	
165 / Sport	165 / Sport
591 / Friend & Family	*None / Movement*
164 / Home	591 / Friend & Family
	None / Movement
	164 / Home

Tabelle 5.6.: Übersicht der Ähnlichkeitsmaße mit Angabe zur möglichen Datenart als Eingabewert.

Ähnlichkeitsmaß / Datenart	Stop	Ortskategorie
Jaccard-Koeffizient	✓	✓
Sørensen-Koeffizient	✓	✓
Hamming-Abstand	✓	✓
Levenshtein-Distanz	✓	✓
Hunt–McIlroy-Algorithmus	✓	✓
Sum-of-Pairs mit dynamischer Zeitnormierung	✓	✗
Graphen-Ähnlichkeit	✓	✓
Geografische Distanz	✓	✗

5.4.2. Sørensen-Koeffizient

Der Sørensen-Koeffizient (Sørensen) ist ähnlich wie der Jaccard-Koeffizient aufgebaut. Wie in [92] beschrieben, werden mit diesem Algorithmus ebenfalls zwei Mengen miteinander verglichen, allerdings wird hier die Anzahl der Elemente in der Schnittmenge mit 2 multipliziert und anschließend durch die Summe der Anzahl der Elemente der beiden Mengen geteilt:

$$QS = \frac{2\,|A \cap B|}{|A| + |B|} \qquad (5.2)$$

Dies hat zur Folge, dass die Anzahl der gemeinsamen Elemente höher gewichtet wird und somit das Ergebnis beeinflusst. Das Ergebnis kann ebenfalls Werte zwischen 0 und 1 annehmen, wobei 1 für die maximale Ähnlichkeit der Mengen steht.

Auch hier stellen die *Stops* beziehungsweise die Ortskategorien je Tag die Mengen dar. Die Reihenfolge der Einträge in den jeweiligen Mengen wird vom Sørensen-Koeffizienten nicht beachtet.

5.4.3. Hamming-Abstand

Der Hamming-Abstand (Hamming) ist ein Maß für die Unterschiedlichkeit von Zeichenketten [41]. Jede Stelle der einen Zeichenkette wird mit der entsprechenden Stelle der anderen

5. Typische Tage und Tagesvergleiche

Zeichenkette verglichen. Sind die Stellen nicht gleich, wird der Hamming-Abstand um 1 erhöht.

Θ sei ein endliches Alphabet sowie $x = \{x_1, \ldots, x_n\}$ und $y = \{y_1, \ldots, y_n\}$ zwei n lange Zeichenketten aus Θ^n. Der Hamming-Abstand zwischen x und y ist definiert als:

$$\Delta(x,y) := |\ \{j \in \{1, \ldots, n\}\ |\ x_j \neq y_j\}\ | \qquad (5.3)$$

Vergleich folgender Zeichenketten: *00110* und *00100* ergibt demnach Hamming-Abstand = 1.

Ein Hamming-Abstand gleich der Länge der Zeichenkette würde bedeuten, dass die Zeichenketten sich maximal unähnlich sind. Der Wert 0 bedeutet hingegen maximale Ähnlichkeit.

In diesem Anwendungsfall wird der Hamming-Abstand dazu verwendet, die Ähnlichkeit von zwei Tagesverläufen zu berechnen. Jeder Aufenthaltsort / Ortskategorie wird dabei als eine Stelle in der Zeichenkette betrachtet. Sollten die beiden Tagesverläufe nicht die gleiche Länge an besuchten Orten aufweisen, wird pro fehlendem Eintrag der Hamming-Abstand um 1 erhöht. Nach Berechnung des Abstands wird dieser durch die Länge des längeren Tagesverlaufs dividiert und anschließend von 1 subtrahiert. Das Ergebnis ist ein Wert zwischen 0 und 1, wobei 1 die maximale Ähnlichkeit ist:

$$s = 1 - \frac{\Delta(x,y)}{|\ max(x,y)\ |} \qquad (5.4)$$

5.4.4. Levenshtein-Distanz

Die Levenshtein-Distanz (Levenshtein) beurteilt, wie unterschiedlich zwei Zeichenketten sind, indem die minimale Anzahl von Einfüge-, Lösch- und Ersetz-Operationen, gezählt wird, die nötig ist, die erste Zeichenkette in die zweite umzuwandeln [54].

$$D_{i,j} = min \begin{cases} D_{i-1,j-1} & +0 \text{ falls } u_i = v_j \\ D_{i-1,j-1} & +1 \text{ (Ersetzung)} \\ D_{i,j-1} & +1 \text{ (Einfügung)} \\ D_{i-1,j} & +1 \text{ (Löschung)} \end{cases}, \qquad (5.5)$$

mit

- $m = |u|$

- $n = |v|$
- $D_{0,0} = 0$
- $D_{i,0} = i, 1 \leq i \leq m$
- $D_{0,j} = i, 1 \leq j \leq n$

Mit der Berechnung der Matrix D wird die Levenshtein-Distanz berechnet. So ist zum Beispiel die Levenshtein-Distanz zwischen „vor" und „vier" $= 2$. Zuerst muss das „o" mit einem „i" vertauscht und anschließend noch ein „e" eingefügt werden, damit beide Wörter gleich sind. Der Vorteil gegenüber dem Hamming-Abstand ist, dass die Levenshtein-Distanz robust gegenüber Einschüben ist.

In diesem Fall wird die Distanz, wie beim Hamming-Abstand (Kapitel 5.4.3), zwischen zwei Tagesverläufen berechnet und anschließend durch die Anzahl der Elemente der längeren Zeichenkette geteilt sowie von 1 subtrahiert (analog zu Gleichung 5.4).

5.4.5. Hunt–McIlroy-Algorithmus

Der Hunt–McIlroy-Algorithmus (Hunt-McIl.) ist eine Lösung für das Problem der längsten gemeinsamen Teilsequenz und ist der erste nicht heuristische Algorithmus, der in `diff` verwendet wurde. Um die längste gemeinsame Teilsequenz in zwei Zeichenketten zu finden, ist das Vorgehen wie nachfolgend beschrieben [44].

$$P_{ij} = \begin{cases} 0 & \text{wenn } i = 0 \text{ oder } j = 0 \\ 1 + P_{i-1,j-1} & \text{wenn } A_i = B_j \\ max(P_{i-1,j}, P_{i,j-1}) & \text{wenn } A_i \neq B_j \end{cases} \quad (5.6)$$

mit

- A_i ist das $i$te Element der Zeichenkette A.
- B_j ist das $j$te Element der Zeichenkette B.
- P_{ij} ist die Länge der längsten gemeinsamen Teilsequenz für die ersten i Zeichen der Zeichenkette A und die ersten j Zeichen der Zeichenkette B.

Hunt et al. haben die Gleichung 5.6 modifiziert, sodass nur die k-Kandidaten betrachtet werden. Die k-Kandidaten sind Paare von Indizes (i, j), wie zum Beispiel:

- $A_i = B_j$
- $P_{i,j} > max(P_{i-1,j}, P_{i,j-1})$

5. Typische Tage und Tagesvergleiche

Der zweite Punkt impliziert folgende Eigenschaften der k-Kandidaten:

- Es existiert eine gemeinsame Teilsequenz der Länge k in den ersten i Zeichen der Zeichenkette A und der ersten j Zeichen der Zeichenkette B.

- Es existieren keine gemeinsamen Teilsequenzen der Länge k für weniger als i Zeichen der Zeichenkette A und j Zeichen der Zeichenkette B.

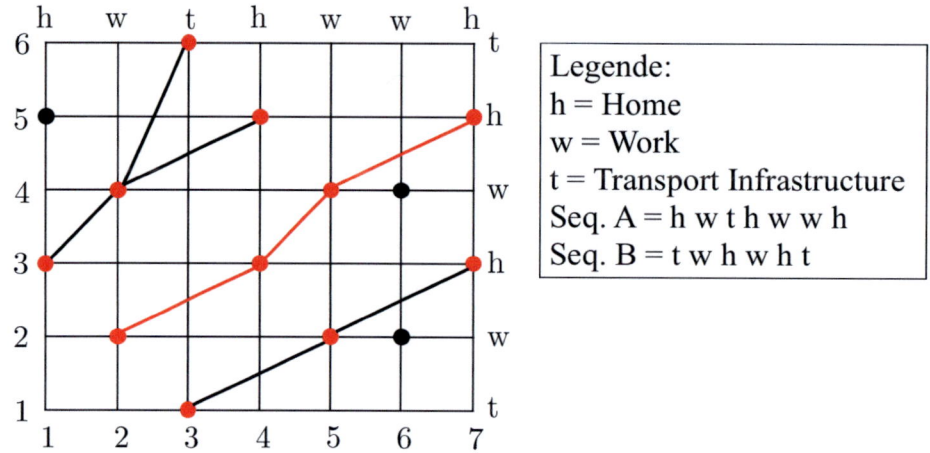

Abbildung 5.3.: Längste gemeinsame Teilsequenz unter Anwendung des Hunt–McIlroy-Algorithmus, verbunden durch die rote Linie. Die k-Kandidaten sind in Rot dargestellt. Die schwarzen Punkte und Linien würden von einem Algorithmus ohne die Modifikation durch Hunt et al. in Erwägung gezogen werden.

Um die längste gemeinsame Teilsequenz aus der Menge aller k-Kandidaten zu bestimmen, wird ein Diagramm mit dem Inhalt der Zeichenketten erstellt, die, wie in Abbildung 5.3 zu sehen, auf je einer eigenen Achse dargestellt werden. Die k-Kandidaten sind in dem Diagramm in Rot eingezeichnet. Die längste gemeinsame Teilsequenz wird erstellt durch das Verbinden der k-Kandidaten unter der Bedingung, dass jede Erhöhung von i eine Erhöhung von j zur Folge haben muss, dargestellt durch die rote Linie.

Die in Schwarz eingezeichneten Punkte sind Kandidaten, die durch einen Algorithmus ohne die Modifikation durch Hunt et al. als Kandidaten in Erwägungen gezogen werden. Die schwarzen Linien sind Verbindungen, die gemeinsame Teilsequenzen der Länge 3 erkennen.

In diesem Anwendungsfall repräsentieren die Tagesverläufe die genannten Zeichenketten. Jeder *Stop* beziehungsweise jede Ortskategorie stellt ein Zeichen in der Zeichenkette dar. Um das Ergebnis $P_{i,j}$ zu normalisieren und vergleichbar zu machen, wird folgende Gleichung angewandt:

$$s = \frac{P_{i,j}}{n_a + n_B}, \tag{5.7}$$

wobei n_A und n_B die Anzahl der *Stops* beziehungsweise Ortskategorien der jeweiligen Tagesverläufe darstellen und s das Ergebnis der Ähnlichkeitsmessung ist im Interval $[0,1]$, wobei 1 für die maximale Ähnlichkeit steht.

5.4.6. Sum-of-Pairs mit dynamischer Zeitnormierung

Der Sum-of-Pairs-Algorithmus errechnet die geografische Distanz. Auch bezeichnet als Orthodrome $GCD()$ zwischen zwei Koordinatenpaaren [12]. Für zwei Tagesverläufe bedeutet das, dass jeder Aufenthaltsort des Tages A mit dem korrespondierenden Aufenthaltsort im Tagesverlauf B auf die geografische Distanz verglichen wird. Anschließend werden alle Distanzen summiert und normalisiert durch die Division der längsten Distanzsumme:

$$SP_{A,B} = 1 - \frac{\sum_{k \leq l} GCD(m_i^k, m_i^l)}{max(\sum^{k-1} GCD(m_i^k, m_{i+1}^k), \sum^{l-1} GCD(m_i^l, m_{i+1}^l))}, \quad (5.8)$$

wobei k die Position des letzten *Stops* im Tagesverlauf A angibt, l die Position des letzten *Stops* im Tagesverlauf B und m den jeweiligen *Stop*.

Dieser Ansatz ist nicht flexibel genug, da zum Beispiel unterschiedliche Längen der jeweiligen Tagesverläufe nicht beachtet sowie Verschiebungen im Tagesverlauf nicht erkannt werden. Angenommen, eine Person verlässt an Tag A *Home* um 7:00 Uhr und erreicht *Work* um 7:30 Uhr. An Tag B passiert dies jeweils um 8:00 Uhr und 9:00 Uhr. Ein Vergleich auf Basis der Uhrzeiten würde *Work* von Tag A mit *Home* von Tag B um 8:00 Uhr vergleichen. Um flexibel auf solche Verschiebungen oder gar Einschübe von *Stops* reagieren zu können, ist ein Verfahren notwendig, das zeitliche Unterschiede erkennt und die Tagesverläufe angleicht. Dazu kommt die in [102] beschriebene dynamische Zeitnormierung (SP-DTW) zum Einsatz.

Die chronologischen Tagesverläufe A und B sind beschrieben durch $A = <a_1, \ldots, a_n>$, $Head(A) = a_1$, $Tail(A) = <a_2, \ldots, a_n>$, wobei jedes Element a_i einen *Stop* des Tagesverlaufs darstellt. Das gleiche gilt auf für B. Dann gilt:

$$DTW(A, B) = \begin{cases} 0 & \text{wenn } length(A) = 0 \text{ und } length(B) = 0 \\ \infty & \text{wenn } length(A) = 0 \text{ oder } length(B) = 0 \\ totalDistance & \text{ansonsten} \end{cases}, \quad (5.9)$$

5. Typische Tage und Tagesvergleiche

wobei *totalDistance* durch

$$GCD(Head(A), Head(B)) + min \begin{cases} DTW(A, Tail(B)) \\ DTW(Tail(A), B) \\ DTW(Tail(A), Tail(B)) \end{cases} \quad (5.10)$$

definiert ist und mit $GCD()$ die Orthodrome zwischen zwei *Stops* berechnet wird. Auf diese Weise werden alle *Stops* miteinander verglichen. Das Ergebnis dieses Verfahrens ist eine Matrix, wobei ein Tagesverlauf auf der X-Achse und der andere Tagesverlauf auf der Y-Achse dargestellt ist. Die kürzeste mögliche Distanz der Tagesverläufe, basierend auf dem Sum-of-Pairs-Algorithmus $dists_{A,B}$, ist in der unteren rechten Zelle der Matrix gespeichert. Um diesen Wert zu normieren, wird er mit der maximal anzunehmenden Distanz dividiert und mit 1 subtrahiert:

$$s = 1 - \frac{dists_{A,B}}{max(n_A, n_B) \cdot 20}, \quad (5.11)$$

wobei n_A und n_B die Anzahl *Stops* der jeweiligen Tage sind. Die maximal anzunehmende Distanz ist definiert durch die maximale Unähnlichkeit zwei verglichener *Stops* multipliziert mit der Anzahl der höchsten *Stops* der verglichenen Tage. Die maximale Unähnlichkeit zwei verglichener *Stops* ist definiert durch eine Distanz von 20km. Das Ergebnis s ist ein Wert im Intervall $[0, 1]$, wobei 1 für die maximale Ähnlichkeit steht. Dieses Maß kann nur bei Aufenthaltsorten mit geografischen Koordinaten angewendet werden.

5.4.7. Graphen-Ähnlichkeit

Die Ähnlichkeit der Graphen (Graph Sim.) kann laut Champin et al. [20] nach dem Anteil der identischen Teile beurteilt werden. Ein ungerichteter und ungewichteter Graph ist wie folgt definiert:

- $G = (V, E)$
- V ist die Menge der Knoten.
- E ist die Menge der Kanten.

In diesem Anwendungsfall stellen *Stops* beziehungsweise die Ortskategorien die Knoten dar und die *Moves* stellen die Kanten dar. Zwei Knoten sind mit einer Kante verbunden, wenn auch im Tagesverlauf diese *Stops* aufeinander folgen und mit einem *Move* verbunden sind. Da der Graph ungerichtet und ungewichtet ist, wird die Anzahl der *Moves* zwischen *Stops* und deren Richtung vernachlässigt, um eine kompakte Repräsentation eines Tagesverlaufs zu erzielen.

Die Graphen-Ähnlichkeit wird wie folgt berechnet:

1. Für die Graphen G_A und G_B wird die Knotenanzahl n_A und n_B bestimmt.

2. Für jeden Knoten V_A in G_A wird überprüft, ob dieser auch in G_B vorhanden ist.

3. Für jedes Paar i gleicher Knoten wird der Ähnlichkeitswert p_i berechnet.

    a) Dafür wird die Anzahl der Kanten beider Knoten n_{V_A} und n_{V_B} bestimmt.

    b) Danach wird die Anzahl identischer Kanten n_{id} ermittelt.

     - Kanten, die in beiden Graphen gleiche Knoten verbinden, zählen als identische Kanten.
     - Führt eine Kante bei Graph G_A von *Home* nach *Work* und bei Graph G_B von *Home* nach *Shopping*, dann sind die Kanten nicht identisch.
     - Die Kanten sind nur identisch, wenn bei Graph G_B eine Kante von *Home* nach *Work* führt.

    c) Anschließend wird die Anzahl identischer Kanten n_{id} durch die größere Kantenanzahl beider Knoten $max(n_{E_{A_i}}, n_{E_{B_i}})$ dividiert.

    d) Das Ergebnis ist die Kantenähnlichkeit s_E im Wertebereich $[0, 1]$.

    e) Um die Knotenähnlichkeit p_i zu berechnen, wird die Kantenähnlichkeit s_E mit 2 dividiert und anschließend 0.5 addiert. Dadurch haben ähnliche Knoten mindestens eine Knotenähnlichkeit von 0.5 und maximal 1.

4. Um die Graphenähnlichkeit S zu bestimmen, werden alle Knotenähnlichkeiten p_i summiert und anschließend durch die größere Anzahl an Gesamtknoten $max(n_A, n_B)$ dividiert.

Das Ergebnis der Graphenähnlichkeit S liegt im Interval $[0, 1]$, wobei 1 für die Ähnlichkeit steht.

5.4.8. Geografische Distanz

Die geografische Distanz (Geogr. Dist.) berechnet die Strecke je Tagesverlauf, die an dem Tag zurückgelegt wurde. Dabei wird zwischen je zwei Aufenthaltsorten pro Tag die

Orthodrome berechnet. Die Summe aller Orthodromen je Tag ergibt die Gesamtstrecke für diesen Tagesverlauf:

$$d = \sum_{n<|S|} dist(S_n, S_{n+1}) \qquad (5.12)$$

Anschließend werden die berechneten Strecken der verglichenen Tage voneinander subtrahiert. Das Ergebnis wird durch die längste Strecke dividiert und von 1 subtrahiert:

$$s = 1 - \frac{|d_A - d_B|}{max(d_A, d_B)} \qquad (5.13)$$

Die geografische Distanz als Maß für die Ähnlichkeit kann somit Werte von 0 bis 1 annehmen, wobei 1 für maximale Ähnlichkeit steht. Dieses Maß kann nur bei Aufenthaltsorten mit geografischen Koordinaten angewendet werden.

5.5. Implementierung

Nachfolgend wird erläutert, wie die *Modelle für typische Tage* aufgebaut und zum Vergleich von Tagen verwendet werden.

5.5.1. Modell des typischen Tages

Wie in Kapitel 5.2 erläutert, ist der Mensch von Gewohnheiten gesteuert, die sich auf die Verläufe der einzelnen Tage auswirken. Dieses Wissen kann dazu genutzt werden, Anomalien im Ablauf eines Tages zu erkennen. Als Grundlage für die Erkennung von Gewohnheitsabweichungen wird ein anhand der aufgezeichneten Daten *Modell des typischen Tages* eines Menschen erstellt. Für jeden Wochentag wird ein dichtebasiertes Modell erzeugt.

Dazu werden im ersten Schritt die zeitliche Dimension der Daten diskretisiert, indem der Tag in 72 gleich lange Zeitscheiben unterteilt wird, wovon jede eine Länge von 20 Minuten hat. Die Anzahl der Zeitscheiben kann beliebig verändert werden, jedoch hat die Erfahrung gezeigt, dass eine Länge von 20 Minuten sich mit Hinblick auf den Detailgrad sowie die Komplexität am besten eignet. Mit Hilfe einer Dichtefunktion wird im Anschluss für jede Zeitscheibe der am häufigsten in den Trainingsdaten vorkommende Aufenthaltsort ermittelt und in die jeweilige Zeitscheibe eingetragen. Der Aufbau des typischen Tages ist beispielhaft in Abbildung 5.4 für einen Dienstag dargestellt. Ausgehend von der Zeitscheibe zwischen 10:01 und 10:20 Uhr, hat die Person im Trainingszeitraum an vier

5.5. Implementierung

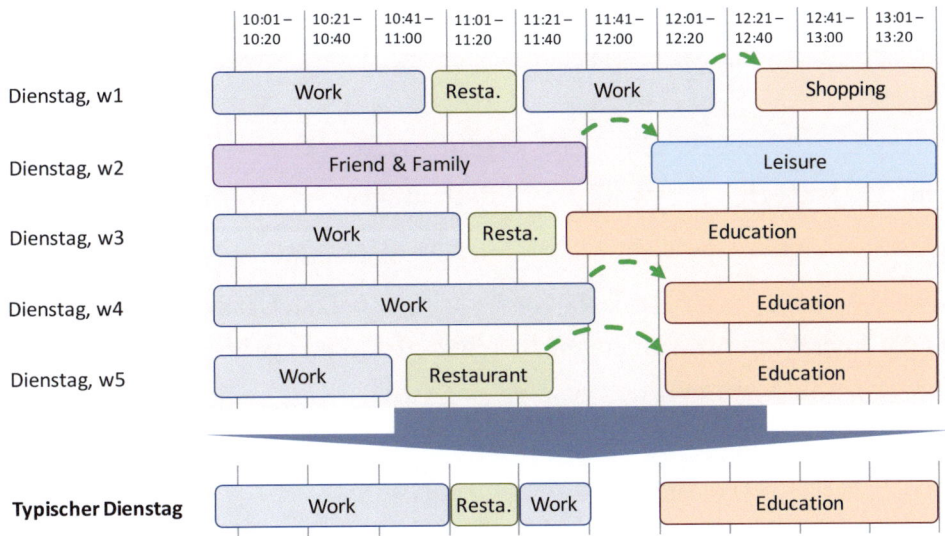

Abbildung 5.4.: Modellaufbau eines typischen Dienstags. Horizontal sind Teiltrajektorien von fünf Dienstagen dargestellt und vertikal die zeitliche Diskretisierung mit Hilfe von Zeitscheiben. Farbige Kästen stellen *Stops* dar. Grüne gestrichelte Linien repräsentieren längere *Moves*.

von fünf Tagen den Aufenthaltsort *Work* besucht und einmal *Friend & Family*. Folglich ist der meistbesuchte Aufenthaltsort für einen typischen Dienstag in dieser Zeitscheibe *Work*.

In der Zeitscheibe zwischen 11:21 und 11:40 Uhr steigt die Komplexität, da sich dort an mehreren Tage mehrere Aufenthaltsorte die Zeitscheiben teilen, denn der Tagesablauf eines Menschen ist normalerweise nicht an diskrete Zeitscheiben geknüpft. In der Trajektorie $w3$ und $w5$ ist für diese Zeitscheibe ersichtlich, dass der Aufenthaltsort *Lunch* überwiegt. Für die Trajektorien $w1$ und $w4$ überwiegt jedoch *Work*.

In solchen Fällen, in denen sich zwei *Cluster* eine Zeitscheibe teilen, wird die Zeit jedes *Clusters* pro Zeitscheibe, wie in Definition 5.1 notiert, summiert, um den typischen Aufenthaltsort einer Zeitscheibe zu bestimmen. In diesem Fall ist das Resultat *Work*.

Definition 5.1 (Typischer Ort je Zeitscheibe).

$$\max(l_1, l_2, \ldots, l_n), \text{ mit } l = \sum_{s \in S} \Delta t(s_{i,m}), \quad (5.14)$$

wobei:

- $S = <s_1, s_2, \ldots, s_i>$ ist eine Liste von Trajektorien des jeweiligen Wochentags.

5. Typische Tage und Tagesvergleiche

Tabelle 5.7.: Auszug des Modells für den typischen Dienstag aus Abbildung 5.4

Zeitscheibe	$n-1$	n	$n+1$
Zeit	10:41 – 11:00	11:01 – 11:20	11:21 – 11:40
Typische Trajektorie	Work	Restaurant	Work

- $L = <l_1, l_2, \ldots, l_n>$ ist eine Liste von Tupeln, wobei die Ortskategorien als Schlüssel und die summierte Aufenthaltszeit innerhalb des Zeitslots über alle Trajektorien als Wert gespeichert werden.

- m ist die jeweilige Zeitscheibe.

- Δt ist die zeitliche Differenz zwischen der Startzeit des *Clusters* innerhalb der Zeitscheibe und der Endzeit innerhalb derselben Zeitscheibe.

Durch diesen Ansatz wird für jede Zeitscheibe der häufigste Aufenthaltsort ermittelt. Jedoch kann es vorkommen, dass das erstellte *Modell des typischen Tages* zum Teil unplausibel wirkt. Beispielsweise kommt in Abbildung 5.4 die Trajektorie *Work, Lunch, Work* nur einmal bei $w1$ vor. Aufgrund des dichtebasierten Modellaufbaus wird dies jedoch zur typischen Trajektorie für die drei Zeitscheiben von 10:41 bis 11:40 Uhr, wie in Tabelle 5.7 dargestellt.

Es kann jedoch auch zu unplausiblen *Modellen typischer Tage* kommen, wenn die aufgezeichnete Datenbasis ungenau beziehungsweise unvollständig ist. Dies kann unter anderem durch ungenau GPS-Signale und eine nicht kontinuierliche Datenaufzeichnung bedingt sein, beispielsweise bei leerem Smartphone-Akku. Um die Datenqualität auf einem angemessenen Niveau zu halten, werden in den nachfolgenden Kapiteln dazu einige Ansätze vorgestellt.

Schlafzeiterkennung

Ein Schritt, um die Qualität der Trainingsdaten zu überprüfen, ist die Ermittlung der Schlafdauer. Dadurch können unplausible Bewegungen während der Ruhephasen aufgedeckt und gegebenenfalls korrigiert werden. Hierzu werden die folgenden Ortskategorien als Aufenthaltsorte definiert, an denen ein Mensch normalerweise schläft:

- *Home*

- *Friend & Family*

- *Hotel*

5.5. Implementierung

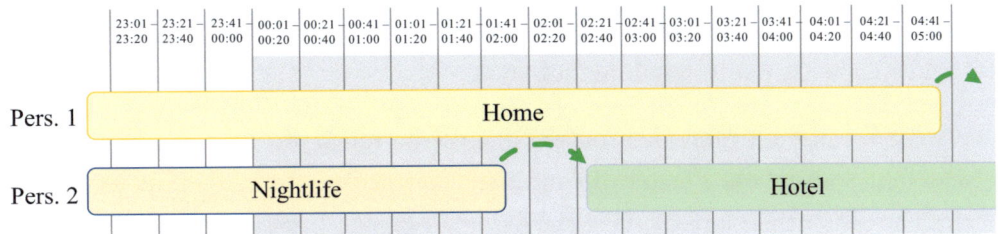

Abbildung 5.5.: Beispiel für die Schlafzeiterkennung. Dargestellt sind Teiltrajektorien zweier unterschiedlicher Personen, die zu unterschiedlichen Zeiten ins Bett gehen.

Hinzu kommt, dass Schlafdauer und -rhythmus von Mensch zu Mensch stark variieren können. Dies trifft vor allem auf Schichtarbeiter zu. Laut Watson et al. [98] braucht ein erwachsener Mensch zwischen sieben und neun Stunden Schlaf täglich. Da die Länge und Anzahl der täglichen Schlafperioden je Mensch variieren kann, wird ein Schwellwert von fünf Stunden gesetzt, die eine durchgehende Schlafphase mindestens haben muss, um als valide Schlafperiode erkannt zu werden. Um zu vermeiden, dass längere Aufenthalte an den drei möglichen Schlaf-Orten fälschlicherweise als Schlafperiode erkannt werden, obwohl möglicherweise eine andere Aktivität stattgefunden hat, ist die Schlafphasenerkennung auf einen bestimmten Zeitraum beschränkt. Dabei hat sich in mehreren Versuchen die Periode zwischen 0:00 und 8:00 Uhr als zielführend erwiesen. In dieser Periode müssen mindestens fünf Stunden an einem deklarierten Schlafaufenthaltsort verbracht werden, damit eine valide Schlafperiode erkannt wird. Ausgehend von dem benötigten Minimum an Schlaf, nach [98], in Höhe von sieben Stunden, kann eine Person so beispielsweise um 22:00 Uhr ins Bett gehen und um 5:00 Uhr aufstehen beziehungsweise um 3:00 Uhr ins Bett gehen und um 10:00 Uhr aufstehen. Beide Schlafphasen werden korrekt erkannt, da mindestens fünf Stunden davon innerhalb der zulässigen Schlafperiode zwischen 0:00 und 8:00 Uhr verbracht werden. Ein grafisches Beispiel der Schlafzeiterkennung ist in Abbildung 5.5 zu finden.

Wird beim Erstellen des *Modells des typischen Tages* kein nächtlicher Aufenthalt an einer der drei genannten validen Ortskategorien erkannt, so kommt es zu einer weiteren Evaluation. In diesem Schritt wird versucht zu erkennen, ob die Dauer des nächtlichen Aufenthalts mit der der anderen Trajektorien in den Traningsdaten zeitliche Überschneidungen hat. Anders gefragt: Wurde mehr als einmal an einem Ort übernachtet, der nicht den validen Ortskategorien angehört? Falls ja, wird versucht dem nächtlichen Aufenthaltsort entweder die Ortskategorie *Home* oder *Hotel* zuzuweisen, abhängig von den GPS-Koordinaten. Dies wird nur bei der Ortskategorie *Unknown* vorgenommen, die für einen noch nicht gelabelten Zustand steht. Im Fall anderer Ortskategorien wird überprüft, ob eine Periodizität für eine bestimmte Ortskategorie zu erkennen ist, die in der definierten Schlafzeit auftritt. Falls das der Fall sein sollte, wird die Liste der zulässigen nächtlichen Aufenthaltsorte um

5. Typische Tage und Tagesvergleiche

diese Ortskategorie ergänzt. Diese Adaptivität erlaubt es, das *Modell des typischen Tages* flexibel und möglichst realitätsnah aufzubauen.

Dies ist beispielsweise für Menschen notwendig, die beruflich oft unter der Woche in einem Hotel schlafen. Sollte diese Person die aufgezeichneten Daten nicht sofort labeln, sodass der nächtliche Aufenthaltsort die Ortskategorie *Unknown* besitzt, können in diesem Fall die Daten dennoch für den Aufbau des typischen Tages benutzt werden, da durch die Schlafzeiterkennung die Ortskategorie entsprechend angepasst werden würde.

Moves-Erkennung

Der Tagesverlauf eines Menschen besteht in der Regel nicht nur aus Aufenthalten an bestimmten Orten, sondern auch aus Transfers zwischen den Orten, den sogenannten *Moves*. Wie in Abbildung 5.4 mit Hilfe von grünen gestrichelten Linien dargestellt ist, kann es durchaus sein, dass eine oder mehrere Zeitscheiben bestimmter Tage keinen *Stop* haben, weil zum Beispiel mehr als 20 Minuten benötigt wurden, um von einem Aufenthaltsort zu einem anderen zu gelangen.

Würden *Moves* beim Erstellen des *Modells des typischen Tages* nicht berücksichtigt werden, wäre laut dem Beispiel in Abbildung 5.4 die Zeitscheibe von 11:41 bis 12:00 Uhr im Modell des typischen Dienstags mit einem *Cluster* belegt, anstatt leer zu bleiben und somit einen *Move* zu repräsentieren. Drei ($w2, w4, w5$) der fünf Trajektorien, die Mehrheit, weisen nämlich für die besagte Zeitscheibe *Moves* auf anstatt Aufenthalte an Orten. Mit Hilfe dieser *Moves*-Erkennung kann der typische Tag näher am tatsächlichen Alltag des Menschen erstellt werden.

Um dies zu bewerkstelligen, wurde der Zustand *Movement* eingeführt, der Zeitscheiben repräsentiert, an denen die Person sich an keinem *Cluster* aufgehalten hat, sondern im Transfer von einem *Stop* zu einem anderen war. Jedoch ist *Movement* kein *Cluster* und hat somit weder eine eigene Ortskategorie noch einen geometrischen Schwerpunkt. Daher kann dieser Zustand bei der Ähnlichkeitsberechnung mit geografischen Maßen nicht berücksichtigt werden.

Anomalieerkennung

Durch Fehler in der GPS-Aufzeichnung kann es zu unplausiblen Aufenthaltsorten kommen. So kann es zu unplausiblen Aufenthaltsorten kommen, zum Beispiel in Form instantaner Sprünge zu Orten, die mehrere Kilometer entfernt sind. Solche Vorkommnisse in den Daten können die Erstellung des *Modells eines typischen Tages* insofern beeinflussen, dass das Resultat eine Aneinanderreihung von unplausibel distanzierten Aufenthaltsorten ist, ohne *Movements* dazwischen. Um dies zu verhindern und die Qualität des Modells zu verbessern,

5.5. Implementierung

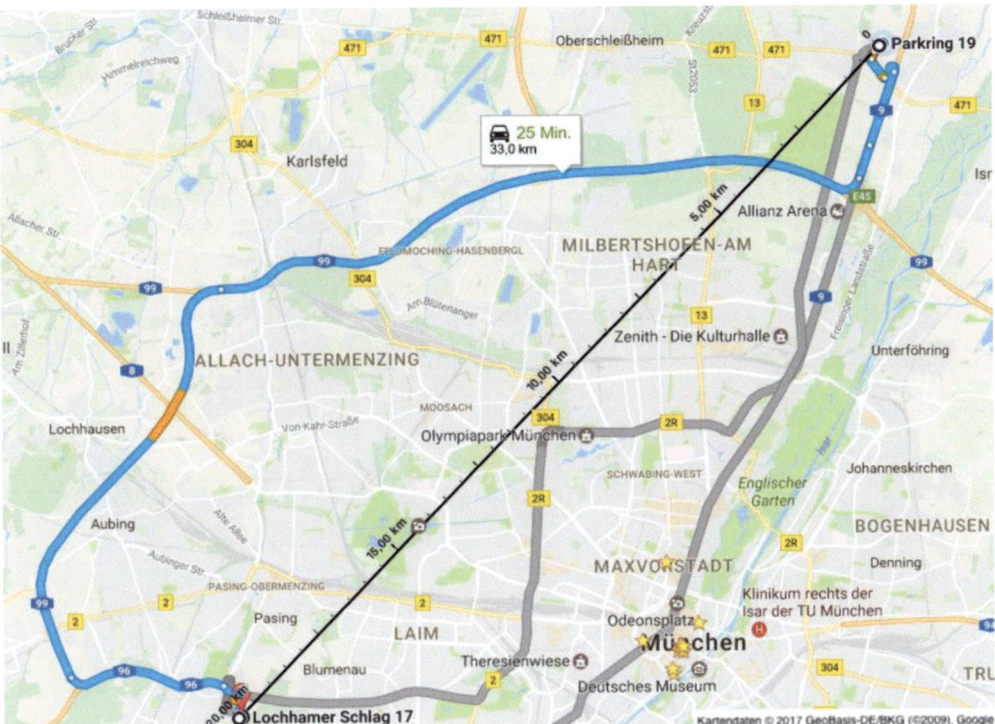

Abbildung 5.6.: Orthodrome, eingezeichnet als schwarze Linie, zwischen zwei Orten. In Blau und Grau sind einige alternative Trajektorien eingezeichnet, die zwischen den beiden Orten als übliche Verbindungen gelten. Quelle des Kartenmaterials [40].

wird bei der *Erstellung des typischen Tages* eine Anomalieerkennung durchgeführt, die solche Aufzeichnungsfehler finden und filtern soll. Beispielsweise ist es unwahrscheinlich, dass eine Person am späten Vormittag vom *Home* zu einer 150km entfernten Ortskategorie *Shopping* reist und gegen Mittag bereits wieder zu Hause (*Home*) ist. Solche Anomalien können unter anderem über die berechnete Durchschnittsgeschwindigkeit erkannt werden. Wird bei dieser ein bestimmter Schwellwert überschritten, so kann der angeblich erreichte *Stop* als unplausibel gewertet werden.

Da die Datenaufzeichnung aus Effizienzgründen (siehe Kapitel 3.2.1) nicht permanent aktiv ist, wird keine genaue GPS-Aufzeichnung vorgenommen, die es erlauben würde, die zurückgelegte Strecke zwischen zwei *Stops* explizit nachvollziehen zu können. Aus diesem Grund können die tatsächliche zurückgelegte Strecke und die Geschwindigkeit nicht berechnet werden. Um dennoch Unplausibilitäten unter Berücksichtigung der Geschwindigkeit zu erkennen, wird die Geschwindigkeit, mit der eine Strecke zwischen zwei *Stops* zurückgelegt wurde, mit Hilfe der Orthodrome approximiert. Abbildung 5.6 zeigt beispielsweise, welche üblichen alternativen Strecken es zwischen zwei bestimmten Orten gibt. Aufgrund der niederfrequenten Datenaufzeichnung wird die eingezeichnete schwarze Orthodrome berechnet, wie in Definition 5.2 beschrieben. Als nächstes wird die Geschwindigkeit mit Hilfe der berechneten Orthodrome d ermittelt, indem d durch die Zeit geteilt wird, die für den *Move*

5. Typische Tage und Tagesvergleiche

von dem Start-*Cluster* zum Ziel-*Cluster* gebraucht wurde. Eine Anomalie wird erkannt, wenn die berechnete Geschwindigkeit einen bestimmten Schwellwert überschreitet.

Definition 5.2 (Orthodrome Berechnung der Strecke zwischen zwei Punkten auf der Erde).

$$d = r \cdot \Delta\sigma, \tag{5.15}$$

wobei d die orthodrome Distanz ist, r der Radius der Sphäre und $\Delta\sigma$ der zentrale Winkel $\Delta\sigma$ zwischen zwei Punkten auf der Sphäre, berechnet durch:

$$\Delta\sigma = \arctan \frac{\sqrt{(\cos\phi_2 \cdot \sin(\Delta\lambda))^2 + (\cos\phi_1 \cdot \sin\phi_2 - \sin\phi_1 \cdot \cos\phi_2 \cdot \cos(\Delta\lambda))^2}}{\sin\phi_1 \cdot \sin\phi_2 + \cos\phi_1 \cdot \cos\phi_2 \cdot \cos(\Delta\lambda)}, \tag{5.16}$$

mit:

- ϕ ist die geographische Breite.
- λ ist die geographische Länge.
- $\Delta\phi$, $\Delta\lambda$ sind die absoluten Distanzen.

Der Schwellwert für die Geschwindigkeit kann nach Belieben angepasst werden. Die Erfahrung bei der Erstellung des *Modells des typischen Tages* hat gezeigt, dass sich 100km/h als Schwellwert für die Geschwindigkeit eignen. In Abbildung 5.6 ist zu sehen, dass die Orthodrome in der Regel kürzer ist als die tatsächliche zurückgelegte Strecke. Bei gleicher Transferzeit sinkt demnach die Geschwindigkeit ($v = \frac{s}{t}$). Daher ist der Schwellwert für die Geschwindigkeit niedriger zu halten als die tatsächliche Geschwindigkeit, die eine Person während eines Transfer erreicht. Die Anomalieerkennung wird nicht angewandt, falls das Start- und Ziel-*Cluster* die Ortskategorie *Transport Infrastructure* haben. Aufgrund der unterschiedlichen Transportmittel, beispielsweise Flugzeug und Zug, sind unterschiedlich hohe Geschwindigkeiten möglich, wodurch es zu falschen Anomalieerkennungen kommen kann.

Echtzeitfähigkeit

Die bereits erforschten Ansätze zu Mobilitätsgewohnheiten, wie in Kapitel 5.2 beschrieben, setzen voraus, dass als Eingabe vollständig abgeschlossene Tagesverläufe vorhanden sind. Um jedoch ein System auch in Echtzeit betreiben zu können und während des Tagesverlaufs bereits Aussagen über den Kontext treffen zu können, bedarf es einer Anpassung des *Modells des typischen Tages*.

5.5. Implementierung

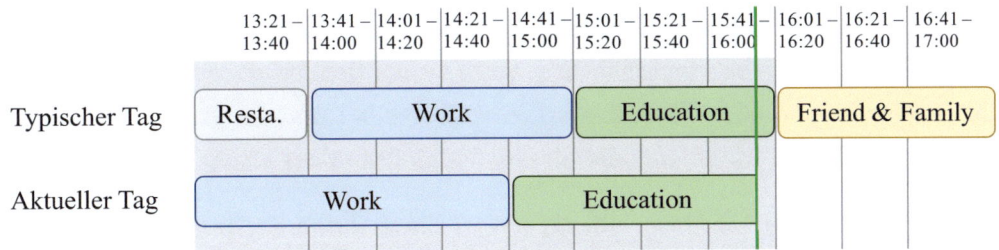

Abbildung 5.7.: Angleichung eines typischen Tages an einen noch nicht abgeschlossenen Tagesverlauf. Die grüne vertikale Linie repräsentiert die aktuelle Tageszeit des aktuellen Tages. Der graue Hintergrund repräsentiert den Zeitraum für den Vergleich, definiert durch die Start-Zeitscheibe ts_s und End-Zeitscheibe ts_e.

Ein typischer Tag und ein aktueller Tagesverlauf sind beispielhaft in Abbildung 5.7 dargestellt. Das *Modell des typischen Tages* hat Einträge für jeden Zeitslot. Da der aktuelle Tag noch nicht weiter als 15:55 Uhr fortgeschritten ist, existieren für den restlichen Tag (noch) keine Daten. Die nachfolgenden Zeitscheiben sind dementsprechend nicht belegt. Um die beiden Tagesverläufe miteinander vergleichbar zu machen, werden sie angeglichen, indem der längere Tag, hier das *Modell des typischen Tages*, auf die Länge des kürzeren Tages gekürzt wird. Unter Anwendung der Definition 5.3 werden für den kürzeren Tagesverlauf, hier der aktuelle Tag, jeweils die Zeitscheiben ermittelt, bei der die Aufzeichnung der Trajektorie startet (ts_s) endet (ts_e), hier die Zeitscheibe für die Uhrzeit 15:55.

Definition 5.3 (Berechnung der Start- und End-Zeitscheiben einer Zeitspanne). Für eine Zeitspanne, definiert durch t_s und t_e, wird mit den nachfolgenden Gleichungen jeweils die Anfangs- und End-Zeitscheibe ts_s beziehungsweise ts_e berechnet.

$$ts_s = \left\lfloor \frac{hours(t_s) \cdot 60 + minutes(t_s)}{sliceLength} \right\rfloor \quad \text{wenn } t_s < t_e \quad (5.17)$$

$$ts_e = \left\lceil \frac{hours(t_e) \cdot 60 + minutes(t_e)}{sliceLength} \right\rceil \quad \text{wenn } t_e > t_s \quad (5.18)$$

mit:

- t_s ist die Startzeit der Datenaufzeichnung des kürzeren Tagesverlaufs.
- t_e ist die Endzeit der Datenaufzeichnung des kürzeren Tagesverlaufs.
- $hours()$ ist eine Methode, die die Stunden eines Zeitstempels wiedergibt.
- $minutes()$ ist eine Methode, die die Minuten eines Zeitstempels wiedergibt.
- $sliceLength$ ist die Länge einer Zeitscheibe in Minuten.

5. Typische Tage und Tagesvergleiche

Nachdem die Start- und End-Zeitscheiben berechnet wurden, werden die eingetragenen *Cluster* in den Zeitscheiben zwischen ts_s und ts_e aus dem *Modell des typischen Tages* extrahiert. Der so extrahierte Teil des typischen Tages hat nun die gleiche zeitliche Länge wie der aktuelle Tagesverlauf, was die direkte Vergleichbarkeit ermöglicht.

Die Echtzeitbefähigung ist nötig, um an einem bestimmten Zeitpunkt, hier 15:55 Uhr, eines aktuellen Tages eine Aussage über den Kontext eines Menschen treffen zu können. Angenommen, eine Person verlässt *Home* am Morgen, um zu *Work* zu fahren, gefolgt von einem *Restaurant*, dann wieder *Work*, und anschließend hält diese Person sich an einem Ort der Kategorie *Education* auf. Genau hier wird das System angefragt, eine Aussage über den derzeitigen Kontext der Person zu tätigen, damit mit dem Resultat andere Systeme weiterarbeiten können. Das System extrahiert an diesem Punkt die Daten aus dem *Modell des typischen Tages* von 0:00 (Anfang des Tages) bis 16:00 Uhr (Ende des aktuellen Zeitslots) und vergleicht die Ähnlichkeit.

5.5.2. Kontexterkennung

Um unter Beachtung des Tagesverlaufs auf den Kontext eines Menschen zu schließen, ist es notwendig, auf Basis der historischen Daten *Modelle der typischen Tage* zu erzeugen und diese mit aufgezeichneten Tagesverläufen zu vergleichen. Dazu sind folgende Schritte notwendig:

1. Die historischen Tagesverläufe werden nach Wochentagen separiert.

2. Die Tagesverläufe werden mit Hilfe von 20 Minuten langen Zeitscheiben diskretisiert.

3. Die diskretisierten Tagesverläufe werden mit Hilfe der Schlafzeit- und Anomalieerkennung (Kapitel 5.5.1) auf Konsistenz und Korrektheit überprüft und zum Trainingsdatensatz hinzugefügt.

4. *Modelle über typische Tage* werden für jeden Wochentag einzeln erstellt, basierend auf den Trainingsdaten der jeweiligen Wochentage und unter Anwendung der *Moves*-Erkennung (Kapitel 5.5.1).

5. Vergleich eines Tagesverlaufs mit dem *Modell des typischen Tages*.

    a) (optional) Bei einem noch nicht abgeschlossenen Tagesverlauf: Reduzierung des *Modells des typischen Tages* auf den Zeitraum des zur Verfügung stehenden Tagesverlaufs, wie in Kapitel 5.5.1 beschrieben.

    b) Ähnlichkeitsmessung des Tagesverlaufs mit dem *Modell des typischen Tages* unter Anwendung der Ähnlichkeitsmaße (siehe Kapitel 5.4).

Je Vergleich durch ein Ähnlichkeitsmaß wird als Ergebnis eine Gleitkommazahl zwischen 0 und 1 ausgegeben, wobei 0 sehr unähnlich und 1 sehr ähnlich bedeutet. Diese Zahl indiziert, wie ähnlich der Tagesverlauf zum verglichenen *Modell des typischen Tages* ist. Beispiele hierzu sind zu finden in Kapitel 5.6.

5.6. Evaluation

In diesem Kapitel werden die Evaluationsergebnisse des beschriebenen Systems zur *Modellierung von typischen Tagen* und zum Vergleich zweier Tage auf Ähnlichkeit beschrieben. Wie in Kapitel 5.3 dargelegt, werden die Trainingsdaten für die Modellbildung aus den Monaten Juni, Juli des Jahres 2016 und August 2015 verwendet. Der Testdatensatz, der für den Vergleich auf Ähnlichkeit benutzt wird, basiert auf den Aufzeichnungen vom 1. bis 7. August 2016.

Die objektive Evaluation der berechneten Ergebnisse der Ähnlichkeitsmaße wird auf *Modellen der typischen Tage* erstellt. Dafür werden sowohl die Aufenthaltsorte (*Cluster IDs*) als auch Ortskategorien verwendet.

Für die Ähnlichkeitsberechnung wurden die in Kapitel 5.4 beschriebenen Algorithmen verwendet, sofern sie anwendbar sind. Algorithmen, die auf geografischen Koordinaten basieren, können beispielsweise nicht auf Ortskategorien angewandt werden, da diese keine festen Koordinaten besitzen. Abbildung B.2 stellt die auf Aufenthaltsorten basierenden *Modelle typischer Tage* von Montag bis Sonntag kartografisch dar. Tabellen 5.8 und 5.9 zeigen eine Tagesverlaufsansicht.

5.6.1. Aufenthaltsortdarstellung

Die Ähnlichkeitsmessung für den Montag aus dem Testzeitraum (siehe Abbildung B.1 / Tabelle 5.4 und 5.5) ist in Tabelle 5.10 dargestellt. Dabei wurde der Montag unter zur Hilfenahme der Ähnlichkeitsmaße mit allen typischen Tagen verglichen. Auffallend ist, dass das Sum-of-Pairs-Ähnlichkeitsmaß mit dynamischer Zeitnormierung (SP-DTW) (Kapitel 5.4.6), gefolgt vom Sørensen-Koeffzienten (Sørensen) (Kapitel 5.4.2), die höchsten Ähnlichkeitswerte für den Vergleich mit fast allen typischen Tagen aufweist. Im Fall von Sum-of-Pairs mit dynamischer Zeitnormierung wird zwischen jedem Ortspaar je Tag die Orthodrome berechnet, also die kürzeste Distanz zwischen den beiden Orten, und summiert. Der Mittelwert über alle verglichenen Tage von 0.73 und die Standardabweichung von 0.13 zeugen davon, dass es zwischen den typischen Tagen und dem Tagesverlauf nur geringe geografische Abweichungen gibt. Beispielsweise ähnelt ein typischer Samstag, an dem sich den ganzen Tag zu Hause aufgehalten wurde, dem Montag aus dem Testzeitraum, an dem

5. Typische Tage und Tagesvergleiche

Tabelle 5.8.: *Modelle der typischen Tage* von Montag bis Donnerstag mit und ohne Berücksichtigung von *Movements* auf Basis des Trainingsdatensatzes 2+1 Monat.

<Cluster ID> / <Ortskategorie>	
ohne *Movement*	**mit *Movement***
Typischer Montag	
164 / Home	164 / Home
139 / Work	*None / Movement*
164 / Home	139 / Work
	None / Movement
	139 / Work
	None / Movement
	164 / Home
Typischer Dienstag	
164 / Home	164 / Home
139 / Work	139 / Work
164 / Home	164 / Home
Typischer Mittwoch	
164 / Home	164 / Home
139 / Work	*None / Movement*
254 / Work	139 / Work
139 / Work	*None / Movement*
172 / Sport	254 / Work
164 / Home	139 / Work
	None / Movement
	139 / Work
	None / Movement
	172 / Sport
	164 / Home
Typischer Donnerstag	
164 / Home	164 / Home
139 / Work	139 / Work
164 / Home	*None / Movement*
	139 / Work
	None / Movement
	139 / Work
	None / Movement
	164 / Home

von zu Hause zur Arbeit und wieder zurück gereist ist, zu 67% Das Ähnlichkeitsmaß der geografischen Distanz (Geogr. Dist.) (Kapitel 5.4.8), das die an einem Tag zurückgelegten Distanzen summiert und miteinander vergleicht, weist hingegen einen Wert von 0.22 anstatt

Tabelle 5.9.: *Modelle der typischen Tage* von Freitag bis Sonntag mit und ohne Berücksichtigung von *Movements* auf Basis des Trainingsdatensatzes 2+1 Monat.

<Cluster ID> / <Ortskategorie>	
ohne *Movement*	mit *Movement*
Typischer Freitag	
164 / Home	164 / Home
139 / Work	139 / Work
164 / Home	None / Movement
139 / Work	164 / Home
164 / Home	139 / Work
	164 / Home
Typischer Samstag	
164 / Home	164 / Home
Typischer Sonntag	
164 / Home	164 / Home
	None / Movement
	164 / Home
	None / Movement
	164 / Home

0.8 auf, wie bei Sum-of-Pairs mit dynamischer Zeitnormierung. Das lässt darauf schließen, dass die zurückgelegten Strecken an den Tagen deutlich unterschiedlich sind. Für das Beispiel des Vergleichs mit dem typischen Samstag ist der Wert sogar 0, denn laut dem typischen Samstag wird keine Distanz zurückgelegt.

Tabelle 5.10.: Ergebnisse der Ähnlichkeitsmessung für Montag, den 1. August 2016 aus dem Testdatensatz basierend auf der Aufenthaltsortdarstellung. Der Montag wurde mit den allen vorhandenen *Modellen für typische Tage* unter Anwendung aller Ähnlichkeitsmaße verglichen.

Modell	Jaccard	Søerensen	Hamming	Levenshtein	Hunt-McIll.	SP-DTW	Graph Sim.	Geogr. Dist.
Montag	0.67	0.80	0.40	0.80	0.89	0.80	0.60	0.22
Dienstag	0.67	0.80	0.40	0.60	0.75	0.80	0.60	0.22
Mittwoch	0.40	0.57	0.25	0.50	0.62	0.53	0.37	0.30
Donnerstag	0.67	0.80	0.80	0.80	0.80	0.80	0.60	0.22
Freitag	0.67	0.80	0.80	0.80	0.80	0.80	0.60	0.44
Samstag	0.33	0.50	0.20	0.20	0.33	0.67	0.22	0.00
Sonntag	0.33	0.50	0.20	0.40	0.5	0.67	0.22	0.00

5. Typische Tage und Tagesvergleiche

Da die mengenvergleichenden Ähnlichkeitsmaße ohne Berücksichtigung der Reihenfolge arbeiten – Sørensen- (Sørensen) (Kapitel 5.4.2) und Jaccard-Koeffizient (Jaccard) (Kapitel 5.4.1) – und sich ihre Algorithmen sehr ähneln (siehe Kapitel 5.4.2 und 5.4.1), weisen die Ergebnisse einen gebändigten Zusammenhang auf, wobei die Resultate des Jaccard-Koeffizienten proportional niedriger sind.

Der Hamming-Abstand (Hamming) (Kapitel 5.4.3) beachtet hingegen die Reihenfolge in den Mengen, jedoch findet keine dynamische Zeitnormierung statt, da die zeitliche Dimension nicht vom Algorithmus berücksichtigt wird. Wenn zwei Tagesverläufe, bis auf einen zusätzlich besuchten Ort in einem der beiden Tagesverläufe gleich sind, sodass eine Verschiebung der restlichen Trajektorie stattfindet, dann wird diese restliche Trajektorie nicht mehr als ähnlich erachtet (siehe Kapitel 5.4.3). Da der Hamming-Abstand auch ein mengenvergleichendes Ähnlichkeitsmaß ist, kann auch hier ein proportionaler Zusammenhang zu den Ergebnissen des Sørensen sowie Jaccard-Koeffizienten beobachtet werden. Dabei sind die Ergebnisse niedriger, resultierend aus der Beachtung der Reihenfolge. Ähnliches gilt auch für die Graphen-Ähnlichkeit (Graph Sim.). Da diese ebenfalls mengenbasiert ist und die Tagesverläufe als ungerichtete Graphen miteinander vergleicht, lässt sich eine Korrelation der Ergebnisse mit den anderen bereits genannten mengenbasierten Ähnlichkeitsmaßen feststellen.

Die Levenshtein-Distanz (Levenshtein) (Kapitel 5.4.4) versucht im Gegensatz zum Hamming-Abstand solche Verschiebungen dynamisch zu erkennen. Dies ist unter anderem ein Grund dafür, dass die Ergebnisse der Levenshtein-Distanz nicht mit den Ergebnissen der anderen mengenbasierten Ähnlichkeitsmaße korrelieren.

Die Tendenz der Ergebnisse des Hunt–McIlroy Algorithmus (Hunt-McIl.) (Kapitel 5.4.5) ist ähnlich der Levenshtein-Distanz, jedoch mit mehr Flexibilität in der Unterscheidung der verschiedenen Tageskontexte, bedingt durch die Funktionsweise des Algorithmus. Dieses Ähnlichkeitsmaß vergleicht nicht die Tagesverläufe als Ganzes, sondern sucht nach ähnlichen Teilverläufen der Tage. Angesichts der *Modelle der typischen Tage* und des verglichenen Montags, reagiert dieses Ähnlichkeitsmaß am flexibelsten.

5.6.2. Ortskategoriedarstellung

In Tabelle 5.11 sowie Abbildung 5.8a sind die Messergebnisse der Ähnlichkeitsmaße für Donnerstag, den 4. August 2016 aus dem Testdatensatz verglichen mit den *Modellen der typischen Tage* dargestellt, basierend auf den Ortskategorien. Da zwei Ähnlichkeitsmaße (Sum-of-Pairs mit dynamischer Zeitnormierung und geografische Distanz) geografische Koordinaten voraussetzen, die bei Ortskategorien nicht vorhanden sind, sind aus diesem Grund diese Maße bei dieser Evaluation ausgeschlossen. Zum Vergleich sind die Ergebnisse

Tabelle 5.11.: Ergebnisse der Ähnlichkeitsmessung für Donnerstag, den 4. August 2016 aus dem Testdatensatz basierend auf der Ortskategoriedarstellung. Der Donnerstag wurde mit allen vorhandenen *Modellen für typische Tage* unter Anwendung aller Ähnlichkeitsmaße verglichen, abgesehen von SP-DTW und Geogr. Dist.

Modell	Jaccard	Søerensen	Hamming	Levenshtein	Hunt-McIl.	Graph Sim.
Montag	0.40	0.57	0.33	0.44	0.62	0.26
Dienstag	0.40	0.57	0.22	0.33	0.50	0.29
Mittwoch	0.33	0.50	0.44	0.56	0.59	0.21
Donnerstag	0.40	0.57	0.33	0.56	0.71	0.26
Freitag	0.40	0.57	0.22	0.44	0.43	0.29
Samstag	0.20	0.33	0.11	0.11	0.20	0.10
Sonntag	0.20	0.33	0.11	0.22	0.33	0.10

Tabelle 5.12.: Ergebnisse der Ähnlichkeitsmessung für Donnerstag, den 04. August 2016 aus dem Testdatensatz basierend auf der Aufenthaltsortdarstellung. Der Donnerstag wurde mit den allen vorhandenen *Modellen für typische Tage* unter Anwendung aller Ähnlichkeitsmaße verglichen, abgesehen von SP-DTW und Geogr. Dist.

Modell	Jaccard	Søerensen	Hamming	Levenshtein	Hunt-McIl.	Graph Sim.
Montag	0.29	0.44	0.22	0.33	0.46	0.26
Dienstag	0.29	0.44	0.22	0.33	0.50	0.29
Mittwoch	0.22	0.36	0.22	0.33	0.35	0.21
Donnerstag	0.29	0.44	0.22	0.33	0.43	0.26
Freitag	0.29	0.44	0.22	0.33	0.43	0.29
Samstag	0.20	0.25	0.11	0.11	0.20	0.10
Sonntag	0.20	0.25	0.11	0.22	0.33	0.10

der Ähnlichkeitsmessungen auf Basis der Aufenthaltsortdarstellung in Tabelle 5.12 sowie Abbildung 5.8b dargestellt.

Generell fällt auf, dass die Ergebnisse auf Basis von Ortskategorien höher sind als die der Aufenthaltsortdarstellung. Die Graphen-Ähnlichkeit bleibt jedoch gleich, was auf die Funktionalität des Algorithmus zurückzuführen ist (siehe Kapitel 5.4.7): In beiden Tagesverläufen wird nach gleichen Einträgen gesucht, deren Nachbarn anschließend verglichen werden. Wenn die Nachbarn in beiden Tagesverläufen gleich sind, wird der Eintrag als ähnlich gewertet. Aus diesem Grund macht die Darstellungsform in diesem Fall keinen Unterschied.

Durch die Verwendung der Ortskategoriedarstellung sind nicht nur die Ergebnisse höher als bei der Aufenthaltsortdarstellung, sie sind zudem auch differenzierter. Beispielsweise

5. Typische Tage und Tagesvergleiche

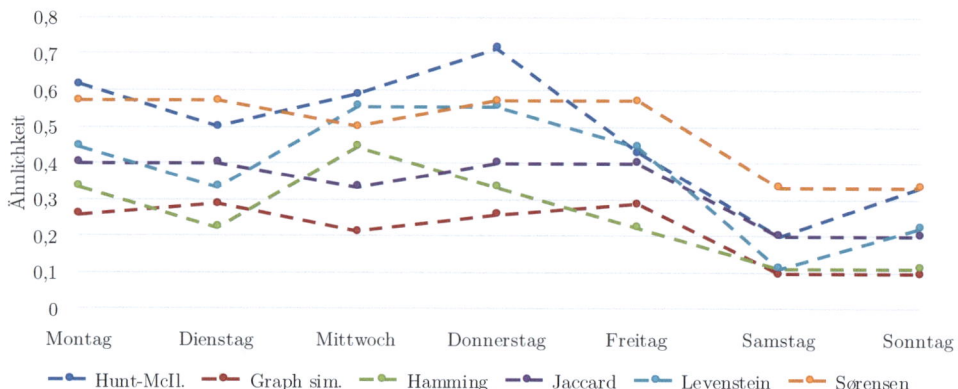

(a) Ergebnisse der Ähnlichkeitsmessungen basierend auf der Ortskategoriedarstellung.

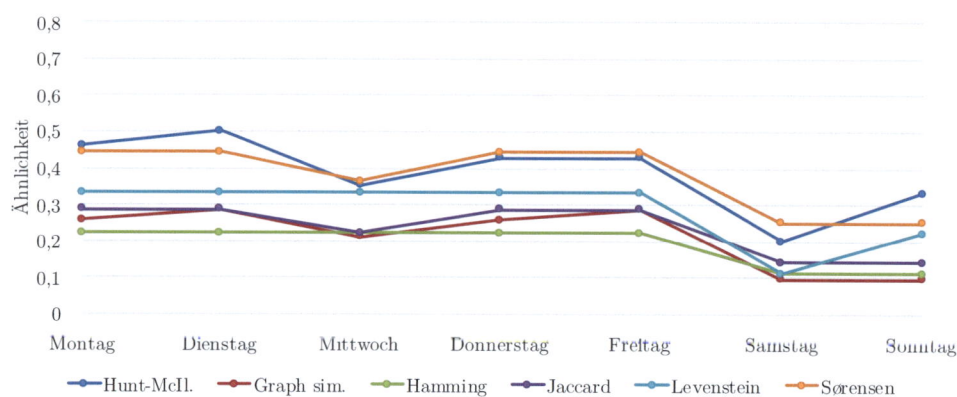

(b) Ergebnisse der Ähnlichkeitsmessungen basierend auf der Aufenthaltsortdarstellung.

Abbildung 5.8.: Grafische Darstellung der Ergebnisse der Ähnlichkeitsmessung für Donnerstag, den 04. August 2016 aus dem Testdatensatz. Der Donnerstag wurde mit den allen vorhandenen *Modellen für typische Tage* unter Anwendung aller Ähnlichkeitsmaße verglichen, abgesehen von SP-DTW und Geogr. Dist.

hat die Levenshtein-Distanz in der Aufenthaltsortdarstellung denselben Wert für alle Werktage, im Gegensatz zur Ortskategoriedarstellung, welche dadurch eine Unterscheidung der Tageskontextes ermöglicht.

Eine weitere Differenzierung der Tageskontexte kann durch die Berücksichtigung von *Movements* (Kapitel 5.5.1) erreicht werden. Eine Verwendung der *Movements* für die Aufenthaltsortdarstellung ist nicht möglich, da sie keine geografischen Koordinaten besitzen. Sie wurden ebenfalls bei der ortskategoriebasierten Evaluation, dargestellt in Tabelle 5.11, nicht berücksichtigt, da der objektive Vergleich mit den Ergebnissen in Tabelle 5.12 nicht möglich wäre.

5.7. Schlussfolgerung

Nachfolgend werden die Ergebnisse der Evaluation (Kapitel 5.6) diskutiert. Abschließend wird ein Ausblick gegeben, wie das System noch weiter verbessert werden könnte.

5.7.1. Diskussion

Die vorgestellten Ergebnisse der Vergleiche von Tagen mit Hilfe der Ähnlichkeitsmaße müssen nicht immer zutreffend für den tatsächlichen Kontext einer Person sein. Die subjektive Wahrnehmung eines Menschen ist ebenfalls von Bedeutung. Angenommen, als Tageskontext wird ein Freitag ermittelt, an dem die Person abends in der Regel einen Ort der Kategorie *Nightlife* besucht. Jedoch ist dieser Besuch von vielen Faktoren abhängig, die die Person selbst am besten einschätzen kann. Es kann sich zum Beispiel die Berufssituation der Person geändert haben, sodass auch am Samstag gearbeitet werden muss. Aufgrund des Modellaufbaus ist eine bestimmte Zeitspanne notwendig, bis die Modelle die sich dauerhaft geänderten Tagesverläufe widerspiegeln. Eine Möglichkeit, die Aussagen der Modelle über den Kontext zu validieren, bestünde darin die Ergebnisse der Person selbst zu präsentieren und die subjektive Wahrnehmung mit den berechneten Ergebnissen zu vergleichen. So könnten die Berechnungen gegebenenfalls angepasst werden, um so weit wie möglich der Wahrnehmung und den Erwartungen eines Nutzers zu entsprechen.

Wird Sonntag, der 7. August 2016 aus dem Testdatensatz betrachtet und die erstellten *Modellen der typischen Tage*, ist in Abbildung 5.9 eine Besonderheit zu erkennen: Ob Ortskategoriedarstellung oder Aufenthaltsortdarstellung, die Ergebnisse der Ähnlichkeitsmessungen sind identisch. Folgendes konnte bei den Auswertungen der bereits präsentierten Ergebnisse festgestellt werden:

- Werden an einem Tag verschiedene Orte, die zur gleichen Ortskategorie gehören, besucht, so ermöglicht die Ortskategoriedarstellung eine geringere Streuung der Ergebnisse. Die ergibt sich, weil die geografisch unterschiedlichen besuchten Orte nach der Diskretisierung in einer einzigen Ortskategorie resultieren. Die Ergebnisse beider Darstellungsarten können gleich sein, sofern jeder besuchte Ort zu einer anderen Ortskategorie gehört, wie anhand des Beispiels vom Sonntag (siehe Abbildung 5.9) gezeigt.

- Die Eigenheiten der Ähnlichkeitsmaße haben direkten Einfluss auf die Ergebnisse. So konnte beobachtet werden, dass Maße wie die Graphen-Ähnlichkeit, die nur Teilverläufe von Tagen vergleichen, höhere Werte erzielen, als Maße, die den Tagesverlauf als ganzen betrachten. Spaltenbasierte Maße, beispielsweise der Hamming-Abstand,

5. Typische Tage und Tagesvergleiche

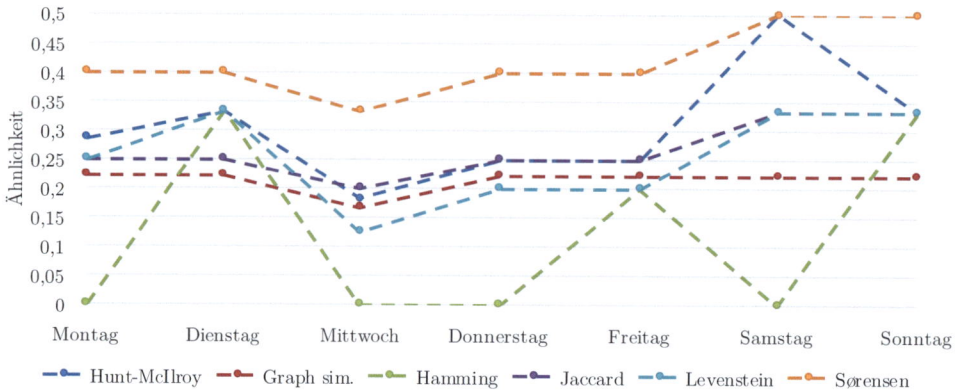

(a) Ergebnisse der Ähnlichkeitsmessungen basierend auf der Ortskategoriedarstellung.

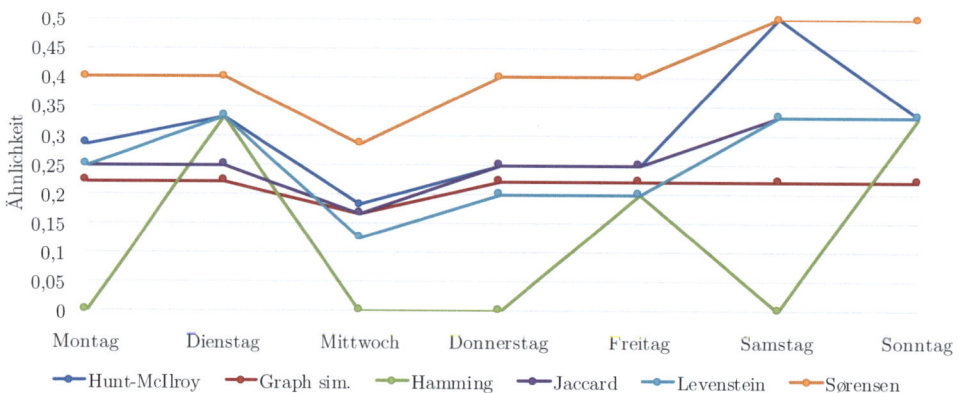

(b) Ergebnisse der Ähnlichkeitsmessungen basierend auf der Aufenthaltsortdarstellung.

Abbildung 5.9.: Grafische Darstellung der Ergebnisse der Ähnlichkeitsmessung für Sonntag, den 7. August 2016 aus dem Testdatensatz. Der Sonntag wurde mit allen vorhandenen *Modellen für typische Tage* unter Anwendung aller Ähnlichkeitsmaße verglichen, abgesehen von SP-DTW und Geogr. Dist.

liefern ungenauere Ergebnisse als flexiblere Maße, die nach möglichen versetzten Übereinstimmungen suchen, wie zum Beispiel die Levenshtein-Distanz.

- Tagesverläufe können nicht immer eindeutig einem bestimmten Tageskontext zugeordnet werden, da Teilverläufe der Tage sich an unterschiedlichen Tagen der Woche wiederholen können. Aus diesem Grund ist es nicht immer möglich, eine genaue Aussage über den Tageskontext zu treffen.

- Beim Erstellen von *Modellen der typischen Tage* ist es möglich, dass Informationen aufgrund der Eigenart des Algorithmus verloren gehen. Abhängig von dem gewählten Trainingsdatensatz ist es möglich, dass sich beispielsweise Werktage sehr ähneln, wie in Abbildung B.2 dargestellt. Orte, die nur selten in den Trainingsdaten vorkommen, werden so von der Modellbildung ausgeschlossen.

- Bei der Erstellung von *Modellen der typischen Tage* hat die Ortskategoriedarstellung der Aufenthaltsortdarstellung gegenüber einen Vorteil: Sie ist adaptiver, wenn es zur Änderungen der Gewohnheiten kommt. Wenn die Person zum Beispiel von Ort A nach B zieht, haben beide Orte nach wie vor die gleiche Ortskategorie *Home*. Obwohl sich die geografischen Trajektorien der Person ändern, bleibt der semantische Tagesablauf der gleiche und dieser Umzug könnte unter Umständen eine geringe bis gar keine Auswirkung auf die Tageskontexterkennung haben. Für die Aufenthaltsortdarstellung wären in diesem Fall neue Trainingsdaten notwendig, um die *Modelle der typischen Tage* auf den neuen geografischen Wohnort anzutrainieren.

Bei der Ermittlung der Tageskontexte ist aufgefallen, dass durchaus mehrere (Werk-)Tage existieren, die einen ähnlichen beziehungsweise gleichen Verlauf haben. Abhängig vom späterem Anwendungsgebiet dieses Systems, könnte es reichen, gleiche Tagesverläufe zusammenzufassen und somit die Anzahl der möglichen Tageskontexte zu reduzieren, um die Komplexität zu senken. Wenn zum Beispiel eine Person an drei Werktagen genau den gleichen Tagesablauf aufweist, gegebenenfalls mit geringen zeitlichen Abweichungen, stellt sich die Frage, welchen Mehrwert es zu welchen Kosten hat, die Tage exakt zu erkennen, anstatt diese in einen Kontext zusammenzufassen. Im Fall einer unerwarteten Änderung des Kontextes wäre eine Zusammenfassung jedoch problematisch.

Um eine detailliertere Unterscheidung der Ähnlichkeiten von Tagesverläufen zu erreichen, kann es hilfreich sein, die *Movements* bei den ortskategoriebasierten Vergleichen zu berücksichtigen. In Tabelle 5.8 und 5.9 ist zu erkennen, dass unter anderem die Tagesverläufe des typischen Montags und Donnerstags ohne Berücksichtigung der *Movements* identisch sind. Werden die *Movements* beim *Modellieren der typischen Tage* beachtet, ist ein klarer Unterschied zu erkennen. Am Donnerstag existiert ein *Movement* und ein Besuch der Ortskategorie *Work* mehr als am Montag. Eine solche Unterscheidung kann unter Umständen dazu beitragen, den Tageskontext genauer bestimmen zu können.

In dieser Forschungsarbeit wurden ebenfalls die Auswirkungen der Darstellungsform – Aufenthaltsortdarstellung und Ortskategoriedarstellung – auf die Bestimmung der Tagesähnlichkeit untersucht. Ying et al. [103] haben ebenfalls die Auswirkung der Darstellungsform untersucht, jedoch mit Fokus auf der Vorhersage des nächsten Ortes. Auch sie kamen zu der Einsicht, dass mit Hilfe der Ortskategoriedarstellung die Genauigkeit unter Umständen gesteigert werden kann. Dies trifft nur bedingt für Beispiele mit einer geringeren Komplexität zu, wie das in Abbildung 5.9 zu sehen ist. Die Vorteile werden bei komplexer verlaufenden Tagen deutlich, wie bereits in Kapitel 5.6.2 zu erkennen ist. Demnach bringt die Reduzierung des Detailgrads von der Aufenthaltsortdarstellung auf eine Ortskategoriedarstellung mit einer finiten Anzahl an möglichen Kategorien eine höhere Genauigkeit bei der Unterscheidung der Tageskontexte. Zudem werden die Auswirkungen

5. Typische Tage und Tagesvergleiche

des „zero-frequency"- und „cold-start"-Problems gesenkt, sodass weniger Trainingsdaten zur Modellbildung notwendig sind.

Die eigene Erfahrung beim Erstellen der *Modelle der typischen Tage* hat gezeigt, dass es nachteilig sein kann, wenn der Trainingsdatensatz zu viele und / oder alte Daten enthält. Tagesverläufe können von zahlreichen Faktoren beeinflusst werden. So hat sich gezeigt, dass typische Tagesverläufe sich unter anderem nach den Jahreszeiten richten. Beispielsweise genießt eine Person im Sommer den späten Sonnenuntergang im Park (*Leisure*) oder macht abends mehr *Sport* bei Tageslicht. Im Winter hingegen arbeitet die Person länger (*Work*) und geht dafür am Wochenende Skifahren (*Sport*). Aus diesem Grund können große Zeiträume, zum Beispiel fünf Monate, bei dem verwendeten dichtebasierten Algorithmus zur *Modellbildung der typischen Tage* für die Trainingsdaten nachteilig sein. Aufgrund von sich ändernden Gewohnheiten, neuen Lebenssituationen, Wohnorten etc. steigt die Heterogenität der Daten sowie die Unterschiede zwischen den typischen Wochentagen. Dies kann analog zur Überanpassung aus dem Bereich des maschinellen Lernens betrachtet werden. Wie in Kapitel 5.3 dargelegt, eignet sich zur *Modellierung von typischen Tagesverläufen* vor allem ein Trainingsdatensatz bestehend aus Daten des Zeitraums der letzten zwei Monate sowie den Daten des aktuellen Monats aus dem Vorjahr.

Eine Erklärung dafür, dass bestimmte Tagesverläufe sich nicht wie die dazugehörigen typischen Tage manifestieren, sondern wie ein darauffolgender / vorangehender typischer Tag, sind unter anderem Feiertage. So konnte bei der Analyse der Daten beobachtet werden, dass, wenn beispielsweise Dienstag ein Feiertag ist, der Tagesverlauf des vorangehenden Montags im Kontext des typischen Dienstags ausgeführt wird. Ein Grund hierfür könnte sein, dass eine Person Aufgaben vom Dienstag bereits am Montag erledigt, um an dem Feiertag beispielsweise verreisen zu können.

Es hat sich gezeigt, dass sich zur Kontexterkennung der Hunt–McIlroy-Algorithmus und die Levenshtein-Distanz eignen, da sie unter anderem flexibel genug sind, auch Verschiebungen in Tagesabläufen zu erkennen und diese im Ergebnis zu berücksichtigen. Auch Sum-of-Pairs mit dynamischer Zeitnormierung weist ähnliche Eigenschaften auf, jedoch ist er nur für Tagesverläufe in Aufenthaltsortdarstellung anwendbar.

5.7.2. Ausblick

Die Analyse der Ergebnisse der verwendeten Ähnlichkeitsmaße ergab, dass mehrere Maße sich zum Vergleich eignen. Abhängig von der Lebenssituation eines Menschen und der Frequenz von sich verändernden Gewohnheiten etc. wiesen der Hunt–McIlroy-Algorithmus, die Levenshtein-Distanz, aber auch Sum-of-Pairs mit dynamischer Zeitnormierung die besten Ergebnisse auf. Die ersten beiden Algorithmen erreichten im Durchschnitt eine Genauigkeit von 72% beziehungsweise 64% korrekt erkannter Tageskontexte. Eine gewichtete und /

oder situationsabhängige Kombination aus den zwei beziehungsweise drei Maßen wäre eine Möglichkeit zur Schaffung einer robusten und dennoch flexiblen Kontexterkennung.

Um die Ergebnisse des vorgestellten Systems zu verbessern, können folgende Vorschläge in der weiteren Entwicklung beachtet werden:

- Jüngere Trainingsdaten repräsentieren die Gewohnheiten eines Menschen häufig besser als ältere Daten. Aus diesem Grund wäre es denkbar, den Einfluss der Trainingsdaten auf das spätere Modell mit einer Exponentialfunktion zu gewichten, abhängig von ihrem Alter.

- Feiertage und Urlaube haben negativen Einfluss auf die *Modellbildung der typischen Tage*. Da diese Tage eher nicht typisch sind, sondern eine (unregelmäßige) Besonderheit für den Menschen darstellen, ist es denkbar, die Verläufe dieser Tage aus den Trainingsdaten ganz auszuschließen oder auf eine besondere Art zu behandeln. Möglich wäre es auch, einen weiteren Tageskontext für diese Art von Tagen einzuführen.

- Der Algorithmus zur Bildung der typischen Tage könnte mit weiteren Heuristiken arbeiten und so das Modell nicht nur auf Basis der Dichte erstellen. Beispielsweise sollten Ausreißer im Tagesverlauf gesondert behandelt, die Periodizität beachtet und Feiertage sowie Urlaubsperioden erkannt werden.

6. (Semantische) Vorhersage des nächsten Ortes

Dieses Kapitel beschreibt, wie ein Modell zur Vorhersage des nächsten Ortes eines Menschen aufgebaut wird. Dafür werden unterschiedliche Möglichkeiten der Datenrepräsentation, unter anderem geografische Trajektorien sowie die semantische Abstraktion dieser, diskutiert und evaluiert, um so mehr über menschliche Mobilitätsgewohnheiten zu erfahren. Die Daten für dieses System kommen aus dem Schritt (2b) des Systemschaubilds in Abbildung 2.9 auf Seite 38 und sind, wie beschrieben in Kapitel 4, bereits semantisch annotiert. Einige Inhalte dieser Forschungsarbeit sind bereits in [81, 83] veröffentlicht.

6.1. Einleitung

Um einen Menschen in seinem Alltag mit Hinweisen zu unterstützen und diesen somit angenehmer und vorhersehbarer zu gestalten, nutzen persönliche Assistenten wie Apples „Siri" und „Google Now" von Google Systeme zur Vorhersage des nächsten Ortes. Auf diesen Vorhersagen basieren unter anderem Hinweise zum Verkehrsaufkommen, Störungen im öffentlichen Personennahverkehr und Erinnerungen zu ausstehenden Aufgaben. Jedoch sind die Möglichkeiten der aktuell eingesetzten Systeme zur Vorhersage des nächsten Ortes beschränkt.

Durch Erweiterungen eines solchen Systems kann unter Umständen eine allgegenwärtige Unterstützung im Tagesverlauf eines Menschen erreicht werden. Ein so erweitertes System könnte beispielsweise nicht nur durch den Nutzer zur Verfügung gestellte Informationen berücksichtigen, sondern eigenständig auf Basis von historischen Trajektorien die Mobilitätsgewohnheiten eines Menschen lernen. Solch ein adaptives System kann unter anderem zur akkuraten Steuerung von Smarthome-Komponenten eingesetzt werden. Die Mobilität eines Menschen könnte auch davon profitieren, wenn beispielsweise Car-Sharing-Anbietern frühzeitig Informationen über den Mobilitätsbedarf übermittelt würden, damit sie sicherstellen könnten, dass bei Bedarf Fahrzeuge verfügbar sind.

Zwar folgen, laut Montoliou et al. [66], Menschen täglichen Routinen, die sich häufig wiederholen und somit eine geringe Entropie besitzen, die eine hohe Vorhersagegenauigkeit solcher Muster impliziert. Jedoch kann es vorkommen, dass aufgrund von Umwelteinflüssen, wie zum Beispiel Veranstaltungen, Erkrankungen und spontanen Besuchen von Freunden, Tagesverläufe sich kurzfristig ändern. Es kann auch vorkommen, dass semantisch gleichbedeutende Aktionen an unterschiedlichen geografischen Orten ausgeführt werden. So kann es beispielsweise sein, dass sich eine Person jeden zweiten Tag sportlich betätigt, dafür jedoch aus Gründen regelmäßiger Dienstreisen unterschiedliche Fitnessstudios aufsucht, weil die Wahl des konkreten Fitnessstudios abhängig von der geografischen Position ist. In so einem Fall könnte die semantische Abstraktion von geografischen Orten auf Ortskategorien bei der Vorhersage des nächsten Ortes vorteilhaft sein, da durch die Abbildung der großen Menge an geografischen Orten auf nur wenige Ortskategorien (siehe Tabelle 3.4) solche Verhaltensmuster nahezu eindeutig erkannt werden könnten.

Demnach soll in diesem Forschungsvorhaben ein System zur Vorhersage des nächsten Ortes evaluiert werden, das ein effizientes Modell zur möglichst akkuraten Abbildung des Mobilitätsverhaltens eines Menschen erstellt und Vorhersagen über den nächsten Ort zulässt. Die Basis sind die bereits annotierten Daten, kommend aus Schritt (2b) des Systemschaubildes, dargestellt in Abbildung 2.9 auf Seite 38. Dabei soll ein flexibles Modell verwendet werden, das bereits mit wenigen Trainingsdaten Vorhersagen zulässt und sich ressourceneffizient aktualisieren lässt. Dazu werden unterschiedliche Darstellungsformen der Daten in einem solchen Modell, mit und ohne semantische Abstraktion, betrachtet und miteinander verglichen. Der wissenschaftliche Beitrag dieses Kapitels lässt sich wie folgt zusammenfassen:

- Ein ressourceneffizientes Modell zur Vorhersage des nächsten Ortes sowie der Ankunfts- und Abreisezeiten.

- Erweiterung des Modells zur semantischen Abstraktion von Aufenthaltsorten.

- Glättung des Modells auf Basis der Entropie der Aufenthaltsorte.

- Auf Anzahl der Vorkommnisse basierende zeitliche Features und Plausibilitätsprüfungen zur Erhöhung der Vorhersagegenauigkeit.

- Ein Modell zur Zusammenführung von Teilwahrscheinlichkeiten kommend von unterschiedlichen Features, um eine zusammengesetzte Wahrscheinlichkeit für den voraussichtlichen nächsten Ort, einschließlich Ankunfts- und Abreisezeit, zu erhalten.

6.2. Stand der Forschung

Heutzutage sind Smartphones allgegenwärtige Begleiter im Alltag vieler Menschen. Aufgrund der Möglichkeit der Aufzeichnung von GPS-Daten gab es in der Vergangenheit zahlreiche Versuche, neue Erkenntnisse aus den Daten abzuleiten und so beispielsweise

6.2. Stand der Forschung

den nächsten Ort, den eine Person besuchen wird, vorherzusagen. Eagle et al. haben in [31] dazu einen Ansatz auf Basis von „Eigendecomposition" vorgestellt. Als Grundlage für ihr Modell haben sie ein Set von „Eigenvectors" genutzt, das die Hauptkomponente des individuellen Verhaltens darstellt. Jede Hauptkomponente repräsentiert sich wiederholendes Verhalten, wie zum Beispiel Nachtdienst. Auf der Datenbasis des „Reality-Mining"-Datensatzes (siehe Kapitel 3.1.2) haben sie gezeigt, dass es durch die Kombination von „Eigenvectors" möglich ist, das Verhalten, für einen bestimmten Tag zu vorherzusagen. Darüber hinaus ist es durch Clustering von „Eigenvectors" bestimmter Individuen möglich, das Verhalten von sozialen Netzwerken abzuleiten.

Speziell zur Vorhersage des nächsten Ortes haben Gambs et al. [37] eine „Fixed Order Markov Chain" verwendet, die sie als „n-Mobility Markov Chain" bezeichnen. Die Trajektorien wurden durch nicht weiter spezifizierte Anfragen an Anbieter semantischer Datenbanken angereichert, sodass die Trajektorien mit Hilfe von Ortsbezeichnungen, wie zum Beispiel *Home* und *Work*, dargestellt werden konnten. Auf Basis dieser semantisch abstrahierten Tagesverläufe weist das Modell eine Vorhersagegenauigkeit des nächsten Ortes von 70% bis 95% auf. Sie bestätigten auch die Aussage anderer Forscher, dass eine „Fixed Order Markov Chain" mit einer Länge von $n = 2$ die höchste Genauigkeit erreicht. Für die Vorhersage wurden jedoch keine zeitlichen Features verwendet. Das Vorhersagemodell basiert nur auf der semantischen Trajektorie.

Mit der Vorhersage von Sequenzen haben sich auch Begleiter et al. [9] beschäftigt. Dabei vergleichen sie sechs Vorhersagealgorithmen, die Zeichenketten auf Basis eines *Variable Order Markov Models* vorhersagen sollen. Das Problem kann analog zu verlustfreien Kompressionsalogrithmen betrachtet werden. Die besten Ergebnisse wurden mit *Decomposed Context Tree Weighting* und *Prediction by Partial Matching* erzielt. Als Datenbasis wurden unter anderem englische Texte und Musikstücke benutzt. Die Anwendung der Algorithmen kann analog auf andere Anwendungsgebiete übertragen werden.

Unter Verwendung des *Variable Order Markov Models* haben Bapierre et al. [7] mit Hilfe von *Prediction by Partial Matching* ein System zur Vorhersage des nächsten Ortes erstellt, das räumliche Features nutzt sowie Informationen aus dem sozialen Kontext und wenige zeitliche Features einfließen lässt. Als Eingabe dienen nach *Stops* und *Moves* vorverarbeitete Daten. Eine semantische Abstraktion findet in diesem Ansatz keine Verwendung. Auf Basis von GPS-Datensätzen konnte eine Vorhersagegenauigkeit des nächsten Ortes von 79.8% und 81.9% erreicht werden. Die Einbeziehung von weiteren zeitlichen Features kann das Ergebnis sogar noch verbessern.

Unter Einsatz von „Recurrent Neural Networks" haben Wu et al. in [100] ein System zur räumlich-zeitlich-semantischen Vorhersage des nächsten Ortes vorgestellt. Nach der Diskretisierung und Clustering der Daten wird ein „Long Short-Term Memory Model" erstellt. Dazu werden die GPS-Trajektorien auf diskrete Punkte des Straßennetzwerks abgebildet, die zu langen Sequenzen von Wegpunkten führen und deswegen nicht mehr effizient mit anderen Ansätzen modelliert werden können. Ein „Markov Model" würde beispielsweise eine Länge $n >> 2$ benötigen. Laut den Autoren ist ihr Ansatz flexibler und weist eine höhere Genauigkeit auf als traditionelle Ansätze, die auf Extraktion von Features und Modellierung basieren, jedoch kommt es zu komplexen Modellen und hohem Speicherverbrauch.

Die semantische Abstraktion von Orten kann vorteilhaft für Systeme zur Vorhersage des nächsten Ortes sein. Alvares et al. [2] haben dies anhand der Modellierung von touristischem Verhalten in Großstädten gezeigt. Dazu wird das Framework „Weka-STPM" (Semantic Trajectory Preprocessing Module) zur räumlich-zeitlichen Datenvorverarbeitung beschrieben, welches mit einer speziellen Datenbank verbunden ist. Diese Datenbank stellt Informationen zu Orten von Interesse in Großstädten zur Verfügung. Dadurch kann auf Kosten der Rechenkomplexität ein limitiertes Set von Ortskategorien bei der Vorverarbeitung der Daten bestimmten *Stops* zugeordnet werden. Auch Parent et al. [73] beschreiben ein Framework zur semantischen Anreicherung und Abstraktion von geografischen Trajektorien. Laut den Autoren können mit Hilfe der semantischen Trajektorien noch mehr Erkenntnisse über die Gewohnheiten eines Menschen gewonnen werden, was allerdings einen bedenklichen Eingriff in die Privatsphäre der Menschen bedeutet.

6.3. Datensatz

Für die nachfolgende Forschungsarbeit wurde der in Kapitel 3.2 beschriebene Datensatz verwendet. Dazu wurden die Daten zweier sich in unterschiedlichen Lebensabschnitten befindenden Individuen ausgesucht, Person A und B, um diese näher zu betrachten und zur Modellbildung und Evaluation zu nutzen. Die Daten stammen aus dem Schritt (2b) des Systemschaubilds in Abbildung 2.9 auf Seite 38 und sind bereits semantisch annotiert.

Im Schritt der Datenvorverarbeitung werden jegliche Aufzeichnungen in den Datensätzen entfernt, die nicht zur Steigerung des Einblicks in das Mobilitätsverhalten führen oder dieses sogar negativ beeinflussen könnten. Dazu zählen *Stops* der Ortskategorien *Detection is completeley wrong*, da diese falsch erkannt wurden, und *Other*, deren Bedeutung keiner der in Tabelle 3.4 definierten Ortskategorien zugeordnet werden kann. Es existieren Möglichkeiten, solche *Stops* in die Modellbildung aufzunehmen und zu lernen, jedoch ist dies nicht der Fokus dieser Arbeit, weswegen sich dagegen entschieden wurde. Darüber hinaus werden aus Gründen des Schutzes der Privatsphäre *Stops* der Kategorien *Medical* sowie *Transport Infrastructure* gefiltert, da diese nicht häufig genug in den Daten vertreten sind und zu einem Underfitting des Modells führen könnten.

6.3. Datensatz

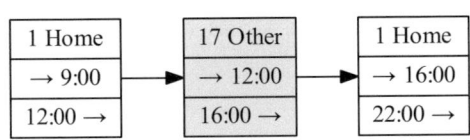 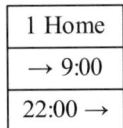

(a) Gleiche *Cluster IDs* und Ortskategorien. (b) Zusammengefasst zu einem *Stop*.

Abbildung 6.1.: Zusammenfassung zweier *Stops* mit gleichen *Cluster IDs* und Ortskategorien nach dem Filtern eines *Stops*.

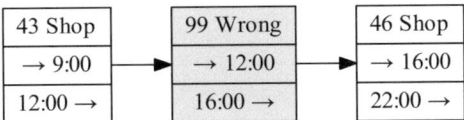 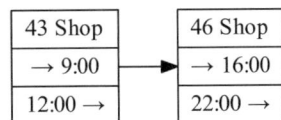

(a) Unterschiedliche *Cluster IDs* und gleiche Ortskategorien. (b) Nicht zusammengefasst.

Abbildung 6.2.: Bei zwei *Stops* mit unterschiedlichen *Cluster IDs* und gleichen Ortskategorien erfolgt keine Zusammenfassung.

Im Anschluss werden die vorverarbeiteten Daten validiert. Dazu werden die Trajektorien auf aufeinanderfolgende *Stops* der gleichen *Cluster ID* überprüft und gegebenenfalls zusammengefasst. Damit wird unterbunden, dass der Ort, an dem sich eine Person gerade befindet, als nächster vorgeschlagen wird. Falls eine Person beispielsweise gerade zu Hause (*Home*) ist, kann als nächster Ort nicht mehr zu Hause (*Home*) vorgeschlagen werden. Es könnte durchaus der Fall eintreten, dass die Person einen Spaziergang plant, ohne Aufenthalt an einem bestimmten Ort, und somit anschließend wieder zu Hause (*Home*) einkehrt. Jedoch verfolgt das in diesem Kapitel vorgestellte System den Ansatz, den nächsten Ort während des Aufenthalts an einem *Stop* vorherzusagen und nicht während des Transfers (*Move*) zwischen zwei *Stops*. Denselben Ort als nächsten Ort vorgeschlagen zu bekommen könnte ein Nutzer oder eine Nutzerin eines solchen Systems unter Umständen als störend empfinden. In Abbildung 6.1 ist ein Beispiel illustriert, wie durch Entfernen eines *Stops* der Ortskategorie *Other* anschließend die beiden *Stops Home*, die die gleiche *Cluster ID* und Ortskategorie teilen, zu einem zusammengefasst werden. Ist die Ortskategorie gleich, jedoch die *Cluster IDs* unterschiedlich, dann kommt es nicht zu einer Zusammenfassung dieser *Stops*, wie in Abbildung 6.2 dargestellt, da es durchaus möglich ist, dass ein Mensch von einem Textilwarenladen zu einem anderen Ort derselben Ortskategorie geht.

6. (Semantische) Vorhersage des nächsten Ortes

Am Ende eines Tages werden der Trajektorie künstliche *Stops* der Kategorie *NewDay* hinzugefügt. Versuche haben gezeigt, dass das explizite Wissen über die zeitlichen Grenzen eines Tages die Vorhersagegenauigkeit des nächsten Ortes erhöhen kann. Eine künstliche Erhöhung der Anzahl der *Stops*, bedingt durch das Einfügen von *NewDay Stops* bei Mitternacht kann zu einer Erhöhung der gemessenen Genauigkeit führen. Für Evaluationszwecke werden demnach korrekt vorhergesagte *Stops* der Kategorie *NewDay* nicht in die Berechnung der Genauigkeit aufgenommen.

Tabelle 6.1.: Verteilung der *Stops* auf die Ortskategorien der Personen A und B. Die Daten von Person A wurden im Zeitraum vom 1. April 2017 bis 17. August 2017 aufgezeichnet. Die Datenaufzeichnung von Person B erfolgte im Zeitraum vom 19. Januar 2017 bis 17. August 2017.

Ortskategorie	Instanzen			
	Person A		Person B	
Home	230	42.6%	192	43.4%
Education	4	00.7%	0	00.0%
Work	124	23.0%	152	34.4%
Friend & Family	38	07.0%	27	06.1%
Hotel	15	02.8%	11	02.5%
Restaurant	44	08.1%	35	07.9%
Nightlife	1	00.2%	0	00.0%
Shop	25	04.6%	8	01.8%
Sport	16	03.0%	13	02.9%
Leisure	43	08.0%	4	01.1%
Summe	**540**	**100%**	**442**	**100%**

Nach der Vorverarbeitung weist der Datensatz von Person A 540 *Stops* aus dem Zeitraum vom 1. April 2017 bis 17. August 2017 auf. Bei Person B sind es 442 *Stops* im Zeitraum vom 19. Januar 2017 bis zum 17. August 2017. In Tabelle 6.1 ist die Verteilung der *Stops* beider Datensätze auf die Ortskategorien aufgeführt. Größtenteils wurden die Daten in und um München herum aufgezeichnet, jedoch sind auch einige Aufzeichnungen nahe Ulm, Stuttgart und im Ausland geschehen, wie Abbildung 6.3 zu entnehmen ist.

6.4. Grundlagen

Nachfolgend werden einige grundlegende Begriffe erklärt, die im weiteren Verlauf dieser Forschungstätigkeit verwendet werden.

6.4. Grundlagen

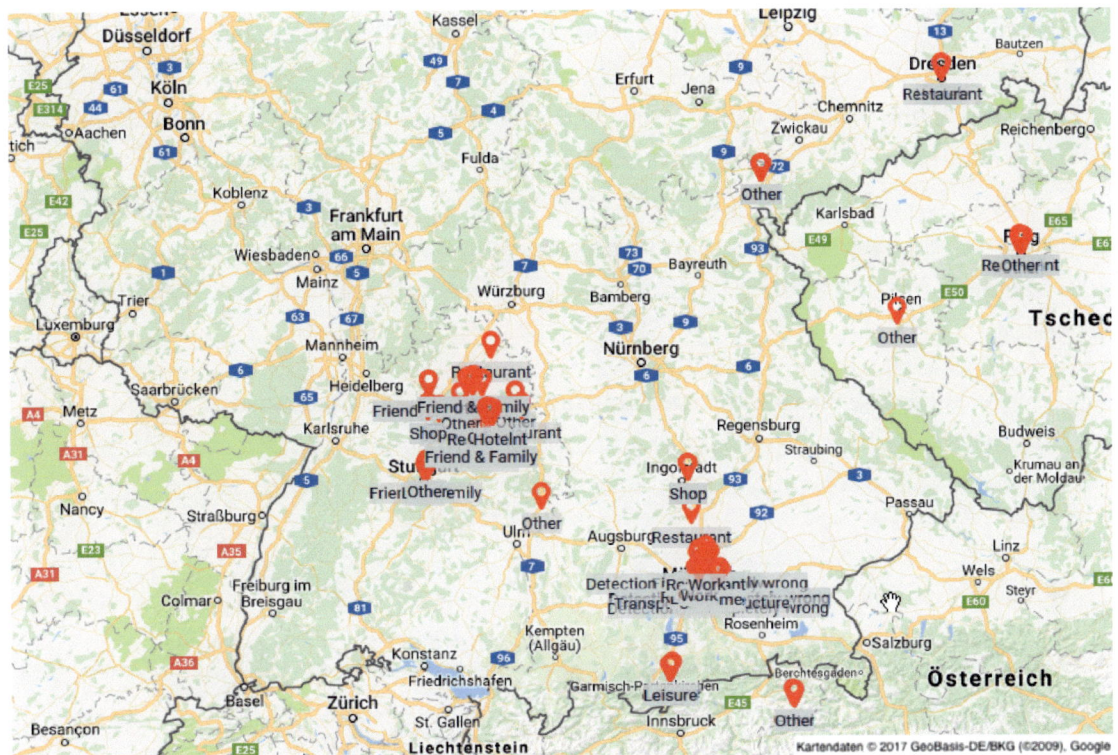

(a) Datensatz Person A.

(b) Datensatz Person B.

Abbildung 6.3.: Aufgezeichnete Daten der beiden Personen A (Abbildung 6.3a) und B (Abbildung 6.3b), kartografisch dargestellt aus dem Aufzeichnungszeitraum 1. April 2017 bis 17. August 2017 beziehungsweise 19. Januar 2017 bis 17. August 2017. Quelle des Kartenmaterials [40].

6.4.1. Mobilitätsgewohnheiten

Menschliche Mobilitätsgewohnheiten basieren auf sich wiederholenden Mustern [91]. Diese zu verstehen und erkennen ist die Grundlage für die Erstellung eines Vorhersagemodells.

6. (Semantische) Vorhersage des nächsten Ortes

Wie in Abbildung 6.4 zu erkennen ist, folgt menschliches Verhalten jedoch nicht immer den gewohnten Mustern. Der angenommene gewöhnliche Tagesverlauf für einen Montag – *Home*, *Work* und *Home* – kann durch (einmalige) sporadische Aufenthalte an anderen Orten, wie zum Beispiel bei einem Arzt (*Medical*), bevor *Work* aufgesucht wird, verändert werden. Southerton [93] definiert „Gewohnheiten" und „Routinen" im menschlichen Alltag als das Erfassen alltäglicher Aktionen, die auf unterschiedliche Arten ausgeführt werden, basierend auf den kulturellen Bräuchen sowie wiederkehrendem und nicht reflexivem Verhalten.

> „As such, the terms habit and routine capture the performance of everyday forms of action that appear to exhibit, in various combinations, shared cultural conventions, recurrent, and non-reflexive behaviour." – Southerton [93]

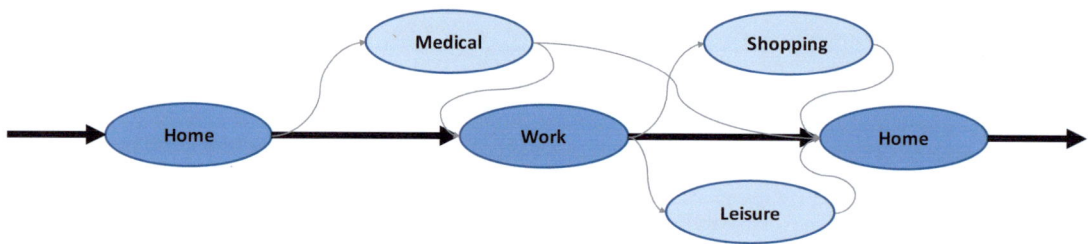

Abbildung 6.4.: Die Mobilitätsgewohnheiten eines fiktiven Montags dargestellt durch schwarze Linien. Sporadische Abweichungen dieser Gewohnheiten sind mit grauen Linien dargestellt.

Abweichungen der Mobilitätsgewohnheiten, die sporadisch auftreten können, bezeichnet Southerton als „zufällige Bewegungen" (*random movements*). Diese Abweichungen sind schwer vorherzusagen und können unter anderem durch das Wetter, die Verkehrslage, das menschliche Gemüt und einmalige Veranstaltungen bedingt sein. Um diese zufälligen Ereignisse ebenfalls zu einem bestimmten Maß vorhersagen zu können, kann die Berücksichtigung unter anderem der Absichten, des Kontextes und der Umgebung einer Person von Vorteil sein. Auch die Auswertung der Anrufe, Kalendereinträge, Nachrichten, Verkehrslage und des Wetters kann unter Umständen dazu beitragen.

Bei diesem Forschungsvorhaben liegt der Fokus auf der semantischen Abstraktion von Mobilitätsgewohnheiten. Weitere Datenquellen werden hier nicht beachtet. Eine Diskussion über die mögliche Verbesserung der Vorhersage durch Einbeziehung weiterer Informationen ist in Kapitel 7 zu finden.

6.4.2. Variable Order Markov Model

Ein *Variable Order Markov Model* ist eine Erweiterung der *Fixed Order Markov Chain*, um unter anderem die Kosteneffizienz und Skalierbarkeit zu steigern [9]. Dazu wurde die

6.4. Grundlagen

Struktur der Datenhaltung so geändert, dass kostengünstige Einfügeoperationen bewerkstelligt werden konnten. Es ist zudem möglich, Muster variabler Längen in Zeichenfolgen zu erkennen.

Angenommen sei folgendes Beispiel: Die Zeichenfolge $xxxyzxxxyzxxxyzxxxyz \ldots xxxyz$ zufälliger Variablen des Alphabets $\{x, y, z\}$ wird mit Hilfe eines *Variable Order Markov Models* der Ordnung $n = 2$ abgebildet. Die bedingten Wahrscheinlichkeiten sind demnach wie folgt:

- $Pr(x|xx) = 0.5$
- $Pr(y|xx) = 0.5$
- $Pr(z|xy) = 1.0$
- $Pr(x|yz) = 1.0$
- $Pr(x|zx) = 1.0$

Mit einer Ordnung $n = 3$ des Modells könnte jedes nachfolgende Zeichen mit einer 100%-Wahrscheinlichkeit bestimmt werden, da $Pr(x|xx) = 0.5$ ersetzt werden würde durch $Pr(x|zxx) = 1.0$ und $Pr(y|xx) = 0.5$ durch $Pr(y|xxx) = 1.0$.

Eine *Fixed Order Markov Chain* mit der Ordnung $n = 1$ braucht im Vergleich dazu neun bedingte Wahrscheinlichkeiten zur Evaluation:

$$\{Pr(x|x), Pr(x|y), Pr(x|z), Pr(y|x), Pr(y|y), Pr(y|z), Pr(z|x), Pr(z|y), Pr(z|z)\} \quad (6.1)$$

Eine *Fixed Order Markov Chain* mit der Ordnung $n = 2$ braucht 27 Evaluationen:

$$\{Pr(x|xx), Pr(x|xy), \ldots, Pr(z|zz)\} \quad (6.2)$$

Und eine *Fixed Order Markov Chain* mit der Ordnung $n = 3$ braucht 81 Evaluationen:

$$\{Pr(x|xxx), Pr(x|xxy), \ldots, Pr(z|zzz)\} \quad (6.3)$$

Dieses Beispiel verdeutlicht die Größe des Trainingsdatensatzes, den eine *Fixed Order Markov Chain* benötigt, um alle bedingten Wahrscheinlichkeiten zu evaluieren. Die gleiche Herausforderung kann ein *Variable Order Markov Model* mit nur fünf bedingten Wahrscheinlichkeiten ausdrücken, wie zu Beginn des Beispiels gezeigt. Dies stellt eine deutliche Reduzierung der Modellgröße dar.

6. (Semantische) Vorhersage des nächsten Ortes

Nomenklatur:

- Θ ist ein endliches Alphabet.

- $q_t \in \Theta$ ist eine zufällige Variable (*Stop*) q zum Zeitpunkt t des Alphabets Θ.

- s ist der Kontext mit den letzten n *Stops*.

- n ist die Modellordnung.

- $P(q_t|s)$ ist die bedingte Wahrscheinlichkeit für das Symbol q zum Zeitpunkt t unter dem Kontext s.

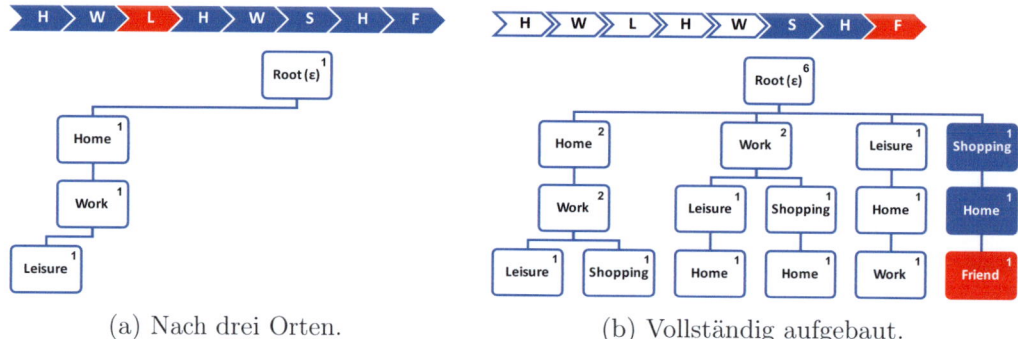

(a) Nach drei Orten. (b) Vollständig aufgebaut.

Abbildung 6.5.: Konstruktion eines *Variable Order Markov Models* der Ordnung $n = 2$ aus der *Stop*-Folge $HWLHWSHF$. Der Vorkommniszähler ist in jedem Knoten vorhanden. In 6.5a ist der Baum dargestellt, nachdem die ersten drei *Stops* verarbeitet wurden. In 6.5b ist die *Stop*-Folge abgearbeitet und der Baum fertig aufgebaut. Jeder Zweig hat die Modellordnung $n = 2$ erreicht. Ein neuer Zweig wird erstellt, indem die letzten beiden *Stops* q_{t-1}, q_t kopiert werden und der neue *Stop* q_{t+1} hinzugefügt wird. Das Element mit dem roten Hintergrund q wird gerade verarbeitet. Die zwei vorangehenden blauen Elemente stellen den Kontext s da.

Die Modellordnung n stellt beim *Variable Order Markov Model* nur die obere Grenze dar, bei der *Fixed Order Markov Chain* ist sie hingegen die benötigte Kontextlänge $|s| = n$. Ein *Variable Order Markov Model* Baum hat eine Tiefe von $n + 1$. Der Stop q wird durch ein Blatt (Knoten) im Baum dargestellt und basiert auf dem Kontext $s = (q_{t-n}, \ldots, q_{t-1})$, der den Pfad von der Wurzel bis zu dem Blatt repräsentiert. Um den Baum aufzubauen, ist es notwendig, für jeden *Stop* q, der nach dem gegebenen Kontext s noch nicht observiert werden konnte, einen neuen Knoten zu erstellen oder den Zähler des Knotens, wenn dieser bereits existiert, um eins zu erhöhen. Der Aufbau des Baums ist in Abbildung 6.5 illustriert. Es ist zu beachten, dass nach dem Verarbeiten der ersten drei *Stops* (*Home*, *Work*, *Leisure*), nur *Home* fertig verarbeitet ist. In diesem Zweig repräsentiert jeder weitere Knoten einen Sub-Zweig, der ab *Root* beginnen kann. Nachdem die acht *Stops* verarbeitet sind, ist der Baum vollständig aufgebaut, wie in Abbildung 6.5b dargestellt. Die Popularität der einzelnen Orte kann bereits anhand des Zählers in den Knoten auf der ersten Ebene abgeleitet werden. Aus diesem Grund ist es möglich, mit nur *Root* als Kontext den nächsten Ort vorherzusagen. Um beispielsweise den nächsten Ort unter dem gegebenen Kontext $s = (Home, Work)$ vorherzusagen, muss der Baum abhängig vom Kontext traversiert werden, sodass anschließend die Wahrscheinlichkeit auf Basis der Zähler aller Blätter kalkuliert werden kann. Das einfügen eines neuen *Stops* hat eine Zeitkomplexität $O(n)$.

6.4.3. Prediction by Partial Matching

Um eine Vorhersage auf Basis eines *Variable Order Markov Models* zu tätigen, bedarf es einer weiteren Komponente – der Vorhersagekomponente. Der *Prediction by Partial Matching* Algorithmus, entwickelt von Clear et al. [23], wird von Shkarin [88] als performantester Algorithmus betrachtet, der gezeigt hat, dass *Prediction by Partial Matching*-II die beste Kompressionsrate auf dem Standard-Datensatz für Vergleiche von verlustfreien Kompressionsalgorithmen, genannt „Calgary Corpus", erreicht hat.

Die Zähler der Blätter im *Variable Order Markov Model* sind die Basis zur Berechnung des Vorhersagevektors $\hat{P}$. Die bedingten Wahrscheinlichkeiten $\hat{P}$ werden berechnet durch das Traversieren des längstens Pfades unter dem gegebenen Kontext im *Variable Order Markov Model*. Dieses Blatt ist das Referenzblatt für die Berechnung der bedingten Wahrscheinlichkeit und gibt mit $N(sq)$ den Wert des Vorkommniszählers dieses Blattes wieder. Dieser Wert wird dividiert mit allen *Stops*, die nach Kontext Θ_s existieren, plus der Summe aller Vorkommniszähler dieser *Stops* $\sum_{q' \in \Theta_s} N(sq')$. Daraus ergibt sich folgende Gleichung:

$$\hat{P}(q|s) = \frac{N(sq)}{|\Theta_s| + \sum_{q' \in \Theta_s} N(sq')}, \text{ wenn } q \in \Theta_s \quad (6.4)$$

Für alle *Stops* q, die unter der Bedingung eines leeren Kontextes $s = \epsilon$ erscheinen, gilt die bedingte Wahrscheinlichkeit $\hat{P}(q|\epsilon) = \frac{1}{|\Theta|}$.

Vor allem, wenn erst wenige Trainingsdaten vorhanden sind, kann es dazu kommen, dass bestimmte *Stops* in einem bestimmten Kontext noch nicht vorkommen, weil eine Person diesen Ort vorher noch nicht besucht hat. In solchen Situationen wird der *Escape*-Mechanismus angewandt, der beschreibt, wie mit noch nicht observierten *Stops* umgegangen werden soll – auch „Zero Frequency"-Problem genannt.

Um dem „Zero Frequency"-Problem gerecht zu werden, wurden verschiedene Varianten des *Prediction by Partial Matching* Algorithmus vorgestellt. *Prediction by Partial Matching*-A und -B wurden von Cleary et al. [23] vorgestellt. Eine dritte Variante *Prediction by Partial Matching*-C, vorgestellt von Moffat [64], ist laut Studien von Bunton [18] die performanteste Variante des Algorithmus. Aus diesem Grund wird im weiteren Verlauf mit

6. (Semantische) Vorhersage des nächsten Ortes

dem Begriff *Prediction by Partial Matching* auf die Variante C des Algorithmus referenziert. Der Spezifikation nach traversiert der *Prediction by Partial Matching*-C Algorithmus den längst möglichen Kontextpfad eines Baumes. Falls kein auf den Kontext passender Pfad existiert, wird der *Escape*-Mechanismus aktiv und *escaped* zu einem kürzerem Kontext, indem der erste *Stop* des Kontextes entfernt wird. Dies wird solange durchgeführt, bis ein Pfad gefunden ist, der auf den *escaped*-Kontext zutrifft oder der leere Kontext ϵ (*Root*) erreicht ist. Da *Escapen* bedeutet, dass der gesuchte Kontext im konkreten *Variable Order Markov Model* nicht gefunden werden konnte und aus diesem Grund in einem kürzeren Kontext gesucht werden muss, wird jeder *escape* bestraft, definiert durch:

$$\hat{P}(escape|s) = 1 - \sum_{q \in \Theta_s} \hat{P}(q|s) = \frac{|\Theta_s|}{|\Theta_s| + \sum_{q' \in \Theta_s} N(sq')}, \text{ wenn } q \notin \Theta_s. \quad (6.5)$$

Mit dieser Formel erweitert sich die Formel zur Berechnung der bedingten Wahrscheinlichkeit 6.4 zu folgender:

$$\hat{P}(q|s) = \begin{cases} \hat{P}(q|s), & q \in \Theta_s \\ \hat{P}(escape|s) \cdot P(q|s'), & q \notin \Theta_s \end{cases}, \quad (6.6)$$

wobei s' den verkürzten Kontext, bedingt durch das *Escapen*, darstellt.

Zwei Beispiele zur Berechnung bedingter Wahrscheinlichkeiten sind in Abbildung 6.6 dargestellt. Die Abbildung zeigt ein *Variable Order Markov Model* der Ordnung $n = 2$ nach der Verarbeitung von 15 *Stops*. Im ersten Beispiel soll berechnet werden, wie wahrscheinlich es ist, nach Hause (*Home*) ($q = H$) zu gehen, wobei sich zuvor an den *Stops Home* und *Work* ($s = \{H, W\}$) aufgehalten wurde. Dazu sind folgende Schritte notwendig:

1. Den Pfad des Kontextes $s = \{H, W\}$ im Baum traversieren, beginnend ab *Root*.

2. Ausgehend vom Knoten *Work* kann beobachtet werden, dass neben dem gesuchten Blatt *Home* noch zwei weitere Blätter vorhanden sind (*Leisure* und *Restaurant*).

3. Da *Home* in dem Kontext vorhanden ist, kann die bedingte Wahrscheinlichkeit durch $P(H|HW) = \frac{2}{3+4} = 0.29$ berechnet werden.

    - Die 2 im Zähler ist der Wert des Vorkommniszählers vom Blatt *Home*.

    - Die 3 im Nenner setzt sich aus der Anzahl der Kindknoten des Knotens *Work* zusammen.

    - Die 4 im Nenner ist der Wert des Vorkommniszählers vom Knoten *Work*.

Demnach liegt die bedingte Wahrscheinlichkeit, *Home* aufzusuchen, nachdem zuvor *Home* und *Work* die Aufenthaltsorte waren, bei 29%.

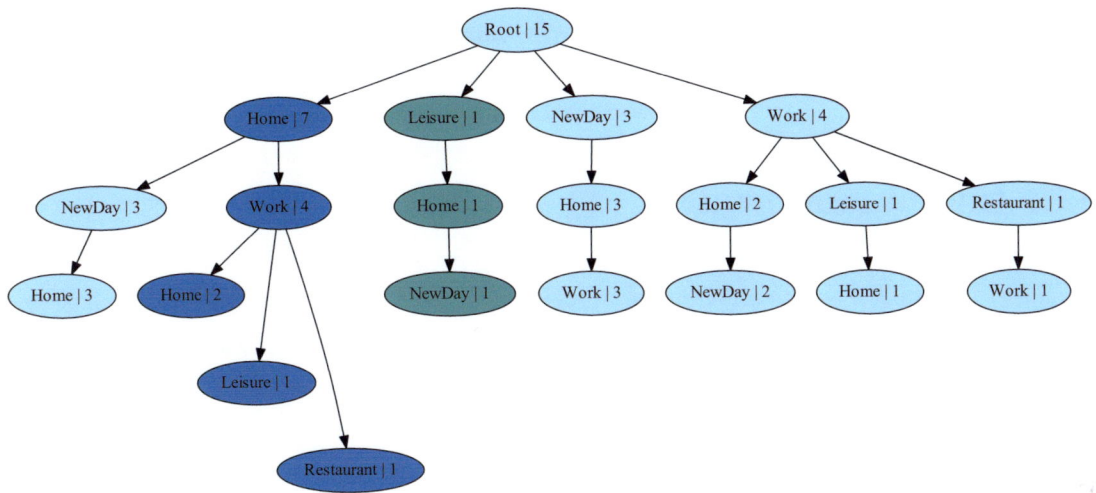

Abbildung 6.6.: Darstellung eines *Variable Order Markov Models* der Ordnung $n = 2$, darstellt nach der Verarbeitung von 15 *Stops*. Im ersten Beispiel, Blätter in Blau dargestellt, soll die bedingte Wahrscheinlichkeit für $P(H|HW)$ berechnet werden. Im zweiten Beispiel, Blätter in Grün dargestellt, soll der *Escape*-Mechanismus anhand von $P(W|LH)$ examiniert werden.

Im zweiten Beispiel soll die bedingte Wahrscheinlichkeit für *Work* ($q = W$) berechnet werden, nachdem zuerst *Leisure* und *Home* ($s = \{L, H\}$) besucht wurden. Nach dem Traversieren des Kontextes im Beispiel, dargestellt in Abbildung 6.6, kann festgestellt werden, dass es kein Blatt unter dem Knoten *Home* gibt, das *Work* heißt. Das Vorgehen ist daher wie folgt:

1. *Escapen* zu einem kürzeren Kontext $s' = \{H\}$.

2. Den Baum nach s' traversieren.

3. Es existiert ein Knoten *Home*, der von *Work* gefolgt wird.

Um $P(W|LH)$ zu berechnen, wird die Gleichung 6.5 verwendet und Folgendes berechnet:

$$P(W|LH) = P(escape|LH) \cdot P(W|H) = \frac{1}{1+1} \cdot \frac{4}{1+4} = 0.4 \qquad (6.7)$$

Der Zähler der Bestrafung $P(escape|LH) = \frac{1}{1+1}$, die durch das *Escapen* resultiert, ist die Anzahl der *Stops* $|\Theta_s| = 1$, die nach dem Kontext $s = \{L, H\}$ vorkommen. Dieser Wert ($|\Theta_s| = 1$) kommt auch im Nenner vor, addiert mit der Summe aller Vorkommniszähler, die auch 1 ist. Denn es existiert nur ein Blatt *NewDay* mit dem Zählerwert 1. Der zweite

6. (Semantische) Vorhersage des nächsten Ortes

Ausdruck $P(W|H) = \frac{4}{1+4}$ ergibt sich aus der Differenz zwischen dem Wert des Vorkommniszählers des Knotens *Work* (4) und der Anzahl der Kinder des Knotens *Home* (1), addiert mit der Summe aller Werte der Vorkommniszähler der Kinder von *Home* (4). Die bedingte Wahrscheinlichkeit für das Auftreten von $q = W$ nach dem Kontext $s = \{L, H\}$ liegt somit bei 40%.

6.5. Implementierung

Nachfolgend werden unterschiedlichen Ansätze für *Variable Order Markov Models* und die technische Umsetzung dieser sowie des Vorhersagealgorithmus beschrieben. Das zuvor genannte *Variable Order Markov Model* (Kapitel 6.4.2) und der *Prediction by Partial Matching* Algorithmus (Kapitel 6.4.3) stammen aus [64, 18, 88, 9]. In diesem Abschnitt werden Implementierungsdetails zu Überlegungen genannt, die das ursprüngliche *Variable Order Markov Model* sowie *Prediction by Partial Matching* erweitern und unter anderem die Performance in diesem Anwendungsgebiet verbessern sollen.

6.5.1. Modellerstellung

Für das in Kapitel 6.4.2 vorgestellte *Variable Order Markov Model* werden drei Modelle erstellt. Sie unterscheiden sich dabei jeweils in den für das Modell verwendeten Daten. Alle Modelle nutzen jedoch dieselbe Implementierung, wie in der UML-Darstellung eines Knotens des Baumes in Abbildung 6.7 illustriert. Sowohl die Knoten des räumlichen (`SpatialTreeNode`) als auch des semantisches (`SemanticTreeNode`) Baumes sind Unterklassen von `TemporalTreeNode` und `TreeNode`.

Räumliches Variable Order Markov Model

Das räumliche *Variable Order Markov Model* basiert auf den besuchten, geografischen Orten eines Menschen und speichert in den Knoten die zu dem jeweiligen Ort gehörende *Cluster ID*. Jeder *Stop* wird dabei im Baum als `SpatialTreeNode`-Objekt gespeichert (siehe Abbildung 6.7). Beim Aufbau des Baumes werden dazu die Attribute `name`, `visitCounter` und `probability` befüllt. Da `SpatialTreeNode` eine Unterklasse von `TemporalTreeNode` ist, besteht die Möglichkeit, Ankunfts- und Abfahrtzeiten sowie die durchschnittlichen Reisezeiten vom vorangehenden zum aktuellen Knoten zu speichern. Dadurch können zeitliche Features zur Vorhersage des nächsten Ortes abgeleitet werden, wie zum Beispiel die typische Zeit für einen Besuch dieses Ortes. Mit Hilfe der berechneten Standardabweichung lässt sich eine Aussage darüber treffen, wie wahrscheinlich es ist, dass ein Besuch dieses Ortes jeweils immer zu selben Zeit geschieht. Die Klasse `VOMMTreeManager` ist für jegliche

6.5. Implementierung

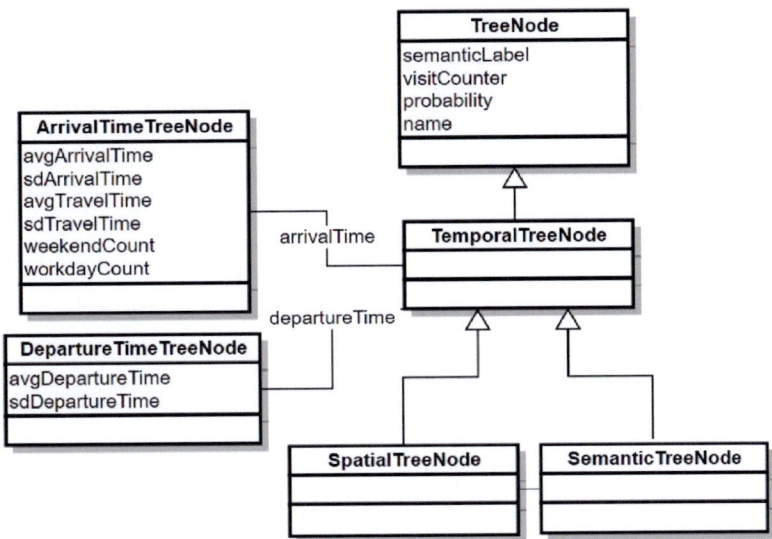

Abbildung 6.7.: Darstellung der Struktur eines Knotens der Implementierung des *Variable Order Markov Models* in UML.

Operationen des Baums zuständig sowie für die Verwaltung der Knoten. Ein Beispiel eines räumlichen *Variable Order Markov Models* ist in Abbildung 6.8 dargestellt.

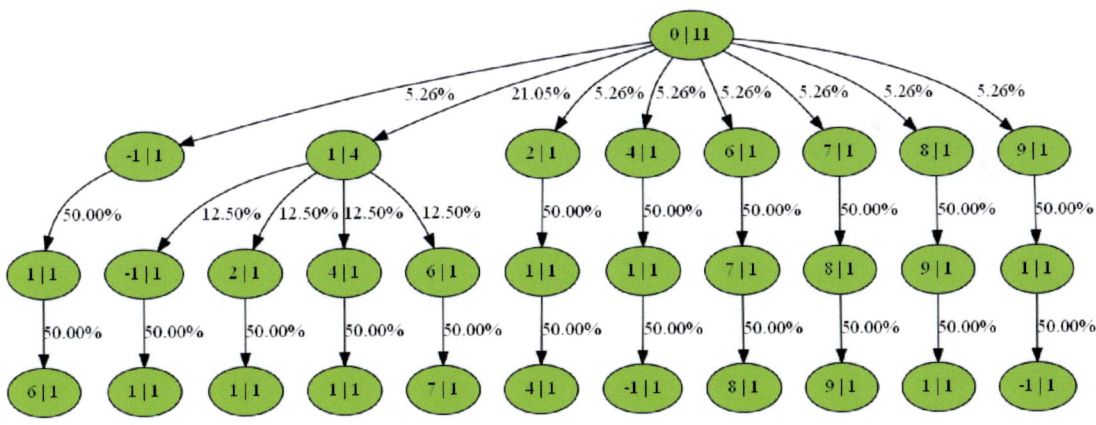

Abbildung 6.8.: Exemplarische Darstellung eines räumlichen *Variable Order Markov Models* der Ordnung $n = 2$ nach elf verarbeiteten *Stops*. Jeder grüne Knoten indiziert ein `SpatialTreeNode`-Objekt. Die bedingten Wahrscheinlichkeiten $P = (q|s)$ sind an den Pfaden dargestellt. Knoten mit der *Cluster ID* $= -1$ indizieren *NewDay*-Knoten. Neben jeder *Cluster ID* ist der Vorkommniszähler (`visitCounter`) dargestellt.

Semantisches Variable Order Markov Model

Das semantische *Variable Order Markov Model* wird analog zum Räumlichen, wie in Kapitel 6.5.1 beschrieben, aufgebaut, mit dem Unterschied, dass im Attribut `name` die Ortskategorie gespeichert wird. Demnach sieht ein Baum der Ordnung $n = 2$ wie in Abbil-

6. (Semantische) Vorhersage des nächsten Ortes

dung 6.9 illustriert aus. Darüber hinaus speichert jedes `SemanticTreeNode`-Objekt einen Baum bestehend aus `SpatialTreeNodes`. Dies ermöglicht eine semantische Abstraktion der geografischen Orte. Angenommen, eine Person trifft sich wöchentlich mit drei Freunden, um zum Abendessen in ein Restaurant zu gehen. Dabei startet die Gruppe jeweils vom Zuhause einer der drei Freunde und besuchen das jeweils nächstgelegene Restaurant. Die semantische Trajektorie sieht folgendermaßen aus:

- ..., *Friend & Family*, *Restaurant*.

Durch das semantische Modell ist es möglich, dieses wöchentliche Muster zu erkennen und vorherzusagen. Dadurch, dass jeder semantische Knoten einen räumlichen Baum enthält, ist zudem die Vorhersage des genauen Restaurants möglich, das besucht werden soll. Ohne die semantische Abstraktion wäre dieses Muster nicht erkannt worden, da lediglich wöchentliche Trajektorien unterschiedlicher Adressen von Wohnorten der Freunde sowie besuchte Restaurants aufgezeichnet wären.

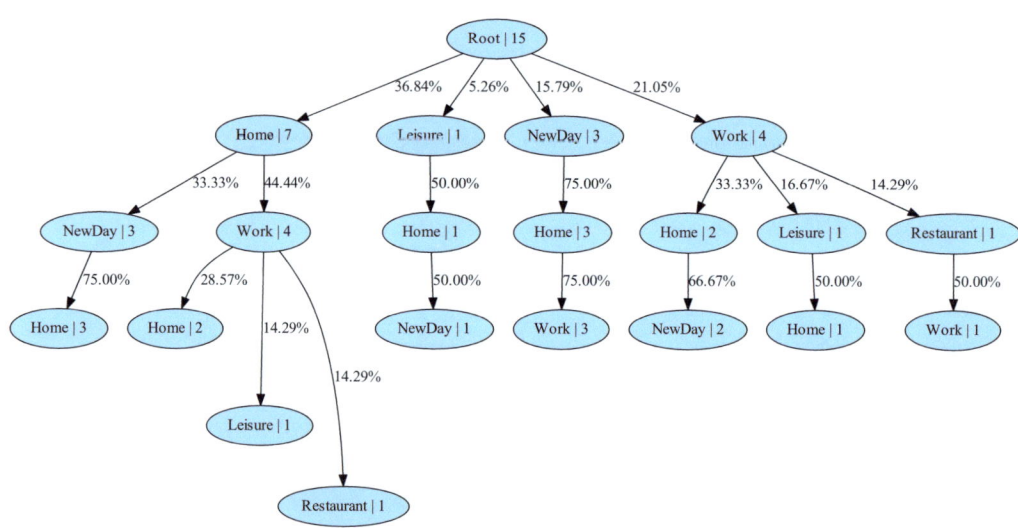

Abbildung 6.9.: Exemplarische Darstellung eines semantischen *Variable Order Markov Models* der Ordnung $n = 2$. Jeder blaue Knoten indiziert ein `SemanticTreeNode`-Objekt. Die bedingten Wahrscheinlichkeiten $P = (q|s)$ sind an den Pfaden dargestellt. Neben jeder Ortskategorie ist der Vorkommniszähler (`visitCounter`) dargestellt.

Wie im UML-Diagramm in Abbildung 6.7 illustriert, ist `SemanticTreeNode` eine Unterklasse von `TemporalTreeNode`. Dies bedeutet, dass zeitliche Features im räumlichen, aber auch im semantischen Modell gespeichert werden, wie in Abbildung 6.10 dargestellt. Illustriert ist das genannte Beispiel der semantischen Trajektorie ..., *Friend & Family*, *Restaurant*. Durch den in grün dargestellten räumlichen Baum wird deutlich, wie anhand

6.5. Implementierung

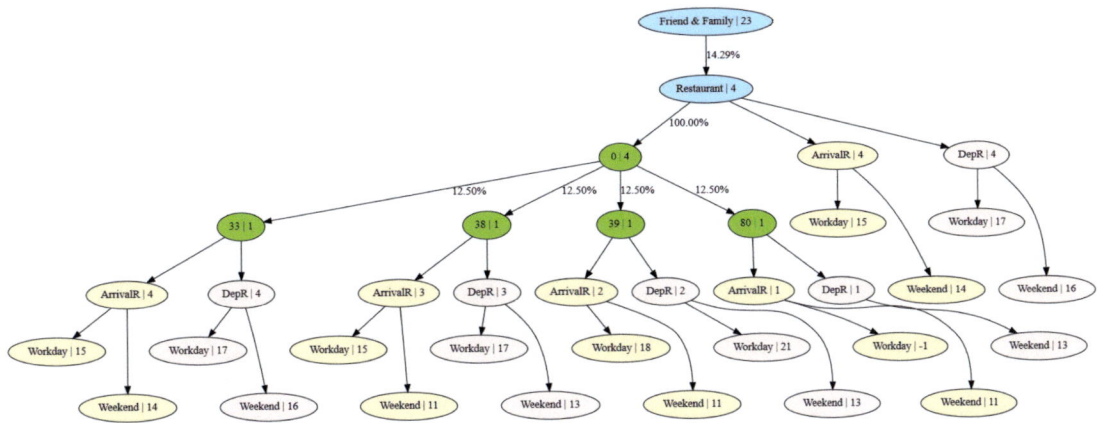

Abbildung 6.10.: Detailansicht eines semantischen *Variable Order Markov Model* Knotens *Restaurant*. In Blau dargestellt sind die semantischen Knoten. In Grün dargestellt sind die räumlichen Knoten. Gelbe und beige Knoten repräsentieren die zeitlichen Feature-Bäume für die Ankunfts- beziehungsweise Abfahrtszeit. Die bedingten Wahrscheinlichkeiten $P = (q|s)$ sind an den Pfaden dargestellt. Neben jeder Ortskategorie / *Cluster ID* ist der Vorkommniszähler (`visitCounter`) dargestellt.

des semantischen Knotens *Restaurant* der geografische Ort des konkreten *Restaurants* vorhergesagt werden kann.

Geglättetes Variable Order Markov Model

Das geglättete *Variable Order Markov Model* basiert auf dem semantischen Pendant zum in Kapitel 6.5.1 beschriebenen Modell, erweitert um die in Kapitel 6.4.1 Theorie der Mobilitätsgewohnheiten. Da menschliche Mobilitätsgewohnheiten sich an einem wiederholenden Muster orientieren und Abweichungen davon unter anderem durch äußere Umwelteinflüsse bedingt sein können, wird bei diesem Modell davon ausgegangen, dass ein Nutzer oder eine Nutzerin eines solchen Vorhersagesystems es nicht erwartet, dass das System Abweichungen vom gewöhnlichen Tagesverlauf vorhersagt. Falls zum Beispiel eine Person zufällig eine Eintrittskarte ins Stadion für ein Fußballspiel (*Leisure*) am gleichen Tag geschenkt bekommen hat, ist ihre Erwartungshaltung, dass das Vorhersagesystem *Leisure* korrekt vorhersagt, vermutlich gering. Es wäre für die Nutzerin nicht überraschend, wenn ein üblicher nächster Ort, beispielsweise *Home*, vorhergesagt würde. Dieses Beispiel ist illustriert in Abbildung 6.11, wobei nach dem Spiel noch eine Bar (*Nightlife*) besucht wurde, bevor die Person nach Hause (*Home*) gefahren ist.

Darüber hinaus existieren Ortskategorien, die schwieriger vorherzusagen sind als andere, vor allem bedingt durch die geringe Anzahl an Instanzen. Falls eine Person zum Beispiel

6. (Semantische) Vorhersage des nächsten Ortes

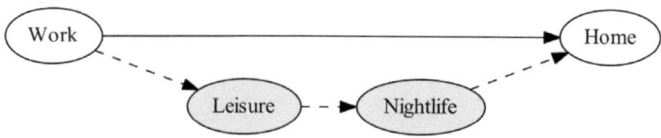

Abbildung 6.11.: Die gezeigte Trajektorie repräsentiert das Konzept des geglätteten *Variable Order Markov Models*. In weiß dargestellte Ovale sind *Stops*, die gewöhnlich vorkommen, wobei graue Ovale „zufällige Bewegungen" anzeigen. Die durchgezogene Linie symbolisiert den Transfer zum nächsten *Stop* auf Basis der Gewohnheit. Die gestrichelten Linien zeigen hingegen den aktuellen Verlauf auf Basis der eingetretenen Unregelmäßigkeit.

chronisch erkrankt ist und deswegen wöchentlich zur Dialyse (*Medical*) muss, ist eine korrekte Vorhersage der Ortskategorie *Medical* durchaus möglich. Ist eine Person nicht erkrankt und sucht einen Arzt (*Medical*) nur selten auf, zum Beispiel zweimal pro Jahr, dann kann eine korrekte Vorhersage dieser Ortskategorie durchaus unwahrscheinlich sein.

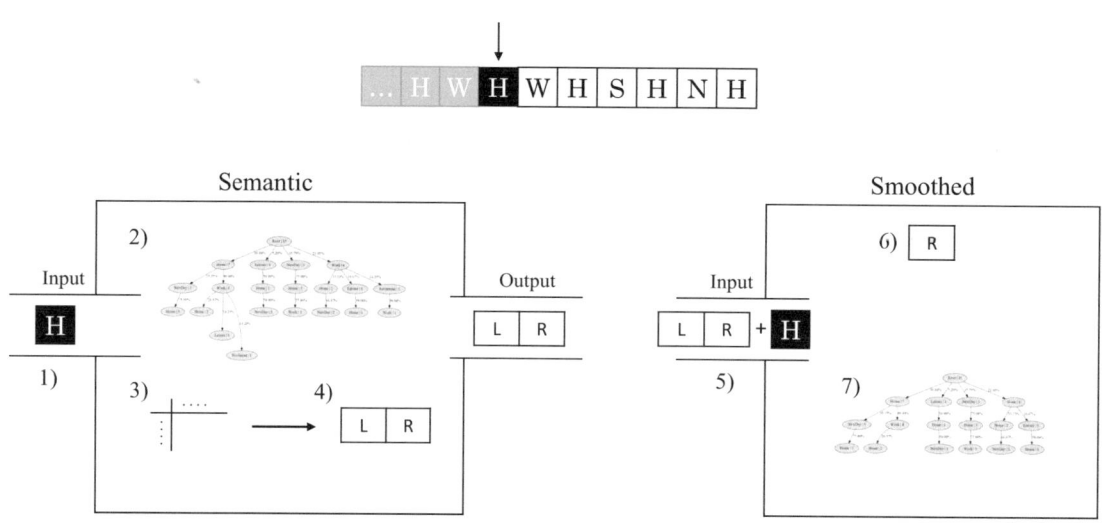

Abbildung 6.12.: Grafisch dargestellter Ablauf der Erstellung des geglätteten *Variable Order Markov Models* in sieben Schritten.

Aus diesen Gründen wird beim geglätteten *Variable Order Markov Model* nicht die Vorhersagegenauigkeit auf Basis aller besuchten Orte optimiert, stattdessen fokussiert sich das geglättete Model auf wiederkehrende Bewegungsmuster eines Menschen, mit dem Hintergrund, dass die Vorhersage dieser ausreichend für die Zufriedenheit des Nutzers ist. Um Mobilitätsgewohnheiten und „zufällige Bewegungen" zu unterscheiden, evaluiert das geglättete *Variable Order Markov Model* die Performance des semantischen *Variable Order Markov Models* (Kapite 6.5.1). In Abbildung 6.12 ist der Prozess, wie ein neuer *Stop Home* vom semantischen Modell verarbeitet wird, grafisch dargestellt. Folgende sieben Schritte sind dazu notwendig:

1. Der *Stop Home* wird als Input-Parameter in das semantische Modell eingegeben.

2. Das semantische Modell verarbeitet den Stop und aktualisiert den Baum.

3. Die Vorhersage-Performance des semantischen Modells wird auf Basis der Confusion-Matrix evaluiert.

    - Der *Recall*-Wert sagt aus, wie akkurat jede Ortskategorie vorhergesagt werden kann.

4. Ortskategorien mit einem *Recall*-Wert unter einem bestimmten Schwellwert werden zu der „hard-to-predict"-Liste L hinzugefügt, die als Output exportiert wird.

5. Die „hard-to-predict"-Liste L sowie der aktuelle Aufenthaltsort *Home* dienen als Input-Parameter für das geglättete Modell.

6. Die gespeicherte „hard-to-predict"-Liste des geglätteten Modells wird mit der aus dem Input kommend verglichen.

7. Wenn die „hard-to-predict"-Listen identisch sind und der aktuelle *Stop Home* nicht in den Listen vorhanden ist, wird *Home* verarbeitet und der geglättete Baum aktualisiert.

    - Wenn der aktuelle *Stop* in einer der „hard-to-predict"-Listen vorhanden ist, dann wird dieser *Stop* ignoriert und nicht verarbeitet.

    - Wenn die beiden „hard-to-predict"-Listen nicht gleich sind, dann wird der semantische Baum verworfen und neu aufgebaut. Die „hard-to-predict"-Liste L des Inputs ersetzt die vorhandene „hard-to-predict"-Liste des Modells.

Das Resultat ist ein geglättetes *Variable Order Markov Model*, das nur aus routinierten Bewegungsmustern besteht.

6.5.2. Zeitliche Plausibilitätsprüfung

Die Tagesverläufe von Individuen folgen bestimmten Mustern und implizieren so zeitliche Bedingungen. Beispielsweise ist es aufgrund der Ladenöffnungszeiten hierzulande unüblich, am Sonntag einkaufen zu gehen. Durch die Erkennung solcher zeitlicher Randbedingungen kann unter Umständen die Vorhersage des nächsten Ortes durch zeitliche Plausibilitätsprüfungen verbessert werden. Solche zeitlichen Bedingungen können je nach Person variieren und werden deshalb auf Basis einzelner Individuen gelernt. Zum Beispiel ist nicht jeder Mensch von 9 Uhr bis 18 Uhr bei der Arbeit (*Work*). Manche arbeiten auch in Nachtschichten und sind tagsüber dafür zu Hause. Deswegen werden je nach Aufenthaltsort die zeitlichen Charakteristiken gelernt und für Plausibilitätsprüfungen genutzt.

Tabelle 6.2.: Verteilung der Vorkommnisse in Prozent je *Wochentag*. Dargestellt am Beispiel zweier Ortskategorien.

	Mo.	Di.	Mi.	Do.	Fr.	Sa.	So.
Work	20.75	15.09	26.42	28.30	5.66	1.89	1.89
Shop	7.69	7.69	7.69	7.69	23.08	38.46	7.69

Tabelle 6.3.: Verteilung der Vorkommnisse in Prozent je *Tagesabschnitt*. Dargestellt am Beispiel zweier Ortskategorien.

	Morgen	Mittag	Nachmittag	Abend	Nacht
Work	52.94	27.45	15.69	1.96	1.96
Leisure	10.71	10.71	42.86	28.57	7.14

Um dies zu bewerkstelligen, wurden zwei zweidimensionale Datenstrukturen je Modell angelegt, die die Anzahl der Vorkommnisse für jeden Ort beziehungsweise jede Ortskategorie nach *Wochentag* und *Tagesabschnitt* beinhalten. Der Vorkommniszähler *observationCount* wird jeweils bei Eintreffen an einem Ort beziehungsweise einer Ortskategorie inkrementiert. Aus der Anzahl der Vorkommnisse kann die Auftrittswahrscheinlichkeit berechnet werden. Darüber hinaus wirkt dieses Konzept dem *Cold-Start*-Problem entgegen. Um eine Auftrittswahrscheinlichkeit von 0 zu vermeiden, werden alle Tabellen mit *observationCount* = 1 initialisiert. In Tabelle 6.2 ist die Verteilung der Vorkommnisse der Ortskategorien *Work* und *Shop* je *Wochentag* exemplarisch dargestellt. Die Verteilung wird berechnet, indem alle Vorkommnisse eines Ortes beziehungsweise einer Ortskategorie je Wochentag mit der Anzahl aller Vorkommnisse dieses Ortes beziehungsweise dieser Ortskategorie in der Woche dividiert werden. Dies funktioniert auch analog für die Verteilung nach *Tagesabschnitten*, wie in Tabelle 6.3 dargestellt. Dadurch kann zum Beispiel festgestellt werden, dass die Ortskategorie *Work* fast ausschließlich von Montag bis Freitag aufgesucht wird, jedoch fast nie am Wochenende, und Orte der Kategorie *Shop* hauptsächlich am Freitag und Samstag aufgesucht werden. Durch diese Technik kann gelernt werden, welche Tage für eine Person als Werktage und welche nicht als Werktage gelten. So können auch Gewohnheiten von Menschen erfasst werden, die nicht von Montag bis Freitag von morgens bis abends arbeiten. Die *Tagesabschnitte* sind wie folgt aufgeteilt:

Morgen 5 Uhr bis 11 Uhr

Mittag 11 Uhr bis 13 Uhr

Nachmittag 13 Uhr bis 17 Uhr

Abend 17 Uhr bis 21 Uhr

Nacht 21 Uhr bis 5 Uhr

6.5. Implementierung

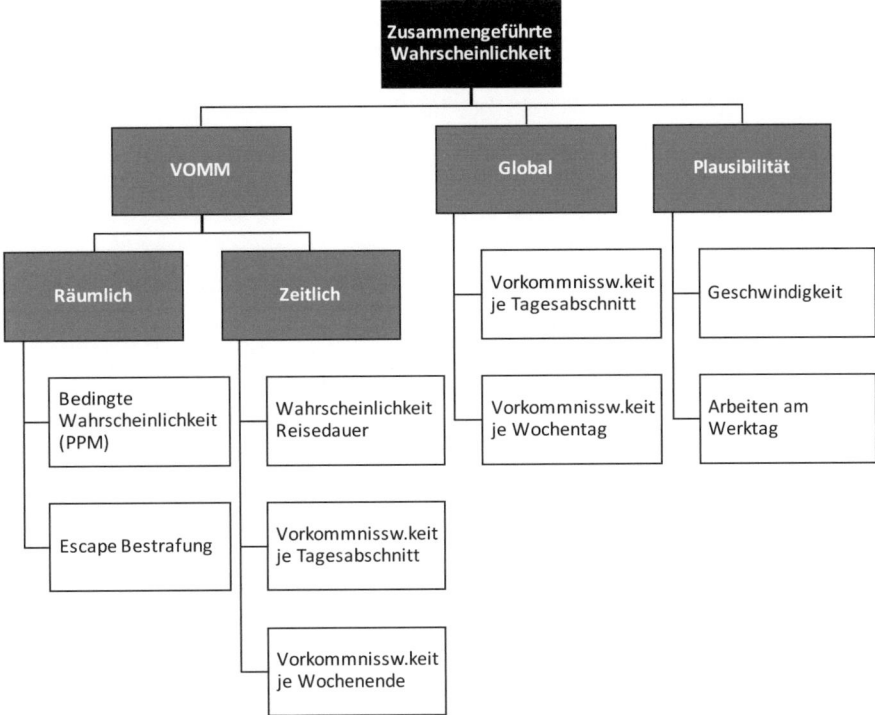

Abbildung 6.13.: Verwendete Features zur Bestimmung des nächsten Ortes. Die Features sind unterteilt nach ihrer Herkunft.

Zusätzlich wird jeder Kandidat für den nächsten Ort auf Distanz überprüft. Dazu wird die Geschwindigkeit approximiert, die nötig ist, um den Kandidaten vom aktuellen Aufenthaltsort zu erreichen. Zur Berechnung wird zudem die durchschnittliche Reisedauer einbezogen, die in der `TemporalTreeNode` gespeichert ist. Übersteigt die notwendige Geschwindigkeit 300 km/h, wird dieser Kandidat als unplausibel gewertet. Kandidaten vom Typ *Work* werden zudem auf die Verteilung der Vorkommnisse je Wochentag examiniert. Liegt der Wert unter dem Schwellwert von 5%, wird dieser Kandidat ebenfalls als unplausibel gewertet. Um den Kandidaten als plausibel zu werten und zur weiteren Verarbeitung aufzunehmen, muss die Plausibilität beider Tests gegeben sein.

6.5.3. Vorhersage des nächsten Ortes

Um eine Vorhersage über den nächsten Ort zu tätigen, kommt der in Kapitel 6.4.3 beschriebene *Prediction by Partial Matching* Algorithmus zum Einsatz, der mit jedem vorgestellten *Variable Order Markov Model* kompatibel ist. Die Formel $P(q|s)$ dient zur Bestimmung der bedingten Wahrscheinlichkeit eines potenziellen nächsten Ortes. Nachdem dies für alle Kandidaten des nächsten Ortes durchgeführt wurde, wird die Liste mit diesen Kandidaten, sortiert nach den Wahrscheinlichkeiten, an den `PredictionManager` übergeben.

6. (Semantische) Vorhersage des nächsten Ortes

Um die Vorhersagegenauigkeit zu verbessern, werden weitere, zuvor diskutierte Features, wie in Abbildung 6.13 dargestellt, einbezogen. Einerseits werden zur räumlich-zeitlichen Vorhersage des nächsten Ortes Features berücksichtigt, die aus den Knoten des modellierten Baums extrahiert werden können. Andererseits werden zwei Datenstrukturen gehalten, die die Vorkommnisse nicht je Knoten und Tagesabschnitt zählen, sondern global. Hinzu kommen noch die Vorkommnisse je Wochentag. Zudem existieren zwei Plausibilitätsprüfungen, die je nach Gegebenheit die Wahrscheinlichkeit eines Kandidaten gegen Null senken können, wenn dieser unplausibel wirkt und nicht mehr als nächster Ort in Betracht gezogen werden soll.

Es existieren verschiedene Ansätze zur Berechnung der zusammengeführten Wahrscheinlichkeit. Eine Möglichkeit besteht darin, die Teilwahrscheinlichkeiten zu gewichten und anschließend miteinander zu multiplizieren. Eine andere Möglichkeit sind (un-)überwachte Lernalgorithmen, die mit Hilfe von Trainingsdaten ein Modell erstellen, das durch Lösen eines Klassifikationsproblems unter Angabe der Konfidenz den potenziell korrekten nächsten Ort vorhersagt. Die Trainingsdaten für dieses Modell müssen jedoch zunächst erzeugt werden.

Versuche haben gezeigt, dass in diesem konkreten Fall Modelle (un-)überwachter Lernalgorithmen die Vorhersagegenauigkeit des nächsten Ortes durch das Zusammenführen der Teilwahrscheinlichkeiten nur minimal verbessern können, verglichen mit dem gewichteten Multiplikationsverfahren. Jedoch steigt mit der Nutzung weiterer maschineller Lernalgorithmen der Rechenaufwand und die Zeitintensität. Im weiteren Verlauf wird daher die gewichtete Multiplikation verwendet, um die zusammengeführte Wahrscheinlichkeit zu berechnen.

6.6. Evaluation

Nachfolgend wird erklärt, anhand welcher Kennzahlen die Modelle evaluiert werden, gefolgt von einer Übersicht der Ergebnisse sowie einer Beschreibung dieser.

6.6.1. Messgrößen

Die Performancergebnisse des Modells werden hinsichtlich der nachfolgend erklärten Messgrößen evaluiert. Alle Messgrößen basieren auf dem Verhältnis zwischen den korrekt klassifizierten Instanzen und der Anzahl aller Instanzen.

Räumliche Genauigkeit

Die räumliche Genauigkeit $Acc_{spatial}$ ist die einzige Metrik, die die Vorhersagegenauigkeit auf den räumlich-zeitlichen Daten des in Kapitel 6.6.1 beschriebenen *Variable Order Markov Model* misst, ohne auf die Ortskategorien zurückgreifen. Gleichzeitig gibt dieses Maß einen Wert vor, der idealerweise durch das semantische und geglättete *Variable Order Markov Model* übertroffen werden soll. Eine Klassifikation wird im Fall der räumlichen Genauigkeit $Acc_{spatial}$ korrekt gewertet, wenn der nächste *Stop* gleich dem vorhergesagten *Stop* ist.

Semantische Genauigkeit

Die semantische Genauigkeit $Acc_{semantic}$ misst die Performance des semantischen *Variable Order Markov Models*. Eine Vorhersage gilt als korrekt, wenn die Ortskategorie des nächstbesuchten Ortes der vorhergesagten Ortskategorie gleicht.

Das Maß $Acc_{spatialBySemantic}$ misst nicht nur, wie oft die Ortskategorie des nächsten Ortes korrekt vorhergesagt wurde, sondern auch der Ort selbst. Jeder Knoten im semantischen *Variable Order Markov Model* hat einen Baum mit Orten gespeichert, wie in Abbildung 6.10 durch die grünen Knoten dargestellt. Demnach wird zuerst die Ortskategorie bestimmt und anschließend ein Ort, der unterhalb des Knotens der Ortskategorie hängt. Erst wenn beides korrekt vorhergesagt wurde, wird die Klassifikation als korrekt erachtet.

Die Messgröße $Acc_{spatialBySemantic+}$ basiert vom Pinzip her auf $Acc_{spatialBySemantic}$. Eine Klassifizierung wird als korrekt gewertet, wenn einerseits die vorhergesagte Ortskategorie der Kategorie des nächsten Ortes gleicht und andererseits der nächste Aufenthaltsort im räumlichen Baum des Knotens (siehe grüne Knoten in Abbildung 6.10) vorhanden ist. Demnach ist die Vorhersage korrekt, wenn eine Person zum Beispiel irgendein Restaurant aufsucht, solange das Restaurant eins der *Cluster IDs* 33, 38, 39, 80 ist, wie in Abbildung 6.10 dargestellt.

Eine weiteres Maß ist das $Acc_{top3Top3}$, das eine Klassifikation als korrekt erachtet, wenn der als Nächstes besuchte Ort zu einer der drei wahrscheinlichsten Ortskategorien aus der Vorhersage gehört und der Ort ebenfalls unter den drei wahrscheinlichsten Orten der vorhergesagten Ortskategorie ist.

Nachfolgend sind die semantischen Maße nach ihrer Strenge dargestellt:

$Acc_{top3Top3}$	>	$Acc_{semantic}$	>	$Acc_{spatialBySem+}$	>	$Acc_{spatialBySem}$
Top 3 Top 3		Ortskategorie		Ortskat. & Ort		Ortskat. & 1. Ort

6. (Semantische) Vorhersage des nächsten Ortes

Tabelle 6.4.: Regeln zur Einbeziehung der Vorhersage in die Berechnung der Genauigkeit.

	Nächster $Stop \notin L$	Nächster $Stop \in L$
Aktueller $Stop \notin L$	berechnen	berechnen
Aktueller $Stop \in L$	berechnen	nicht berechnen

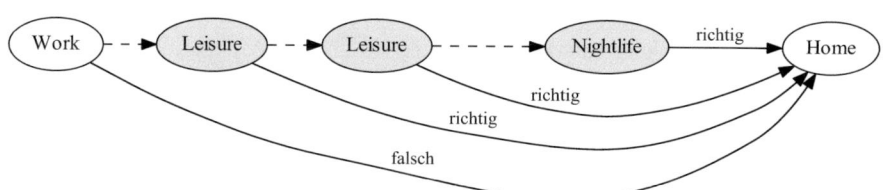

Abbildung 6.14.: Grafische Darstellung der Regeln zur Evaluation des geglätteten *Variable Order Markov Models*. Die grau hinterlegten Ortskategorien stehen auf der „hard-to-predict"-Liste L. Die gestrichelte Linie repräsentiert die aktuelle Trajektorie. Die durchgezogene Linie repräsentiert die Trajektorie, die dem geglätteten *Variable Order Markov Model* bekannt ist.

Bei der Modellerstellung kommt der Zeitpunkt, an dem jede mögliche Ortskategorie jeweils zum ersten Mal vorkommt. Da ein Ort einer solchen Ortskategorie zuvor von dem Nutzer nicht besucht wurde, kann das System diesen nicht vorhersagen, da es ihn noch nicht kennt. Basierend auf der Annahme, dass ein Nutzer oder eine Nutzerin es nicht erwartet, dass ein System noch nie zuvor besuchte Ortskategorien richtig vorhersagt, existiert $Acc_{semanticNSB}$ als weiteres weniger strenges Maß. Es basiert auf $Acc_{semantic}$, jedoch werden noch nie zuvor beobachtete Ortskategorien nicht in die Genauigkeitsberechnung einbezogen. Erst nachdem die Ortskategorie mindestens einmal vom Nutzer besucht wurde, wird sie in die Genauigkeitsberechnung einbezogen, wodurch die Genauigkeit etwas höher ausfallen kann als bei anderen Maßen.

Geglättete Genauigkeit

Wie in Kapitel 6.5.1 beschrieben, sind sporadisch auftretende Bewegungsmuster im geglätteten *Variable Order Markov Model* nicht enthalten. Aus diesem Grund werden Vorhersagen für Aufenthaltskategorien, die auf der „hard-to-predict"-Liste L stehen, nicht in der Genauigkeitsberechnung einbezogen. Wie in Tabelle 6.4 aufgeführt, darf höchstens die aktuelle oder nächste Ortskategorie auf der Liste L sein. Ansonsten fließt sie nicht in die Berechnung der Genauigkeit ein. Ein grafisches Beispiel dazu ist in Abbildung 6.14 illustriert. Falls die Person gerade bei *Work* ist und das System *Home* vorschlägt, obwohl sich die Person zu *Leisure* bewegt, wird die Vorhersage als nicht korrekt gewertet. Falls die Person jedoch bei *Leisure* oder *Nightlife* ist und *Home* vorhergesagt wird, wird die Vorhersage als korrekt gewertet.

Konkret wird in diesem Beispiel angenommen, dass sich eine Person gerade bei *Work* aufhält. Da *Leisure* und *Nightlife* auf der Liste L stehen, kennt sie das Modell nicht und sagt aus diesem Grund als nächstes Ziel *Home* vorher. Jedoch bewegt sich die Person zu *Leisure* anstatt zu *Home*. Aus diesem Grund wird die Vorhersage als nicht korrekt gewertet. Bei *Leisure* angekommen, wird wieder *Home* vorhergesagt, da die Ortskategorien der Liste L nicht im Modell vorkommen. Obwohl *Leisure* das nächste Ziel ist, wird jedoch gemäß den Regeln aus Tabelle 6.4 die Vorhersage als korrekt gewertet. Dies gilt auch für den nachfolgenden *Stop* aus dem Beispiel.

Die Eigenschaft dieses Maßes beruht auf dem Gedanken des geglätteten Modells selbst: Es wird davon ausgegangen, dass ein Nutzer oder eine Nutzerin es nicht von einem System erwartet, dass sporadische Besuche an bestimmten Orten immer korrekt vorhergesagt werden. Stattdessen soll es den Nutzer bei seiner gewohnten Mobilität unterstützen.

6.6.2. Ergebnisse

Die Auswertung für die Datensätze der Personen A und B sind in Tabelle 6.5 dargestellt. Die Modellordnungen n reichen von 1 bis 3 mit *Recall*-Glättungsschwellwerten t von jeweils 0 bis 0.3. Bei $t = 0$ wird keine Glättung vorgenommen und alle *Stops* werden von den Modellen verarbeitet, ungeachtet, ob es „zufällige Bewegungen" sind oder nicht. Nach einigen Versuchen hat sich abgezeichnet, dass bei der multiplikativen Zusammenführung der Teilwahrscheinlichkeiten mit den folgenden Gewichten ähnliche Ergebnisse erzielt werden konnten wie mit einigen maschinellen Lernalgorithmen:

Räumlich R^4

Wahrscheinlichkeit Reisedauer $W_k \cdot 1$

Vorkommniswahrscheinlichkeit je Tagesabschnitt $F_{DP} \cdot 1$

Vorkommniswahrscheinlichkeit je Wochenende $F_{WE} \cdot 1$

Vorkommniswahrscheinlichkeit je Tagesabschnitt (global) $F_{DP_g}^2$

Vorkommniswahrscheinlichkeit je Wochenende (global) $F_{WE_g} \cdot 1$

Um den Ressourcenverbrauch niedrig zu halten, wurden die nachfolgenden Ergebnisse mit diesen Gewichten erzeugt.

In Tabelle 6.5 ist zu erkennen, dass der Datensatz von Person A mit den Parametern $n = 2$ und $t = 0$ die höchsten Genauigkeiten bei den strengsten Maßen erreicht. Für das räumliche Modell ist $Acc_{spatial} = 57.58\%$ und für das semantische Modell $Acc_{spatialBySemantic} = 62.22\%$. Bei gleichen Parametern ist $Acc_{spatial} = 57.58\%$ beim Datensatz von Person B am höchsten. Jedoch ist bei $n = 1$ das Maß $Acc_{spatialBySemantic} = 64.87\%$ am höchsten. Das

6. (Semantische) Vorhersage des nächsten Ortes

Tabelle 6.5.: Evaluationsergebnisse der unterschiedlichen Modelle in Prozent. Die Glättung t gibt den *Recall*-Schwellwert an. Im Fall von $t = 0$ wird keine Glättung vorgenommen. Die Richtig-positiv-Rate ist mit TP angegeben. Höhere Werte sind mit einem dunkleren Grün hinterlegt.

(a) Person A.

Ordnung n	Glättung t	nicht observiert NSB	$TP_{semantic}$	$TP_{spatial}$	$TP_{spatialBySemantic}$	$Acc_{spatial}$	$Acc_{spatialBySem}$	$Acc_{spatialBySem+}$	$Acc_{semantic}$	$Acc_{semanticNSB}$	$Acc_{top3Top3}$
1	0	12	373	301	334	55.74	61.85	64.44	69.07	70.64	72.22
1	0.1	26	370	298	331	55.29	61.41	64.38	68.65	72.12	71.43
1	0.2	68	359	292	321	54.17	59.55	62.71	66.6	76.22	69.02
1	0.3	116	338	279	306	52.15	57.2	59.25	63.18	80.67	64.67
2	0	16	372	312	336	57.78	62.22	63.33	68.89	70.99	70.19
2	0.1	35	372	310	335	57.41	62.04	63.33	68.89	73.66	69.81
2	0.2	76	365	308	328	57.04	60.74	62.04	67.59	78.66	68.52
2	0.3	121	334	288	310	53.63	57.73	58.47	62.2	80.29	64.62
3	0	18	371	309	333	57.22	61.67	62.78	68.7	71.07	68.89
3	0.1	39	370	308	331	57.04	61.3	62.41	68.52	73.85	68.33
3	0.2	64	362	309	325	57.33	60.3	61.41	67.16	76.21	67.72
3	0.3	110	341	298	313	55.7	58.5	59.44	63.74	80.24	65.61

(b) Person B.

Ordnung n	Glättung t	nicht observiert NSB	$TP_{semantic}$	$TP_{spatial}$	$TP_{spatialBySemantic}$	$Acc_{spatial}$	$Acc_{spatialBySem}$	$Acc_{spatialBySem+}$	$Acc_{semantic}$	$Acc_{semanticNSB}$	$Acc_{top3Top3}$
1	0	12	287	236	253	60.51	64.87	70.77	73.59	75.93	80.51
1	0.1	35	279	229	244	58.72	62.56	68.46	71.54	78.59	79.23
1	0.2	38	278	227	245	58.21	62.82	68.46	71.28	78.98	78.97
1	0.3	48	279	223	246	57.18	63.08	68.97	71.54	81.58	79.23
2	0	11	290	245	249	62.82	63.85	69.49	74.36	76.52	79.23
2	0.1	33	284	237	240	60.77	61.54	67.69	72.82	79.55	77.44
2	0.2	35	285	236	243	60.51	62.31	67.95	73.08	80.28	77.44
2	0.3	46	281	231	244	59.23	62.56	67.95	72.05	81.69	77.95
3	0	12	285	240	249	61.7	64.01	68.64	73.26	75.6	78.41
3	0.1	36	280	230	239	59.13	61.44	66.84	71.98	79.32	76.61
3	0.2	43	279	228	241	58.61	61.95	66.84	71.72	80.64	77.12
3	0.3	51	274	220	239	56.56	61.44	66.32	70.44	81.07	76.86

Maß $Acc_{top3Top3}$ ist bei beiden Datensätzen mit dem Parameter $n = 1$ am höchsten mit 72.22% beziehungsweise 80.51%.

Durch die semantische Abstraktion kann mit dem Datensatz von Person A eine höhere Richtig-positiv-Rate ($TP_{spatialBySemantic} = 336$) erreicht werden als beim rein räumlichen Modell ($TP_{spatial} = 312$). Die gleiche Tendenz ist auch bei dem Datensatz von Person B zu beobachten. Das semantische Modell erreicht bei allen Parameterkombinationen mehr richtige Vorhersagen.

Das Maß $Acc_{semantic}$ erreicht sogar eine Genauigkeit von 69.07% für Person A und 74.36% für Person B. Mit dem lockersten Maß $Acc_{semanticNSB}$ kann durch die Erhöhung der Glättung t für jede Modellordnung n die jeweils höchste Genauigkeit erreicht werden, in Höhe von 80.67% für Person A und 81.69% für Person B. Die Erhöhung der beiden Parameter hat zur Folge, dass die Anzahl der nicht zuvor observierten Orte NSB je Datensatz ansteigt und sich somit direkt positiv auf das Maß $Acc_{semanticNSB}$ auswirkt. Bei allen anderen Maßen wirkt sich eine Erhöhung von t negativ auf die Genauigkeit aus.

In Tabelle 6.7 ist die Confusion-Matrix für die beiden Datensätze aufgeführt. Dort ist beispielsweise ersichtlich, dass *Home* und *Work* die häufigsten Bewegungsmuster darstellen und eine *Precision* von 0.79 sowie einen *Recall* von 0.92 beziehungsweise eine *Precision* von 0.86 sowie einen *Recall* von 0.75 erreichen.

In Tabelle 6.9 sind die Ergebnisse der $Acc_{semantic}$ nach Wochentagen aufgeteilt und zeigen, dass die Vorhersagegenauigkeit an Wochentagen für Person A zwischen 53.73% und 83.33% liegt, während sie am Wochenende von 47.62% bis 58.00% reicht. Die gleiche Tendenz ist auch für den Datensatz von Person B zu beobachten. In Abbildung 6.15 sind die Vorhersagegenauigkeiten auf Basis von Person A nach Tagen illustriert, unter Zuhilfenahme von $Acc_{semantic}$. Dazu wurde die Anzahl der korrekten Vorhersagen je Tag mit der gesamten Anzahl der Vorhersagen je Tag dividiert. Es ist weiterhin der Trend zu erkennen, dass an Werktagen die Genauigkeit höher als an Ruhetagen ist. Manchmal kann ein Tag perfekt ($Acc_{semantic} = 1$) vorhergesagt werden.

Tabelle 6.7.: Confusion-Matrix der Datensätze von Person A und B.

(a) Person A.

	Home	Edu.	Work	F&F	Hotel	Rest.	Nightl.	Shop	Sport	Leisure
Home	**211**	2	3	2	1	2	1	5	0	3
Education	2	**0**	1	0	0	0	0	0	1	0
Work	11	0	**93**	0	1	9	0	2	2	6
F&F	9	0	3	**14**	0	3	0	1	1	7
Hotel	0	0	1	1	**4**	1	0	2	0	6
Restaurant	7	0	2	3	0	**26**	0	0	0	6
Nightlife	0	0	0	0	0	1	**0**	0	0	0
Shop	11	0	3	0	0	2	0	**3**	1	5
Sport	3	0	2	0	0	2	0	1	**7**	1
Leisure	12	0	0	2	1	2	1	0	11	**14**

(b) Person B.

	Home	Edu.	Work	F&F	Hotel	Rest.	Nightl.	Shop	Sport	Leisure
Home	**166**	0	6	3	0	1	0	1	1	0
Education	0	**0**	0	0	0	0	0	0	0	0
Work	21	0	**90**	4	0	8	0	0	0	0
F&F	5	0	1	**10**	0	1	0	4	2	0
Hotel	1	0	0	1	**3**	0	0	1	1	0
Restaurant	9	0	6	1	0	**18**	0	1	0	0
Nightlife	0	0	0	0	0	0	**0**	0	0	0
Shop	2	0	0	1	0	2	0	**3**	0	0
Sport	8	0	0	0	0	0	0	3	**1**	0
Leisure	1	0	0	1	0	0	0	2	0	**0**

Tabelle 6.9.: Auswertung der $Acc_{semantic}$ nach Wochentagen für beide Datensätze.

	Mo.	Di.	Mi.	Do.	Fr.	Sa.	So.
Person A	73.42%	83.33%	79.35%	73.56%	53.73%	47.62%	58.06%
Person B	81.67%	71.23%	81.01%	71.15%	75.00%	63.33%	67.86%

6.6. Evaluation

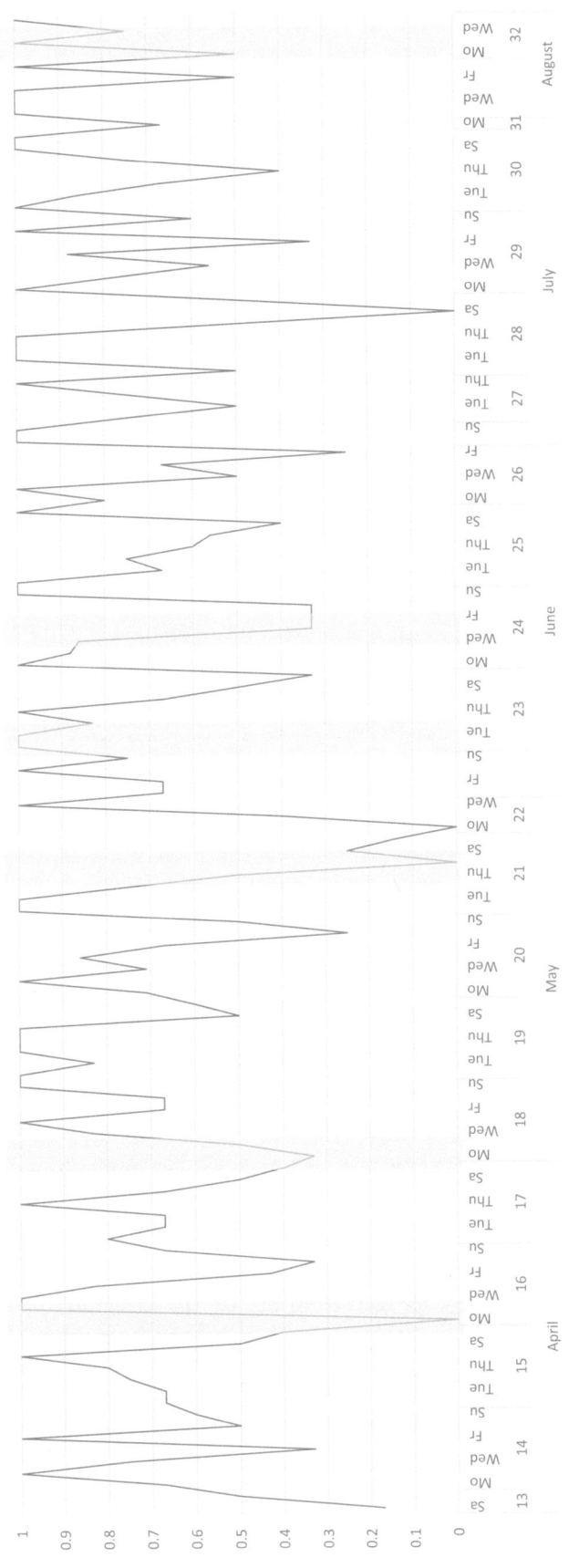

Abbildung 6.15.: Vorhersagegenauigkeit des nächsten Ortes, gemessen mit $Acc_{semantic}$ und aufgeteilt nach Tagen im Zeitraum vom 1. April 2017 bis 9. August 2017. Verwendet wurde der Datensatz von Person A. Die X-Achse stellt die Tage dar und die Y-Achse die Genauigkeit. In Grau hinterlegte Tage stellen Feiertage dar.

6. (Semantische) Vorhersage des nächsten Ortes

6.7. Diskussion

Durch die erfolgreiche Implementierung eines räumlich-zeitlichen Vorhersagesystems des nächsten Ortes, basierend auf historischen Trajektorien von Individuen, konnte eine mit $Acc_{spatial}$ gemessene Vorhersagegenauigkeit von bis zu 62.82% auf dem Datensatz von Person B mit einer Ordnung $n = 2$ und Glättung $t = 0$ erreicht werden. Auf dem Datensatz von Person A liegt die maximale Genauigkeit bei 57.58% bei gleichen Parametern. Dieser Unterschied in den Genauigkeiten lässt sich durch unterschiedliche Lebensweisen und -mittelpunkte erklären. Während der Datensatz von Person A eine höhere Anzahl an „zufälligen Bewegungen" aufweist, die nur schwer vorherzusagen sind, ist in den Daten von Person B ein höherer Grad an Mobilitätsgewohnheiten ersichtlich.

Durch die semantische Abstraktion im *Variable Order Markov Model* konnte eine Verbesserung der Vorhersage erreicht werden. Auf Basis gleicher Modellparameter konnte mittels $Acc_{top3Top3}$ für Person A eine Genauigkeit von 70.19% und 79.23% für Person B ermittelt werden. Dies stellt eine Performanceverbesserung von mindestens 12% dar. Das beste Ergebnis in Höhe von 80.51% konnte mit den Parametern $n = 1$ und $t = 0$ gemessen werden.

Die Tabelle 6.9 und Abbildung 6.15 haben gezeigt, dass die evaluierten Modelle nur bedingt geeignet sind zur Vorhersage von „zufälligen Bewegungen". An Wochenend- und Feiertagen weist das menschliche Mobilitätsverhalten einen weniger strukturierten Zeitplan auf als an Werktagen, weswegen die Vorhersage erschwert wird und die Genauigkeit sinkt. Wie jedoch in Abbildung 6.15 zu sehen ist, steigert der *Variable Order Markov Model* Ansatz in Kombination mit *Prediction by Partial Matching* die Effizienz beim Training des Gewohnheitsmodells, da erste korrekte Vorhersagen schon anhand weniger Trainingsdaten erzeugt werden können. Andere Ansätze, bei denen beispielsweise *Hidden Markov Models* zum Einsatz kommen, brauchen im Vergleich dazu mehr Datenmaterial – auch *Cold Start*-Problem genannt. Schon nach vier Tagen konnten drei von drei Orten korrekt vorhergesagt werden. Zudem konnten weitere zeitliche Features die Vorhersagegenauigkeit erhöhen, wie zum Beispiel die Unterscheidung zwischen Vorkommnissen je Wochentag und Tagesabschnitt.

Die Modellordnung n hat hingegen keinen tiefgreifenden Einfluss auf die Vorhersagegenauigkeit. Tabelle 6.5 zufolge hängt es vom Maß ab, ob die Ordnung $n = 1$ oder $n = 2$ bessere Ergebnisse erzeugt. Zum Beispiel eignet sich für das Maß $Acc_{top3Top3}$ eine Ordnung $n = 1$ und für $Acc_{spatial}$ $n = 2$, jedoch kommt es hier auch auf die genutzte Glättung t an. Ordnungen größer als $n = 2$ wirken sich jedoch zunehmend negativ auf die Genauigkeit aus und erhöhen die Anzahl der nicht zuvor observierten Orte NSB.

Ein Vergleich der Maße $Acc_{spatialBySemantic}$ und $Acc_{spatial}$ und der Kennzahlen $TP_{spatialBySemantic}$ und $TP_{spatial}$ hat gezeigt, dass die semantische Abstraktion das rein räumliche *Variable*

Order Markov Model übertrifft. Dies lässt sich unter anderem dadurch erklären, dass Mobilitätsgewohnheiten mit einer hohen räumlichen Entropie existieren, die jedoch bei der semantischen Trajektorie niedriger ist. Ein Individuum beschäftigt sich beispielsweise jeden zweiten Tag mit sportlichen Aktivitäten, jedoch an unterschiedlichen Orten, weil es viel dienstlich reist oder verschiedene Wakeboardlifte in der Umgebung besucht. Räumlich gesehen wird nur selten ein bereits bekannter Ort der Kategorie *Sport* aufgesucht, semantisch ist das Muster jedoch wesentlich deutlicher. Daher ist der Baum des semantischen Modells nach dem Training kompakter als der räumliche Baum, was zu einer Senkung des Risikos von *Overfitting* führen kann.

Die Glättung der Modelle konnte ungeachtet der Modellordnung n keinen Vorteil erzeugen. Obwohl das Konzept der „hard-to-predict"-Liste L die anfängliche Genauigkeit der geglätteten Modelle verbessern konnte, war es nicht möglich, die Performance der nicht geglätteten Modell zu übertreffen.

Um eine zusammengeführte Wahrscheinlichkeit des nächsten Ortes aus den einzelnen Teilwahrscheinlichkeiten zu erlangen, wurden unterschiedliche Ansätze getestet. Obwohl dieses Problem mit Hilfe von maschinellen Lernalgorithmen gelöst werden kann, wurde letztendlich aus Effizienz- und Komplexitätsgründen eine Multiplikation gewichteter Teilwahrscheinlichkeiten durchgeführt. Einerseits sind zum Trainieren eines maschinellen Lernalgorithmus neue Trainingsdaten notwendig, die sich erst aus den Vorhersagen ergeben, und andererseits erhöht sich der Ressourcenverbrauch durch ständiges Training des Modells.

6.8. Schlussfolgerung

Dieses Forschungskapitel beschäftigte sich mit der effizienten Modellierung von menschlichen Bewegungsmustern durch ein *Variable Order Markov Model* und der räumlich-zeitlichen Vorhersage des nächsten Ortes mit Hilfe von *Prediction by Partial Matching*. Ein Fokus lag dabei auf der semantischen Abstraktion von Trajektorien und der Evaluation, ob bedingt durch die Abstraktion eine Verbesserung der Vorhersagegenauigkeit eintritt.

Die akkurate Vorhersage des nächsten Ortes kann Anwendung in unterschiedlichen Systemen finden, die vor allem im Alltag eines Menschen nützlich sein können. So wäre es beispielsweise möglich, mit einem solchen Vorhersagesystem persönliche Assistenten wie „Siri" und „Alexa" zu verbessern. Durch die akkurate Schätzung des nächsten Ortes könnten solche Assistenten den Nutzern den Alltag weiter erleichtern, indem zum Beispiel Standort- und Zielort-basiert relevante Informationen angezeigt werden würden. Das könnten, vor Abfahrt bei Verkehrsbehinderungen, alternative Mobilitätsoptionen sein. Auch die Automatisierung routinierter Aufgaben wäre möglich, so könnte vor Ankunft im eigenen Smarthome durch den Assistenten automatisch veranlasst werden, dass gelüftet, anschließend geheizt und kurz vor Ankunft das Licht eingeschaltet wird. Auch (autonome) Kraftfahrzeuge könnten daraus einen Vorteil ziehen und effizienter arbeiten, zum Beispiel durch flexible Anpassung des Motormanagements an die Strecke zum Ziel.

Durch die Evaluation des hier diskutierten Vorhersagesystems konnte ein Unterschied zwischen einem rein räumlichen Modell und einem semantisch abstrahierten Modell gezeigt werden. Durch die semantische Abstraktion konnte eine Genauigkeitsverbesserung bei der räumlich-zeitlichen Vorhersage des nächsten Ortes von 12% bis über 16% erreicht werden. Durch eine Glättung auf Basis der Entropie konnte hingegen kein Vorteil erreicht werden.

Weitere Forschungsvorhaben basierend auf dieser Arbeit könnten unter anderem versuchen die Anzahl der nicht zuvor observierten Orte NSB zu senken, um die Genauigkeit weiter zu erhöhen. Da das Vorhersagemodell auf historischen Daten basiert und Orte, die dort nicht enthalten sind, dementsprechend nicht vorhergesagt werden können, bestünde eine Möglichkeit in der Einbeziehung weiterer Informationsquellen des Nutzers. Dazu könnten beispielsweise der Kalender und die zugesagten Facebook-Events hilfreich sein. Aber auch andere Quellen, wie die Wettervorhersage und sportliche Veranstaltungen, könnten sich als Features positiv auf die Vorhersage des nächsten Ortes auswirken.

Wie bereits aus der Studie in Kapitel 2 hervorging, sollten nicht zutreffende Vorhersagen möglichst vermieden werden. Demnach sollten unter anderem unplausible Vorhersagen durch zusätzliche Plausibilitätsprüfungen weiter minimiert werden. Beispielsweise könnte dazu eine Liste trainiert werden, die bestimmte Sequenzen von *Stops* nicht zulässt. Es kommt zum Beispiel durchaus selten vor, dass jemand zum Arzt geht, dann einkaufen und anschließend in eine Bar. Auch die Überprüfung der Öffnungszeiten von unter anderem Supermärkten könnte sich eignen, um unplausible Vorhersagen zu vermeiden. Da das menschliche Verhalten an Feier- und Urlaubstagen variiert, könnte eine weitere Möglichkeit zur Verbesserung der Vorhersagegenauigkeit darin bestehen, das abweichende Verhalten an solchen Tagen zu erkennen und darauf gesondert zu reagieren.

7. Ausblick: Kontextsensitive Vorschläge

In diesem Teil der Forschungsarbeit erfolgt eine theoretische Diskussion über die Möglichkeiten der Zusammenführung der Daten aus den Schritten (3a, b) der Abbildung 2.9 auf Seite 38, mit dem Ziel, kontextsensitive und nutzerzentrierte Vorschläge zur adäquaten Unterstützung eines Menschen im Alltag erzeugen zu können.

7.1. Einleitung

Menschen benötigen häufig Informationen, während sie unterwegs sind. Dies können situativ essenzielle Informationen sein, wie die aktuelle Verkehrslage. Dazu zählen zum Beispiel die Nachrichten, die ein Mensch auf dem täglichen Weg zur Arbeit in der Bahn gerne liest, sowie der Ubahn-Fahrplan. Bedingt unter anderem durch Smartphones ist der Zugriff auf solche Informationen von fast überall möglich. Mit den steigenden Möglichkeiten der Informationsversorgung steigt jedoch auch die Zeit, die benötigt wird, um diese Informationen zu verarbeiten. In der Einleitung (Kapitel 1 auf Seite 13) wurde anhand eines Beispiels gezeigt, wie mit Hilfe eines domänenübergreifenden Assistenten eine Person im Tagesverlauf proaktiv unterstützt werden kann. Dadurch kann der steigende Zeitbedarf, den die steigenden Möglichkeiten mit sich bringen, minimiert werden.

Eine Möglichkeit, einen solchen persönlichen Assistenten in den Alltag der Nutzenden einzubinden, besteht darin, die Funktionen des Assistenten abhängig vom aktuellen Aufenthaltsort, dem nächsten Ziel und dem Kontext der Nutzenden zu gestalten. Vor allem der Nutzen eines Mobilitätsassistenten könnte dadurch gesteigert werden. Einerseits kann der Nutzer oder die Nutzerin durch den erweiterten Funktionsumfang bei jeglichem Mobilitätsbedarf im Alltag unterstützt werden und nicht nur auf dem Weg nach Hause (*Home*) sowie zur Arbeit (*Work*). Denn viele gängige Assistenten auf dem heutigen Markt beschränken sich bei der Vorhersage des nächsten Ortes auf *Home*, *Work* sowie einige weitere sehr häufig besuchte Orte. Weniger besuchte Orte werden bei der Vorhersage ausgeschlossen. Darüber hinaus können abhängig von dem Nutzerkontext nicht zutreffende Hinweise und Vorhersagen minimiert werden.

7. Ausblick: Kontextsensitive Vorschläge

Um dies zu bewerkstelligen, werden in diesem Forschungsvorhaben unterschiedliche Ansätze diskutiert, wie die Ergebnisse der Kapitel 4, 5 und 6 fusioniert werden können, um die Unterstützung eines Nutzers durch einen Assistenten im Alltag weitreichender zu gestalten. Der Fokus liegt dabei auf der Verbesserung der Genauigkeit der (semantischen) Vorhersage des nächsten Ortes. Die dafür bereits verarbeiteten Daten kommen aus Schritt (3a, b) des Systemschaubildes, dargestellt in Abbildung 2.9 auf Seite 38. Der wissenschaftliche Beitrag dieses Kapitels lässt sich wie folgt zusammenfassen:

- Mögliche Erweiterung des Modells zur semantischen Vorhersage des nächsten Ortes.

- Abbildung und Vorhersage der Mobilitätsgewohnheiten unter Einbeziehung des Nutzerkontextes.

- Mögliche Verbesserung der Vorhersagegenauigkeit des nächsten Ortes.

7.2. Stand der Forschung

Sohn et al. [90] haben mit einer Studie herausgefunden, dass Menschen im Alltag vor allem Bedarf an Navigation, Verkehrsinformationen und *interessanten Orten* auf der Strecke aufweisen, was in [82] bestätigt werden konnte. Sie haben in ihrer zweiwöchigen Studie die Probanden angehalten schriftlich festzuhalten, wann und welcher Bedarf für Assistenz vorhanden war. Die Ergebnisse wurden durch Interviews gestützt ausgewertet. Eine ähnliche Studie, ebenfalls unter Anwendung der auf *SMS Snippets* basierenden Tagebuch-Methode haben Church et al. in [22] veröffentlicht. Am Ende ihrer dreimonatigen Studie konnten sie die Ergebnisse von Sohn et al. bestätigen sowie detailliertere Resultate diskutieren.

Um einen Menschen situativ mit Informationen zur Strecke und dem nächsten Ziel versorgen zu können, ist ein System mit einer möglichst hohen Vorhersagegenauigkeit notwendig. Auf Basis von *T-pattern Trees* haben Monreale et al. [65] eine Genauigkeit von 38% bei der Vorhersage des nächsten Ortes erreicht. Scellato et al. konnten mit ihrem eigens entwickelten Vorhersagesystem *NextPlace* eine Genauigkeit von über 50% erreichen, bei einem zeitlichen Vorhersagehorizont von bis zu acht Stunden [86]. Die Vorhersagegenauigkeit ist abhängig vom verwendeten Datensatz. Zur Evaluation wurden Datensätze bestehend aus GPS- oder WLAN-Daten verwendet. Etter et al. haben in [34] zur Vorhersage des nächsten Ortes Modelle mit unterschiedlichen überwachten Lernalgorithmen erstellt und die Ergebnisse anschließend zusammengeführt, um so den nächsten Ort vorhersagen zu können. Auf Basis der Teilergebnisse von Bayes'schen Netzen, künstlichen neuronalen Netzen und *Gradient Boosted Decision Trees* konnte eine Vorhersagegenauigkeit von über 56% erreicht werden. Die Evaluation fand auf dem *Lausanne Data Collection Campaign* Datensatz statt (siehe Kapitel 3.1.4). Unter Nutzung des eigens aufgezeichneten Datensatzes, wie in

Kapitel 3.2 beschrieben, konnten Nack et al. den nächsten Ort unter Verwendung eines dichtebasierten räumlich-zeitlichen Vorhersagealgorithmus mit einer Genauigkeit von 57.7% vorhersagen [68]. In dieser Arbeit konnte durch die Verwendung eines *Variable Order Markov Models* und *Prediction by Partial Matching* Algorithmus auf dem gleichen Datensatz eine Genauigkeit von 60% bei der Vorhersage des nächsten Ortes erreichen.

Die semantische Abstraktion von Orten kann sich unter Umständen positiv auf die räumlich-zeitliche Vorhersage des nächsten Ortes auswirken. Parent et al. haben dazu in [73] ein Framework vorgestellt, das zur semantischen Anreicherung von Trajektorien dient. Dadurch konnten weitere Erkenntnisse über Mobilitätsgewohnheiten eines Menschen gewonnen werden. Auch Alvares et al. und wir selbst haben unterschiedliche Frameworks vorgestellt zur semantischen Anreicherung und Abstraktion von geografischen Aufenthaltsorten [2, 80]. Auf Basis von semantisch abstrahierten Aufenthaltsorten und unter Einsatz einer *Extended Mobility Markov Chain* konnten Gambs et al. Vorhersagegenauigkeit des nächsten Ortes zwischen 70% und 95% erreichen, abhängig von der Modellordnung [37]. Mit höherer Ordnung steigt die Ressourcenintensität des Modells. Für die Evaluation wurde der *GeoLife*-Datensatz verwendet, wie in Kapitel 3.1.1 beschrieben. In Kapitel 6 dieser Forschungsarbeit konnte durch die Erweiterung des *Variable Order Markov Models* um eine semantische Abstraktion geografischer Aufenthaltsorte eine räumlich-zeitliche Vorhersagegenauigkeit des nächsten Ortes von 74.36% erreicht werden.

Es wird deutlich, dass durch Einbeziehung weiterer Informationen die Vorhersagegenauigkeit unter Umständen gesteigert werden kann. Diese Möglichkeit wird in der Forschungsarbeit dieses Kapitels diskutiert. Der Fokus liegt dabei auf Einbeziehung des Tageskontextes.

7.3. Fusion der Teilsysteme

Mit Hilfe der in Kapitel 4 vorgestellten semantischen Ortsklassifizierung werden die geografischen Aufenthaltsorte des eigenen Datensatzes (Kapitel 3.2) mit den dazugehörigen Ortskategorien (siehe Tabelle 3.4) angereichert. Diese so angereicherten Daten werden im Schritt (2a, b) des Systemschaubildes aus Abbildung 2.9 auf Seite 38 weitergegeben und dienen als Basis zur Modellierung des typischen Tages und Ableitung des Nutzerkontextes (Kapitel 5) sowie zur Modellierung der Mobilitätsgewohnheiten und semantischen Vorhersage des nächsten Ortes (Kapitel 6). Um die Ergebnisse aus Schritt (3a, b) des Systemschaubildes aus Abbildung 2.9 auf Seite 38 dieser beiden zuletzt genannten Teilsysteme zu fusionieren, werden dazu nachfolgend drei mögliche Ansätze vorgestellt. Dies soll unter anderem ermöglichen, dass kontextsensitive Hinweise erzeugt werden können, die für Nutzende eines Mobilitätsassistenten einen Mehrwert generieren. Das Ziel ist, dadurch die räumlich-zeitliche Vorhersage des nächsten Ortes zu verbessern und somit unter anderem

7. *Ausblick: Kontextsensitive Vorschläge*

Abbildung 7.1.: Dargestellt ist ein Knoten als Ausschnitt eines *Variable Order Markov Models*, angereichert um das Feature *Tagesähnlichhkeiten*. Dieses Feature wird als Liste geführt.

die Fehlerrate zu minimieren und um eine höhere Akzeptanz eines Mobilitätsassistenten beim Nutzer zu schaffen.

7.3.1. Angereicherte semantische Vorhersage des nächsten Ortes

Um den Mobilitätsbedarf der Nutzenden besser abschätzen zu können, kann es hilfreich sein, weitere Daten für die Modellbildung und Vorhersage zu berücksichtigen. Eine Anreicherung um weitere Features kann unter Umständen maschinellen Lernalgorithmen helfen, weitere Zusammenhänge zwischen Ereignissen zu erkennen.

Eine Möglichkeit, den Tageskontext mit den Mobilitätsgewohnheiten zu fusionieren ist, die Integration als Feature je Knoten. Wie in Abbildung 7.1 illustriert, werden die berechneten *Tagesähnlichkeiten* neben den anderen Features aus Abbildung 6.13 als Liste an jedem Knoten des Baumes gespeichert, wie zum Beispiel die *Vorkommniswahrscheinlichkeit je Wochenende*.

Um dies zu bewerkstelligen, bedarf es zuerst der Berechnung der Tagesähnlichkeit des aktuellen Tagesverlaufs zum typischen Tag eines Nutzers. Das Ergebnis der Berechnung wird anschließend bei der Erstellung des *Variable Order Markov Models* berücksichtigt und für den jeweiligen Ort im dazugehörigen Knoten in einer Liste gespeichert.

Bei der Vorhersage des nächsten Ortes kann das Resultat der Ähnlichkeitsbewertung zweier Tage bei der Zusammenführung der Teilergebnisse zur Gesamtwahrscheinlichkeit berücksichtigt werden. Das kann durch den Vergleich mit der Gauß-Verteilung der Liste der *Tagesähnlichkeiten* der Kandidaten des nächsten Ortes erfolgen.

Kandidaten für den nächsten Ort, die auf einen Kontext s folgen, können so abhängig von dem Normalitätsgrad des aktuellen Tagesverlaufs bestimmt werden. Falls beispielsweise die letzten beiden *Stops* eines Menschen das Zuhause und ein Supermarkt ($s = \{Home, Grocery\ Store\}$) sind und zu Hause (*Home*) der wahrscheinlichste nächste

7.3. Fusion der Teilsysteme

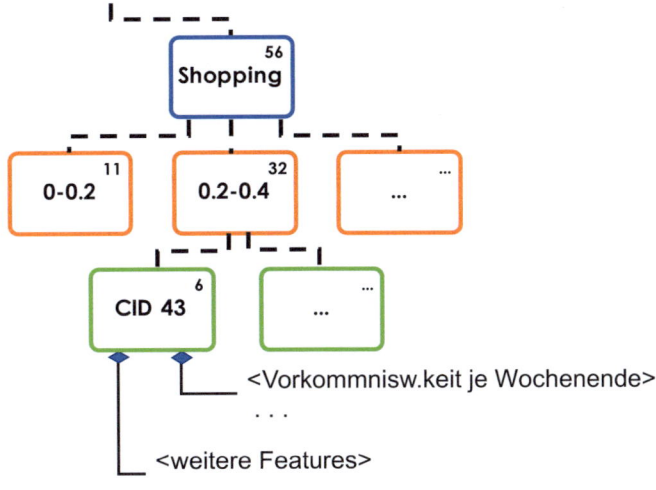

Abbildung 7.2.: Dargestellt ist ein Ausschnitt eines *Variable Order Markov Models* ergänzt um eine weitere Abstraktionsschicht *Tagesähnlichkeiten*, dargestellt in Orange. Der semantische Knoten *Shopping* (blau) hat als Kindknoten die Abstraktionsschicht *Tagesähnlichkeiten* (orange), die wiederum Kindknoten *Cluster IDs* (CID) der geografischen Aufenthaltsorte (grün) haben.

Stop ist, kann dieser Kandidat mit Hilfe der *Tagesähnlichkeit* höher oder niedriger gewichtet werden. Falls beispielsweise in diesem Fall der aktuelle Tag ein Montag ist, der Verlauf des Tages jedoch nicht dem typischen Montag ähnelt, dann sollte sich diese Erkenntnis auch auf die Vorhersage des nächsten Ortes auswirken.

Der Ressourcenverbrauch erhöht sich bei dieser Variante um den Speicherbedarf für die Haltung der Liste mit den *Tagesähnlichkeiten* sowie um die Rechenintensität für die Berechnung der erweiterten zusammengeführten Wahrscheinlichkeit.

7.3.2. Kontext-abstrahierte semantische Vorhersage des nächsten Ortes

Einen Vorteil bei der Vorhersage des nächsten Ortes hat in Kapitel 6 die semantische Abstraktion der geografischen Aufenthaltsorte gezeigt. Durch diese Abstraktionsschicht wird eine Art zweistufige Vorhersage realisiert, indem zuerst die Ortskategorie und anschließend der geografische Ort vorhergesagt wird, was in einer Steigerung der Genauigkeit resultierte. Dies ist auch in Tabelle 6.5 ersichtlich.

Eine weitere Möglichkeit, um die Vorhersagegenauigkeit des nächsten Ortes zu erhöhen, wäre demnach eine zusätzliche Abstraktionsschicht. Wie in Abbildung 7.2 dargestellt, kann die Fusion mit dem Tageskontext dadurch erreicht werden, dass nach der semantischen Ab-

7. Ausblick: Kontextsensitive Vorschläge

straktionsschicht (blau) eine Abstraktionsschicht auf Basis der *Tagesähnlichkeiten* (orange) eingesetzt wird, gefolgt von den geografischen Aufenthaltsorten (grün).

Dafür ist das Ergebnis der *Tagesähnlichkeitsberechnung* notwendig. Je nach gewünschter Auflösung kann es diskretisiert werden, beispielsweise in Intervalle der Größe 0.2 Tagesähnlichkeit. Beim Aufbau des *Variable Order Markov Models* kann das diskretisierte Ergebnis an die letzten semantischen Knoten im Baum gehangen werden und somit eine weitere Abstraktionsschicht erzeugen. An diese Abstraktionsschicht werden anschließend die geografischen Aufenthaltsorte geknüpft, abhängig von der berechneten *Tagesähnlichkeit*.

Für die Vorhersage des nächsten Ortes ist wiederum die *Tagesähnlichkeit* notwendig. Nach der Bestimmung der Ortskategorie des nächsten Ortes wird der nächste Ort in Abhängigkeit des aktuellen *Tagesähnlichkeitswertes* bestimmt. Es werden anschließend nur die geografischen Orte betrachtet, die sich unterhalb des jeweiligen Knotens mit der korrekten und diskretisierten *Tagesähnlichkeit* befinden. Durch diese weitere Abstraktionsschicht findet eine zusätzliche Einschränkung der Ergebnismenge statt, wodurch nicht zutreffende Vorhersagen weiter minimiert werden sollen. Denn in diesem Fall werden keine Orte vorhergesagt, die lediglich nach dem Kontext s besucht wurden, stattdessen wird darauf geachtet, dass auch die *Tagesähnlichkeit* zum Zeitpunkt des Besuchs zutrifft.

Bedingt durch die zusätzliche Abstraktionsschicht erhöht sich der Speicherbedarf des Models unterhalb der semantischen Knoten. Bei der Vorhersage des nächsten Ortes muss der Algorithmus bei diesem Modell eine Ebene tiefer traversieren, bevor die Teilwahrscheinlichkeiten der Kandidaten des nächsten Ortes berechnet und zusammengeführt werden können. Durch die weitere Abstraktionsschicht wird die Granularität des Modells erhöht und es können unter Umständen mehr Traningsdaten notwendig sein als beim rein räumlichen Modell (Kapitel 6.5.1). Dies kann die Minimierung des *Cold Start*-Problems behindern.

7.3.3. Multiple Modelle zur semantischen Vorhersage des nächsten Ortes

Um die bereits evaluierte Modellstruktur, wie in Kapitel 6.5 beschrieben, nicht zusätzlich verändern zu müssen und dennoch den Tageskontext einzubeziehen, bietet es sich an, mehrere *Variable Order Markov Models* zu trainieren. Dabei enthält jedes Modell nur die Aufenthaltsorte der jeweiligen *Tagesähnlichkeit*.

Diese Variante mit multiplen Bäumen je Nutzer ist illustriert in Abbildung 7.3. Dort ist zu sehen, dass abhängig von der Tagesähnlichkeit ein bestimmtes *Variable Order Markov Model* trainiert wird und nur Orte enthält, die zum Zeitpunkt der Berechnung der *Tagesähnlichkeit* den jeweiligen *Tagesähnlichkeitswert* hatten.

7.3. Fusion der Teilsysteme

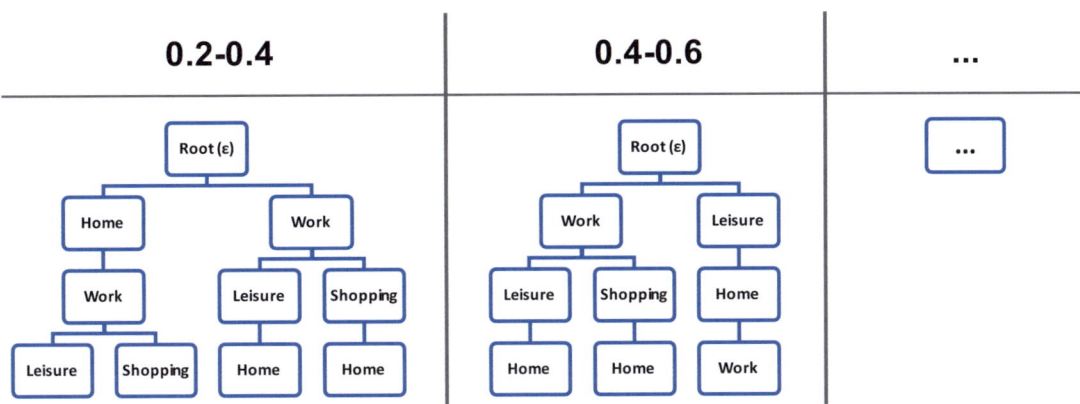

Abbildung 7.3.: Zur Einbeziehung der *Tagesähnlichkeit* werden je nach Intervall des *Tagesähnlichkeitsergebnisses* unterschiedliche *Variable Order Markov Models* gebaut (hier vereinfacht dargestellt). Das für die Vorhersage des nächsten Ortes gewählte Modell ist abhängig von der zuvor berechneten Tagesähnlichkeit.

Um diese Variante der Fusion von Tageskontext und Mobilitätsgewohnheiten zu realisieren, ist der berechnete Wert der *Tagesähnlichkeit* notwendig. Je nach gewünschter Auflösung kann er diskretisiert werden, beispielsweise in Intervalle der Größe 0.2 Tagesähnlichkeit. Beim Erstellen der *Variable Order Markov Models* wird darauf geachtet, dass jedes Modell nur mit den Trainingsdaten trainiert wird, deren *Stops* die jeweiligen Tagesähnlichkeiten hatten. Die Erstellung des Modells selbst läuft ab wie in Kapitel 6.5 beschrieben.

Bei der Vorhersage des nächsten Ortes ist es zuerst notwendig, das richtige Modell in Abhängigkeit von der *Tagesähnlichkeit* zu selektieren, auf dem die Vorhersage durchgeführt werden soll. Das weitere Vorhersageverfahren entspricht analog dem, das bereits in Kapitel 6.5.3 definiert wurde. Durch die Erstellung mehrerer Modelle pro Nutzer, abhängig von der *Tagesähnlichkeit*, beinhalten die Modelle lediglich die für den jeweiligen Tageskontext charakteristischen Mobilitätsgewohnheiten. Somit erfolgt im Voraus eine Einschränkung der möglichen nächsten Orte, wodurch nicht zutreffende Vorhersagen weiter minimiert werden sollen. Denn es werden nur nächste Orte vorhergesagt, die typisch für die jeweilige Tagesähnlichkeit sind.

Der Speicherbedarf steigt bedingt durch die zusätzlichen Modelle je Nutzer. Die Rechenintensität der Vorhersage wird um die Selektion des jeweiligen Modells, auf dem die Vorhersage des nächsten Ortes durchgeführt werden soll, erhöht. Bedingt durch die Anzahl der Modelle, abhängig vom Diskretisierungsgrad, kann es anfänglich dazu kommen, dass zu wenig Daten je Modell für eine korrekte Vorhersage verfügbar sind. Dies kann die Minimierung des *Cold Start*-Problems behindern.

7. Ausblick: Kontextsensitive Vorschläge

7.4. Schlussfolgerung

Durch die steigenden Möglichkeiten der mobilen Informationsbeschaffung benötigt ein Mensch zunehmend mehr Zeit, diese zu verarbeiten. Um einen Menschen dahingehend (proaktiv) zu unterstützen, existieren derzeit, wie zuvor des Öfteren dargelegt, diverse persönliche Assistenten mit begrenzter funktionaler Bandbreite. Um bei der Unterstützung eines Nutzers in seinem Mobilitätsalltag kontextsensitiv den nächsten Ort vorherzusagen, wurden in diesem Forschungsteil drei mögliche Erweiterungen der hier untersuchten Verfahren diskutiert.

Bei dem Modell der *angereicherten semantischen Vorhersage des nächsten Ortes* wird die Tagesähnlichkeit als weiteres Feature in jedem Knoten des *Variable Order Markov Models* (Kapitel 7.3.1) gespeichert. Bei der Vorhersage des nächsten Ortes fließt sie als weitere gewichtete Teilwahrscheinlichkeit in das Endergebnis ein.

Durch die Implementierung einer semantischen Abstraktionsschicht im *Variable Order Markov Model* konnte bereits ein Performancevorteil erzielt werden. Mit Hilfe der *Kontextabstrahierten semantischen Vorhersage des nächsten Ortes* (Kapitel 7.3.2) könnte ebenfalls eine Verbesserung der Vorhersagegenauigkeit erreicht werden, indem nach der semantischen Abstraktionsschicht eine Abstraktionsschicht für die diskretisierte Tagesähnlichkeit eingeführt wird, gefolgt von den geografischen Orten.

Ohne die bereits evaluierten *Variable Order Markov Models* verändern zu wollen, können *multiple Modelle zur semantischen Vorhersage des nächsten Ortes* (Kapitel 7.3.3) je Nutzer erzeugt werden. Dabei könnte je nach diskretisierter *Tagesähnlichkeit* jeweils ein Modell trainiert werden. Bei der Vorhersage des nächsten Ortes wird das zur jeweiligen *Tagesähnlichkeit* gehörende Modell genutzt. Dieser Ansatz zählt zu den ressourcenintensivsten Varianten, da mehrere Modelle pro Nutzer trainiert werden, die zu einem erhöhten Speicherbedarf sowie höherer Rechenintensität führen.

Weitere Forschungsvorhaben basierend auf diesem Forschungsteil könnten sich der Implementierung, Evaluation und Abgrenzung der hier vorgestellten Modelle zur Fusion der Teilergebnisse widmen. Es wäre interessant, erfahren zu können, welches der Modelle am performantesten ist und ob wirklich eine Verbesserung der Vorhersagegenauigkeit eintritt. Darüber hinaus stellt sich die Frage, wie sich der Ressourcenverbrauch der jeweiligen Modelle manifestiert und welche weiteren Vorteile sich durch die unterschiedlichen Ansätze der Fusion mit der *Tagesähnlichkeit* ergeben.

8. Zusammenfassung

In der Einleitung (Kapitel 1 auf Seite 13) wurde anhand eines Beispiels ein möglicher Assistent vorgestellt, der eine Person proaktiv im Alltag unterstützen kann, indem er über den Kontext und die Mobilitätsgewohnheiten der Nutzenden Bescheid weiß. Des Weiteren wurde der Rahmen dieser Forschungsarbeit genannt, der sich auf die Erarbeitung einer Grundlage für einen Mobilitätsassistenten konzentriert. Um ein grundlegendes System für solch einen Assistenten zu realisieren, wurden in dieser Arbeit die nachfolgend genannten Teilgebiete erforscht.

Neben eines eigens aufgezeichneten Datensatzes (Kapitel 3 auf Seite 41) zu Trainings- und Testzwecken maschineller Lernalgorithmen wurde in Kapitel 2 auf Seite 17 der Assistenzbedarf im Alltag eines Menschen, unter anderem anhand von Prototypen, erforscht. Es konnte Assistenzbedarf in diversen Themenfeldern identifiziert werden, wie zum Beispiel im Bereich der allgemeinen Mobilität. Im gleichen Schritt wurde eine mögliche Architektur für einen Mobilitätsassistenten beschrieben.

Um einem digitalen Assistenten erweitertes Wissen zu Aufenthaltsorten eines Menschen zur Verfügung zu stellen und Rückschlüsse auf die Intentionen zu ermöglichen, wurde in Kapitel 4 auf Seite 59 die semantische Ortsklassifizierung behandelt. Um die Semantik von Aufenthaltsorten eines Menschen abzuleiten, wurde ein umfangreiches Set an Features, gespeist aus Sensoren und Statusinformationen des Smartphones, erstellt. Dieses Set wurde anschließend als Basis für Training und Evaluation diverser maschineller Lernalgorithmen verwendet. Die höchste Genauigkeit erreichte der Klassifikationsalgorithmus END, der mit einer Genauigkeit von 88.55% die Semantik eines Aufenthaltsortes korrekt bestimmen kann.

Damit ein digitaler Assistent den Tageskontext einer Person ermitteln kann, um so Rückschlüsse auf den potenziellen Tagesverlauf zu ziehen, wurde in Kapitel 4 auf Seite 59 die Erstellung von *Modellen für typische Tage* eines Menschen sowie deren Vergleiche mit aktuellen Tagesverläufen erforscht. Um den Kontext abzuleiten und dadurch den Nutzer zielgerichtet mit Hinweisen unterstützen zu können, wurden unter anderem diverse Maße zum Vergleich von Tagesverläufen vorgestellt. Hunt–McIlroy hat sich dabei mit 72% Genauigkeit als bestes Maß zur Erkennung des Tageskontextes herausgestellt.

8. Zusammenfassung

Um die Nutzenden eines Assistenten proaktiv mit Hinweisen bezüglich des Mobilitätsbedarfs im Alltag zu unterstützen, ist ein System notwendig, das das nächste Ziel vorhersagen kann. Dazu wurde in Kapitel 6 auf Seite 117 ein räumlich-zeitlich-semantisches *Variable Order Markov Model* erforscht. Mit Hilfe dieses Modells konnten die Mobilitätsgewohnheiten eines Menschen ressourceneffizient abgebildet und durch den *Prediction by Partial Matching* Algorithmus die nächsten Aufenthaltsorte vorhergesagt werden. Durch die semantische Abstraktion der Aufenthaltsorte kam es zu einer Verbesserung der Genauigkeit von $Acc_{spatial} = 57.78\%$ auf $Acc_{spatialBySemantic} = 63.85\%$ bis hin zu $Acc_{top3Top3} = 80.51\%$.

Damit die Nutzenden eines Mobilitätsassistenten kontextsensitiv im Alltag unterstützt und nicht zutreffende Vorhersagen des nächsten Ortes minimiert werden können, bedarf es der Zusammenführung der in dieser Arbeit untersuchten Teilsysteme. In Kapitel 7 auf Seite 149 sind drei theoretische Modelle zur Fusion des Tageskontext und der Mobilitätsgewohnheiten vorgestellt worden. Die Modelle unterscheiden sich dabei in der Art und Weise, wie die errechnete *Tagesähnlichkeit* fusioniert werden kann. Die Möglichkeiten erstrecken sich von der Einbindung als Features über die Einbeziehung als zusätzliche Abstraktionsschicht bis hin zu nach *Tagesähnlichkeit* separierten *Variable Order Markov Models*.

8.1. Beitrag

Der wissenschaftliche Beitrag dieser Forschungsarbeit erstreckt sich über mehrere Kapitel und kann generell wie folgt zusammengefasst werden:

- Identifizierung des geeigneten Informationsgrads und nutzerzentrierten Funktionalitäten eines Mobilitätsassistenten.

- Aufzeichnung einer geeigneten, realitätsnahen und umfassenden Datenbasis für Forschungsvorhaben im Bereich Nutzerassistenz mit Hilfe von Smartphones.

- Semantische Klassifizierung von Aufenthaltsorten auf Basis eines umfangreichen Feature-Sets, extrahiert aus Smartphone-üblichen Sensoren.

- Modellierung und Vergleich von (typischen) Tagesverläufen sowie Ableitung des Nutzerkontextes.

- Effiziente Abbildung von Mobilitätsgewohnheiten zur räumlich-zeitlich-semantischen Vorhersage des nächsten Ortes.

- Theoretische Diskussion möglicher Modelle zur Fusion der Ergebnisse der vorgestellten Teilsysteme zur möglichen situansbasierten Unterstützung eines Menschen im Mobilitätsalltag.

Die detaillierten Beiträge sind in den jeweiligen Kapiteln nachzulesen.

8.2. Ausblick

Neben den in dieser Arbeit beantworteten Forschungsfragen aus Kapitel 1.1 sind durch die gewonnen Erkenntnisse weitere Fragen aufgekommen. Aus diesem Grund könnte sich die weitere Forschung, basierend auf dieser Arbeit, neben den bereits in den jeweiligen Kapiteln genannten Ausblicken mit den folgenden Fragen beschäftigen:

- Erweiterung der *Mobility Companion* App, um die Funktion zur Anzeige des vom System nächsten vorhergesagten Ortes.

- Durchführung einer Feldstudie, um unter anderem die wahrgenommene Genauigkeit der Ortsvorhersagen durch die Nutzenden im Alltag zu erforschen.

- Implementierung, Evaluation und Abgrenzung der in Kapitel 7 vorgestellten Modelle.

- Integration der identifizierten Anforderungen an einen Mobilitätsassistenten (siehe Kapitel 2) basierend auf den in dieser Arbeit erforschten Ergebnissen in einen Smartphone-basierten Assistenten.

Literaturverzeichnis

[1] Alnosayan, Nagla, Edward Lee, Ala Alluhaidan, Samir Chatterjee, Linda Houston-Feenstra, Mercy Kagoda und Wayne Dysinger: *MyHeart: An intelligent mHealth home monitoring system supporting heart failure self-care*. In: *2014 IEEE 16th International Conference on e-Health Networking, Applications and Services (Healthcom)*, Seiten 311–316. IEEE, oct 2014.

[2] Alvares, Luis Otavio, Vania Bogorny, Bart Kuijpers, Jose Antonio Fernandes de Macedo, Bart Moelans und Alejandro Vaisman: *A model for enriching trajectories with semantic geographical information*. Proceedings of the 15th Annual ACM International Symposium on Advances in Geographic Information Systems (GIS '07), (i):22:1–22:8, 2007.

[3] Ang, Boon Khai, Daniel Dahlmeier, Ziheng Lin, Jian Huang, Mun Lie Seeto und Hendy Shi: *Indoor Next Location Prediction with Wi-Fi Boon-Khai*. In: *The Fourth International Conference on Digital Information Processing and Communications (ICDIPC2014)*, Seiten 107–113, 2014.

[4] Arase, Yuki, Fei Ren und Xing Xie: *User activity understanding from mobile phone sensors*. In: *Proceedings of the 12th ACM international conference adjunct papers on Ubiquitous computing - Ubicomp '10*, Seite 391, New York, New York, USA, 2010. ACM Press.

[5] Arentze, Theo A und Harry J.P Timmermans: *A learning-based transportation oriented simulation system*. Transportation Research Part B: Methodological, 38(7):613–633, aug 2004.

[6] Bao, Ling und Stephen S Intille: *Activity Recognition from User-Annotated Acceleration Data*. In: *Pervasive Computing*, Seiten 1–17, 2004.

[7] Bapierre, Halgurt, Georg Groh und Stefan Theiner: *A Variable Order Markov Model Approach for Mobility Prediction*. Space, Time and Ambient Intelligence, (July):8–16, 2011.

Literaturverzeichnis

[8] Bar-David, Roni und Mark Last: *Context-aware location prediction*. Lecture Notes in Computer Science (including subseries Lecture Notes in Artificial Intelligence and Lecture Notes in Bioinformatics), 9546:165–185, 2016.

[9] Begleiter, Ron, Ran El-Yaniv und Golan Yona: *On prediction using variable order Markov models*. Journal of Artificial Intelligence Research, 22:385–421, 2004.

[10] Berchtold, Martin, Matthias Budde, Dawud Gordon, Hedda R. Schmidtke und Michael Beigl: *ActiServ: Activity Recognition Service for mobile phones*. International Symposium on Wearable Computers (ISWC) 2010, Seiten 1–8, 2010.

[11] Bhattacharya, Sourav, Patrik Floreen, Andreas Forsblom, Samuli Hemminki, Petri Myllymaki, Petteri Nurmi, Teemu Pulkkinen und Antti Salovaara: *Ma$$ivE – An Intelligent Mobile Grocery Assistant*. In: *2012 Eighth International Conference on Intelligent Environments*, Seiten 165–172. IEEE, jun 2012.

[12] Biagioni, James und John Krumm: *Days of our lives: Assessing day similarity from location traces*. Lecture Notes in Computer Science (including subseries Lecture Notes in Artificial Intelligence and Lecture Notes in Bioinformatics), 7899 LNCS:89–101, 2013.

[13] BMW: *BMW at the Consumer Electronics Show (CES) 2016 in Las Vegas.*, 2016. https://mediapool.bmwgroup.com/download/edown/pressclub/publicq?dokNo=P90206910&quality=80&attachment=1&square=0&actEvent=scaleZoom, [Online; Zuletzt betrachtet 13. September 2017].

[14] Bouten, C.V.C., K.T.M. Koekkoek, Maarten Verduin, Rens Kodde und J.D. Janssen: *A triaxial accelerometer and portable data processing unit for the assessment of daily physical activity*. IEEE Transactions on Biomedical Engineering, 44(3):136–147, mar 1997.

[15] Brehm, Sharon S und Jack W Brehm: *CHAPTER 1 - Introduction: Freedom, Control, and Reactance Theory*. In: *Psychological Reactance*, Seiten 1–7. 1981.

[16] Brézillon, Patrick: *From expert systems to context-based intelligent assistant systems: a testimony*. The Knowledge Engineering Review, 26(01):19–24, 2011.

[17] Brooke, John, Patrick W. Jordan, Bruce Thomas, Bernard A. Weerdmeester und Ian L. McClelland: *SUS: A quick and dirty usability scale*. Usability evaluation in industry, 189(194):4–7, 1996.

[18] Bunton, Suzanne: *Semantically Motivated Improvements for PPM Variants*. The Computer Journal, 40(2 and 3):76–93, feb 1997.

[19] Cesta, Amedeo, Gabriella Cortellessa, M. Vittoria Giuliani, Federico Pecora, Massimiliano Scopelliti und Lorenza Tiberio: *Psychological implications of domestic assistive technology for the elderly*. PsychNology Journal, 5(3):229–252, 2007.

[20] Champin, Pierre Antoine und Christine Solnon: *Measuring the Similarity of Labeled Graphs*. In: *Case-Based Reasoning Research and Development*, Band 2689, Seiten 80–95. Springer Berlin Heidelberg, Berlin, Heidelberg, 2003.

[21] Chang, Keng Hao, Mike Y Chen und John Canny: *Tracking Free-Weight Exercises*. In: *UbiComp 2007: Ubiquitous Computing*, Band 4717, Seiten 19–37. Springer Berlin Heidelberg, Berlin, Heidelberg, 2007.

[22] Church, Karen, Mauro Cherubini und Nuria Oliver: *A large-scale study of daily information needs captured in situ*. ACM Transactions on Computer-Human Interaction, 21(2):1–46, feb 2014.

[23] Cleary, John G. und Ian H. Witten: *Data Compression Using Adaptive Coding and Partial String Matching*. IEEE Transactions on Communications, 32(4):396–402, 1984.

[24] Consolvo, Sunny, David W McDonald, Tammy Toscos, Mike Y Chen, Jon Froehlich, Beverly Harrison, Predrag Klasnja, Anthony LaMarca, Louis LeGrand, Ryan Libby, Ian Smith und James A Landay: *Activity Sensing in the Wild: A Field Trial of UbiFit Garden*. In: *Chi 2008: 26Th Annual Chi Conference on Human Factors in Computing Systems Vols 1 and 2, Conference Proceedings*, Seiten 1797–1806, 2008.

[25] Coronato, Antonio, Massimo Esposito und Giuseppe De Pietro: *A multimodal semantic location service for intelligent environments: an application for Smart Hospitals*. Personal and Ubiquitous Computing, 13(7):527–538, oct 2009.

[26] Cortellessa, Gabriella, Massimiliano Scopelliti, Lorenza Tiberio, Gion Koch Svedberg, Amy Loutfi und Federico Pecora: *A cross-cultural evaluation of domestic assistive robots*. AAAI Fall Symposium - Technical Report, FS-08-02:24–31, 2008.

[27] Costa, Ângelo und Paulo Novais: *An Intelligent Multi-Agent Memory Assistant*. In: *Handbook of Digital Homecare*, Nummer May, Seiten 197–221. 2011.

[28] Dashdorj, Zolzaya und Stanislav Sobolevsky: *Characterization of behavioral patterns exploiting description of geographical areas*. Lecture Notes in Computer Science (including subseries Lecture Notes in Artificial Intelligence and Lecture Notes in Bioinformatics), 9860 LNCS:159–176, oct 2016.

[29] De Graaf, Maartje, Somaya Ben Allouch und Jan Van Dijk: *Why Do They Refuse to Use My Robot?: Reasons for Non- Use Derived from a Long-Term Home Study*. In:

Literaturverzeichnis

HRI '17 Proceedings of the 2017 ACM/IEEE International Conference on Human-Robot Interaction, Seiten 224–233, 2017.

[30] Eagle, Nathan und Alex Pentland: *Reality mining: Sensing complex social systems.* Personal and Ubiquitous Computing, 10(4):255–268, 2006.

[31] Eagle, Nathan und Alex Sandy Pentland: *Eigenbehaviors: Identifying structure in routine.* Behavioral Ecology and Sociobiology, 63(7):1057–1066, may 2009.

[32] Ester, Martin, Hans Peter Kriegel, Jörg Sander und Xiaowei Xu: *A density-based algorithm for discovering clusters in large spatial databases with noise.* Kdd, 96:226–231, mar 1996.

[33] Etter, Vincent, Mohamed Kafsi und Ehsan Kazemi: *Been There , Done That: What Your Mobility Traces Reveal about Your Behavior.* Nokia Mobile Data Challenge 2012 Workshop, Seiten 1–6, 2012.

[34] Etter, Vincent, Mohamed Kafsi, Ehsan Kazemi, Matthias Grossglauser und Patrick Thiran: *Where to go from here? Mobility prediction from instantaneous information.* Pervasive and Mobile Computing, 9(6):784–797, 2013.

[35] Farrahi, Katayoun und Daniel Gatica-Perez: *Daily Routine Classification from Mobile Phone Data.* In: *Machine Learning for Multimodal Interaction*, Seiten 173–184. Springer Berlin Heidelberg, Berlin, Heidelberg, 2008.

[36] Farringdon, J., A.J. Moore, N. Tilbury, J. Church und P.D. Biemond: *Wearable sensor badge and sensor jacket for context awareness.* In: *Digest of Papers. Third International Symposium on Wearable Computers*, Seiten 107–113. IEEE Comput. Soc, 1999.

[37] Gambs, Sébastien, Marc Olivier Killijian und Miguel Núñez Del Prado Cortez: *Next place prediction using mobility Markov chains.* Proceedings of the First Workshop on Measurement Privacy and Mobility MPM 2012, Seiten 1–6, 2012.

[38] Ghosh, Shreya und Soumya K. Ghosh: *THUMP: Semantic Analysis on Trajectory Traces to Explore Human Movement Pattern.* In: *Proceedings of the 25th International Conference Companion on World Wide Web - WWW '16 Companion*, Seiten 35–36, New York, New York, USA, 2016. ACM Press.

[39] González, Marta C, César a Hidalgo und Albert László Barabási: *Understanding individual human mobility patterns.* Nature, 453(June):779–782, 2008.

[40] Google: *Maps*, 2017. https://www.google.de/maps, [Online; Zuletzt betrachtet September 2017].

[41] Hamming, R. W.: *Error Detecting and Error Correcting Codes.* Bell System Technical Journal, 29(2):147–160, apr 1950.

[42] Horzyk, Adrian, S Magierski und Grzegorz Miklaszewski: *An Intelligent Internet Shop-Assistant Recognizing a Customer Personality for Improving Man-Machine Interactions.* Recent Advances in intelligent information systems, Seiten 13–26, 2009.

[43] Hua, Jingyu, Zhenyu Shen und Sheng Zhong: *We Can Track You If You Take the Metro: Tracking Metro Riders Using Accelerometers on Smartphones.* arXiv preprint arXiv:1505.05958, 2015.

[44] Hunt, J W und M D Mcilroy: *An Algorithm for Differential File Comparison.* Time, 41(41):1–9, 1976.

[45] Junker, H., P. Lukowicz und G. Troster: *Sampling Frequency, Signal Resolution and the Accuracy of Wearable Context Recognition Systems.* In: *Eighth International Symposium on Wearable Computers*, Band 1, Seiten 176–177. IEEE, 2004.

[46] Kang, Hejun und Darren M. Scott: *Exploring day-to-day variability in time use for household members.* Transportation Research Part A: Policy and Practice, 44(8):609–619, oct 2010.

[47] Keeble, R. J. und R. D. Macredie: *Assistant agents for the world wide web intelligent interface design challenges.* Interacting with Computers, 12(4):357–381, 2000.

[48] Kern, Nicky, Bernt Schiele und Albrecht Schmidt: *Multi-sensor Activity Context Detection for Wearable Computing.* In: *Ambient Intelligence*, Seiten 220–232. 2003.

[49] Kiukkonen, Niko, Jan Blom, Olivier Dousse, Daniel Gatica-Perez und Juha Laurila: *Towards rich mobile phone datasets: Lausanne data collection campaign.* Proceedings ACM International Conference on Pervasive Services (ICPS), Berlin, 2010.

[50] Ko, Minsam, Seungwoo Choi, Koji Yatani und Uichin Lee: *Lock n' LoL: group-based limiting assistance app to mitigate smartphone distractions in group activities.* In: *Proceedings of the 2016 CHI Conference on Human Factors in Computing Systems - CHI '16*, Seiten 998–1010, New York, New York, USA, 2016. ACM Press.

[51] Laugwitz, Bettina, Theo Held und Martin Schrepp: *Construction and Evaluation of a User Experience Questionnaire.* In: *HCI and Usability for Education and Work*, Band 5298, Seiten 63–76. 2008.

[52] Laurila, Juha K., Daniel Gatica-Perez, Imad Aad, Jan Blom, Olivier Bornet, Trinh Minh Tri Do, Olivier Dousse, Julien Eberle und Markus Miettinen: *From big smart-*

phone data to worldwide research: The Mobile Data Challenge. Pervasive and Mobile Computing, 9(6):752–771, 2013.

[53] Lester, Jonathan, Tanzeem Choudhury, Nicky Kern, Gaetano Borriello und Blake Hannaford: *A hybrid discriminative/generative approach for modeling human activities.* In: *Proceedings of the 19th international joint conference on Artificial intelligence*, Band 45, Seiten 766–772, oct 2005.

[54] Levenshtein, Vladimir I.: *Binary codes capable of correcting deletions, insertions, and reversals.* Soviet Physics Doklady, 10(8):707–710, 1966.

[55] Liao, L., D. Fox und H. Kautz: *Extracting Places and Activities from GPS Traces Using Hierarchical Conditional Random Fields.* The International Journal of Robotics Research, 26:119–134, 2007.

[56] Likert, R.: *A technique for the measurement of attitudes.* Archives of Psychology, 22:5–55, 1932.

[57] Lung, Huei Yu, Chih Heng Chung und Bi Ru Dai: *Predicting Locations of Mobile Users Based on Behavior Semantic Mining.* In: *Pacific-Asia Conference on Knowledge Discovery and Data Mining*, Seiten 168–180, 2014.

[58] Maes, Pattie: *Agents that reduce work and information overload.* Communications of the ACM, 37(7):30–40, 1994.

[59] Mantyjarvi, J., Johan Himberg und T. Seppanen: *Recognizing human motion with multiple acceleration sensors.* In: *2001 IEEE International Conference on Systems, Man and Cybernetics. e-Systems and e-Man for Cybernetics in Cyberspace (Cat.No.01CH37236)*, Band 2, Seiten 747–752. IEEE, 2001.

[60] Matsuo, Nobuo und Kazumasa Takami: *Creation of a Habit Model from GPS Data and Algorithms for Providing Awareness Services.* In: *Proceedings of the 2013 Interantional Conference on Computing and Big Data*, 2013.

[61] McInerney, J, Sebastian Stein, Alex Rogers und NR Jennings: *Exploring periods of low predictability in daily life mobility.* Nokia Mobile Data Challenge, 2012.

[62] Minnen, Joeri, Ignace Glorieux und Theun Pieter van Tienoven: *Transportation habits: Evidence from time diary data.* Transportation Research Part A: Policy and Practice, 76:25–37, 2015.

[63] Mirsky, Yisroel, Asaf Shabtai, Lior Rokach, Bracha Shapira und Yuval Elovici: *SherLock vs Moriarty: A Smartphone Dataset for Cybersecurity Research.* Aisec, Seiten 1–12, 2016.

[64] Moffat, Alistair: *Implementing the PPM Data Compression Scheme*. IEEE Transactions on Communications, 38(11):1917–1921, 1990.

[65] Monreale, Anna, Fabio Pinelli und Roberto Trasarti: *WhereNext : a Location Predictor on Trajectory Pattern Mining*. Proceedings of the 15th ACM SIGKDD international conference on Knowledge discovery and data mining - KDD '09, Seiten 637–645, 2009.

[66] Montoliu, Raul, Jan Blom und Daniel Gatica-Perez: *Discovering places of interest in everyday life from smartphone data*. Multimedia Tools and Applications, 62(1):179–207, jan 2013.

[67] Montoliu, Raul, Adolfo Martínez-Uso und Jose Martínez-sotoca: *Semantic place prediction by combining smart binary*. Nokia Mobile Data Challenge 2012 Workshop. p. Dedicated task, 1(McC):1–6, 2012.

[68] Nack, Lukas, Roman Roor, Michael Karg, Alexandra Kirsch, Olga Birth, Sebastian Leibe und Markus Strassberger: *Acquisition and Use of Mobility Habits for Personal Assistants*. In: IEEE Conference on Intelligent Transportation Systems, Proceedings, ITSC, Band 2015-Octob, Seiten 1500–1505, 2015.

[69] Neal, David T., Wendy Wood und Jeffrey M. Quinn: *Habits - A repeat performance*. Current Directions in Psychological Science, 15(4):198–202, 2006.

[70] Noulas, Anastasios, Cecilia Mascolo und Enrique Frias-Martinez: *Exploiting foursquare and cellular data to infer user activity in urban environments*. Proceedings - IEEE International Conference on Mobile Data Management, 1:167–176, 2013.

[71] Nourjou, Reza, Michinori Hatayama und Hirokazu Tatano: *Introduction to spatially distributed intelligent assistant agents for coordination of human-agent teams' actions*. 9th IEEE International Symposium on Safety, Security, and Rescue Robotics, SSRR 2011, Seiten 251–258, 2011.

[72] Palma, Andrey Tietbohl, Vania Bogorny, Bart Kuijpers und Luis Otavio Alvares: *A clustering-based approach for discovering interesting places in trajectories*. In: Proceedings of the 2008 ACM symposium on Applied computing - SAC '08, Band 3, Seite 863. ACM Press, 2008.

[73] Parent, Christine, Nikos Pelekis, Yannis Theodoridis, Zhixian Yan, Stefano Spaccapietra, Chiara Renso, Gennady Andrienko, Natalia Andrienko, Vania Bogorny, Maria Luisa Damiani, Aris Gkoulalas-Divanis und Jose Macedo: *Semantic trajectories modeling and analysis*. ACM Computing Surveys, 45(4):1–32, 2013.

Literaturverzeichnis

[74] Perrin, O, P Terrier, Q Ladetto, B Merminod und Y Schutz: *Improvement of walking speed prediction by accelerometry and altimetry, validated by satellite positioning.* Medical & Biological Engineering & Computing, 38(2):164–168, mar 2000.

[75] Preece, Stephen J, John Y Goulermas, Laurence P J Kenney, Dave Howard, Kenneth Meijer und Robin Crompton: *Activity identification using body-mounted sensors—a review of classification techniques.* Physiological Measurement, 30(4):R1–R33, apr 2009.

[76] Ravi, Nishkam, Nikhil Dandekar, Preetham Mysore und Ml Michael L Littman: *Activity Recognition from Accelerometer Data.* In: *Proceedings of the 17th conference on Innovative applications of artificial intelligence*, Band 5518 LNCS, Seiten 1541–1546, 2005.

[77] Real, R. und J. M. Vargas: *The Probabilistic Basis of Jaccard's Index of Similarity.* Systematic Biology, 45(3):380–385, 1996.

[78] Reddy, Sasank, Min Mun, Jeff Burke, Deborah Estrin, Mark Hansen und Mani Srivastava: *Using mobile phones to determine transportation modes.* ACM Transactions on Sensor Networks, 6(2):1–27, feb 2010.

[79] Rocznik, Dorothee, Klaus Goffart, Manuel Wiesche und Helmut Krcmar: *Towards Identifying User-Centered Requirements for Smart In-House Mobility Services.* KI - Künstliche Intelligenz, 31(3):249–256, aug 2017.

[80] Roor, R., J. Hess, M. Saveriano, M. Karg und A. Kirsch: *Sensor fusion for semantic place labeling.* In: *VEHITS 2017 - Proceedings of the 3rd International Conference on Vehicle Technology and Intelligent Transport Systems*, 2017.

[81] Roor, Roman, Michael Karg, Andy Liao, Wenhui Lei und Alexandra Kirsch: *Predictive ridesharing based on personal mobility patterns.* In: *2017 IEEE Intelligent Vehicles Symposium (IV)*, Nummer IV, Seiten 1322–1329. IEEE, jun 2017.

[82] Roor, Roman, Lara Scatturin, Michael Karg und Alexandra Kirsch: *Demands and Needs of an Everyday Mobility Assistant.* working paper or preprint, 2017.

[83] Roor, Roman, Julian Zurmühl, Michael Karg und Alexandra Kirsch: *Predictive Ridesharing Based on Semantically Abstracted Personal Mobility Patterns.* working paper or preprint, März 2018.

[84] Roorda, Matthew J. und Tomás Ruiz: *Long- and short-term dynamics in activity scheduling: A structural equations approach.* Transportation Research Part A: Policy and Practice, 42(3):545–562, mar 2008.

[85] Samson, Alain und Dan Ariely: *The behavioral economics guide 2017.* White Paper, Seite 134, 2017.

[86] Scellato, Salvatore, Mirco Musolesi, Cecilia Mascolo, Vito Latora und Andrew T. Campbell: *NextPlace: A spatio-temporal prediction framework for pervasive systems.* Lecture Notes in Computer Science (including subseries Lecture Notes in Artificial Intelligence and Lecture Notes in Bioinformatics), 6696 LNCS:152–169, 2011.

[87] Segal, Richard B. und Jeffrey O. Kephart: *MailCat: an intelligent assistant for organizing e-mail.* In: *Proceedings of the third annual conference on Autonomous Agents - AGENTS '99*, Seiten 276–282, New York, New York, USA, 1999. ACM Press.

[88] Shkarin, D.: *PPM: One step to practicality.* In: *Data Compression Conference Proceedings*, Band 2002-Janua, Seiten 202–211. IEEE Comput. Soc, 2002.

[89] Siewiorek, D., A. Smailagic, J. Furukawa, A. Krause, N. Moraveji, K. Reiger, J. Shaffer und Fei Lung Wong: *SenSay: a context-aware mobile phone.* Seventh IEEE International Symposium on Wearable Computers, 2003. Proceedings., Seiten 248–249, 2003.

[90] Sohn, Timothy, Kevin a. Li, William G. Griswold und James D. Hollan: *A diary study of mobile information needs.* In: *Proceeding of the twenty-sixth annual CHI conference on Human factors in computing systems - CHI '08*, Seite 433, New York, New York, USA, 2008. ACM Press.

[91] Song, C., Z. Qu, N. Blumm und A. L. Barabasi: *Limits of Predictability in Human Mobility.* Science, 327(5968):1018–1021, feb 2010.

[92] Sørensen, Thorvald: *A method of establishing groups of equal amplitude in plant sociology based on similarity of species and its application to analyses of the vegetation on Danish commons.* Biologiske Skrifter, 5:1–34, 1948.

[93] Southerton, Dale: *Habits, routines and temporalities of consumption: From individual behaviours to the reproduction of everyday practices.* Time & Society, 22(3):335–355, nov 2013.

[94] Stikic, Maja, Kristof Van Laerhoven und Bernt Schiele: *Exploring semi-supervised and active learning for activity recognition.* In: *2008 12th IEEE International Symposium on Wearable Computers*, Seiten 81–88. IEEE, 2008.

[95] Sun, Ming, Yun Nung Chen und Alexander I. Rudnicky: *An Intelligent Assistant for High-Level Task Understanding.* In: *Proceedings of the 21st International Conference on Intelligent User Interfaces - IUI '16*, Seiten 169–174, New York, New York, USA, 2016. ACM Press.

Literaturverzeichnis

[96] Wang, Hongwu, Jijie Xu, Garrett Grindle, Juan Vazquez, Ben Salatin, Annmarie Kelleher, Dan Ding, Diane M. Collins und Rory A. Cooper: *Performance evaluation of the personal mobility and manipulation appliance (PerMMA)*. Medical Engineering and Physics, 35(11):1613–1619, 2013.

[97] Wang, Rui, Fanglin Chen, Zhenyu Chen, Tianxing Li, Gabriella Harari, Stefanie Tignor, Xia Zhou, Dror Ben-Zeev und Andrew T. Campbell: *StudentLife: assessing mental health, academic performance and behavioral trends of college students using smartphones*. Proceedings of the 2014 ACM International Joint Conference on Pervasive and Ubiquitous Computing - UbiComp '14 Adjunct, Seiten 3–14, 2014.

[98] Watson, Nathaniel F., M Safwan Badr, Gregory Belenky, Donald L Bliwise, Orfeu M Buxton, Daniel Buysse, David F. Dinges, James Gangwisch, Michael A. Grandner, Clete Kushida, Raman K. Malhotra, Jennifer L. Martin, Sanjay R. Patel, Stuart Quan und Esra Tasali: *Recommended Amount of Sleep for a Healthy Adult: A Joint Consensus Statement of the American Academy of Sleep Medicine and Sleep Research Society*. SLEEP, 38(6):843–844, jun 2015.

[99] Wood, Wendy, Jeffrey M. Quinn und Deborah A. Kashy: *Habits in everyday life: Thought, emotion, and action*. Journal of Personality and Social Psychology, 83(6):1281–1297, 2002.

[100] Wu, Fan, Kun Fu, Yang Wang, Zhibin Xiao und Xingyu Fu: *A Spatial-Temporal-Semantic Neural Network Algorithm for Location Prediction on Moving Objects*. Algorithms, 10(2):37, mar 2017.

[101] Yamazaki, Kimitoshi, Ryohei Ueda, Shunichi Nozawa, Mitsuharu Kojima, Kei Okada, Kiyoshi Matsumoto, Masaru Ishikawa, Isao Shimoyama und Masayuki Inaba: *Home-assistant robot for an aging society*. Proceedings of the IEEE, 100(8):2429–2441, 2012.

[102] Yi, Byoung Kee, HV Jagadish und Christos Faloutsos: *Efficient retrieval of similar time sequences under time warping*. In: *14th International Conference on Data Engineering, 1998. Proceedings*, Band 14, Seiten 201–208. IEEE Comput. Soc, 1998.

[103] Ying, Josh Jia Ching, Wang Chien Lee, Tz Chiao Weng und Vincent S. Tseng: *Semantic trajectory mining for location prediction*. Proceedings of the 19th ACM SIGSPATIAL International Conference on Advances in Geographic Information Systems - GIS '11, Seite 34, 2011.

[104] Zheng, Yu, Hao Fu, Xing Xie, Wei Ying Ma und Quannan Li: *Geolife GPS trajectory dataset - User Guide*. Microsoft Reasearch Asia, 2(April 2007):31–34, 2011.

[105] Zheng, Yu, Quannan Li, Yukun Chen, Xing Xie und Wei Ying Ma: *Understanding mobility based on GPS data*. Proceedings of the 10th international conference on Ubiquitous computing - UbiComp '08, (49):312, 2008.

[106] Zhou, Wuxiao, Li Xu und Jie Yang: *An intent-based control approach for an intelligent mobility aid*. CAR 2010 - 2010 2nd International Asia Conference on Informatics in Control, Automation and Robotics, 2:54–57, 2010.

[107] Zhu, Yin, Erheng Zhong, Zhongqi Lu und Qiang Yang: *Feature engineering for place category classification*. Proceedings of Nokia Mobile Data Challenge, Seiten 2–7, 2012.

[108] Zinnen, Andreas, Ulf Blanke und Bernt Schiele: *An Analysis of Sensor-Oriented vs. Model-Based Activity Recognition*. In: *2009 International Symposium on Wearable Computers*, Seiten 93–100. IEEE, sep 2009.

Anhang A.

Mobility Companion App Datenbank

Nachfolgend werden die Tabellen und Spalten der *Mobility Companion* App Datenbank beschrieben, deren Daten in dieser Forschungsarbeit verwendet wurden. Manchen Tabellen nutzen die SpatiaLite Erweiterung[1] zur Kodierung von geografischen Koordinaten.

activity_recognition Daten aufgezeichnet durch die Activity Recognition API.

    id (int) Fortlaufende ID.

    time (int) Unixtime zum Zeitpunkt der Datenaufzeichnung.

    confidence (int) Confidence Wert der `most_probable_activity`.

    most_probable_activity (int) Wert der Activity Recognition API für die wahrscheinlichste Aktivität.

    most_probable_activity_label (str) Bezeichnung der Activity Recognition API für die wahrscheinlichste Aktivität.

    in_vehicle (int) Confidence Wert für diese Aktivität.

    on_bicycle (int) Confidence Wert für diese Aktivität.

    on_foot (int) Confidence Wert für diese Aktivität.

    running (int) Confidence Wert für diese Aktivität.

    still (int) Confidence Wert für diese Aktivität.

    tilting (int) Confidence Wert für diese Aktivität.

    unknown (int) Confidence Wert für diese Aktivität.

    walking (int) Confidence Wert für diese Aktivität.

---

[1] https://www.gaia-gis.it/fossil/libspatialite/index

Anhang A. Mobility Companion App Datenbank

bluetooth_scanning Blutooth Aufzeichnungen.

> **id** (int) Fortlaufende ID.
>
> **time** (int) Unixtime zum Zeitpunkt der Datenaufzeichnung.
>
> **address** (str) MAC Adresse des gescannten Geräts.
>
> **bond_state** (int) Verbindungszustand des Geräts.
>
> **device_name** (str) Name des Geräts.
>
> **type** (int) Service Class des Geräts.
>
> **device_class** (int) Minor Class des Geräts.
>
> **device_major_class** (int) Major Class des Geräts.

cluster Durch CB-SMoT erkannte *Cluster* innerhalb der GPS Aufzeichnungen. Nutzt die SpatiaLite Erweiterung.

> **id** (int) Fortlaufende ID.
>
> **name** (str) Vollständige Adresse des *Clusters*.
>
> **cluster_area** (bin) Durch die SpatiaLite Erweiterung kodiertes Polynom der konvexen Hülle des Clusters.
>
> **centroid** (bin) Durch die SpatiaLite Erweiterung kodierter geometrischer Schwerpunkt des Clusters (X, Y).

locations Enthält die GPS Aufzeichnungen. Nutzt die SpatiaLite Erweiterung.

> **id** (int) Fortlaufende ID.
>
> **time** (int) Unixtime zum Zeitpunkt der Datenaufzeichnung.
>
> **accuracy** (int) Genauigkeitswert der Aufzeichnung.
>
> **bearing** (int) Peilung zum Zeitpunkt der Aufzeichnung.
>
> **speed** (int) Geschwindigkeit zum Zeitpunkt der Aufzeichnung.
>
> **point** (bin) Durch die SpatiaLite Erweiterung kodierter geografischer Punkt (X, Y).

movement Durch CB-SMoT erkannte *Moves* innerhalb der GPS Aufzeichnungen. Enthält die Bewegungen zwischen zwei *Stops*.

> **id** (int) Fortlaufende ID.

type_id (int) Verweis auf `travel_mode.id`. Gibt das genutzte Fortbewegungsmittel an.

origin_id (int) Verweis auf `stop.id`. Gibt den *Stop* des Starts an.

destination_id (int) Verweis auf `stop.id`. Gibt den *Stop* des Ziels an.

origin_time (int) Unixtime zu Beginn der Bewegung.

destination_time (int) Unixtime zum Zeitpunkt der Ankunft.

movement_location Durch CB-SMoT erkannte *Moves* innerhalb der GPS Aufzeichnungen. Enthält die rohen GPS Aufzeichnungen zwischen zwei *Stops*. Nutzt die SpatiaLite Erweiterung.

id (int) Fortlaufende ID.

time (int) Unixtime zum Zeitpunkt der Datenaufzeichnung.

movement_id (int) Verweis auf `movement.id`. Gibt an zu welchem *Move* die GPS Aufzeichnung gehört.

point (bin) Durch die SpatiaLite Erweiterung kodierter geografischer Punkt (X, Y).

phone_status Statusinformationen des Smartphones.

id (int) Fortlaufende ID.

time (int) Unixtime zum Zeitpunkt der Datenaufzeichnung.

phone_model_code (str) Herstellerbezeichnung des Smartphones.

phone_model_name (str) Offizieller Name des Smartphones

android_version (str) Version des Android OS.

phone_plug_status (int) Zustand des USB Steckers des Smartphones.

phone_plug_status_label (str) Bezeichnung des Zustandes des USB Steckers vom Smartphone.

is_airplane_mode_on (int) 0 = aus; 1 = an.

ringer_mode (int) Zustand des Ruftonmodus.

ringer_mode_label (str) Bezeichnung des Zustandes des Ruftonmodus.

is_wifi_on (int) 0 = aus; 1 = an.

wifi_connected (int) 0 = nicht verbunden; 1 = verbunden.

wifi_connected_status_label (str) Bezeichnung des Verbindungstatus.

wifi_connected_network_bssid (str) MAC Adresse des verbundenen WLAN Access Points.

wifi_connected_network_ssid (str) Netzwerkname des verbundenen WLAN Access Points.

is_bluetooth_on (int) 0 = aus; 1 = an.

bluetooth_status_connected (int) 0 = nicht verbunden; 1 = verbunden.

bluetooth_connected_device_string_1 (str) Diverse Informationen des verbundenen Geräts 1.

bluetooth_connected_device_address_1 (str) MAC Adresse des verbundenen Geräts 1.

bluetooth_connected_device_major_type_1 (int) Major Class des Verbundenen Geräts 1.

bluetooth_connected_device_major_type_label_1 (str) Major Class Bezeichnung des Verbundenen Geräts 1.

bluetooth_connected_device_string_2 (str) Diverse Informationen des verbundenen Geräts 2.

bluetooth_connected_device_address_2 (str) MAC Adresse des verbundenen Geräts 2.

bluetooth_connected_device_major_type_2 (int) Major Class des Verbundenen Geräts 2.

bluetooth_connected_device_major_type_label_2 (str) Major Class Bezeichnung des Verbundenen Geräts 2.

is_cell_service_available (int) Mobilfunkempfang möglich?

cell_service_state (int) Empfangszustand des Mobilfunksignals.

cell_service_state_label (str) Bezeichnung des Empfangszustands des Mobilfunksignals.

cell_service_gsm_signal_strength (int) Signalstärke.

app_version (str) Versionsnummer der *Mobility Companion* App.

place_type Enthält eine Übersicht der verwendeten Ortskategorien.

- **id** (int) Festgelegte ID.
- **name** Kategoriename.

stop Durch CB-SMoT erkannte *Stops* innerhalb der GPS Aufzeichnungen.

- **id** (int) Fortlaufende ID.
- **cluster_id** (int) Verweis auf `cluster.id`. Gibt an zu welchem *Cluster* die GPS Aufzeichnung gehört.
- **start_time** (int) Unixtime zu Beginn des Aufenthalts in diesem *Cluster*.
- **end_time** (int) Unixtime zum Ende des Aufenthalts in diesem *Cluster*.
- **place_type_id** (int) Verweis auf `place_type.id`. Gibt an zu welcher Ortskategorie der *Stop* gehört.

travel_mode Enthält eine Übersicht der möglichen Fortbewegungsarten.

- **id** (int) Festgelegte ID.
- **name** Name der Fortbewegungsart.

wlan_scanning WLAN Aufzeichnungen.

- **id** (int) Fortlaufende ID.
- **time** (int) Unixtime zum Zeitpunkt der Datenaufzeichnung.
- **bssid** (str) Die MAC Adresse des gescannten Geräts.
- **ssid** (str) Der Name des Netzwerks.
- **capabilities** (str) Die verwendeten Protokolle.
- **frequency** (int) Die genutzte Frequenz.
- **level** (int) Die Signalstärke in dB.

Anhang B.

Typische Tage und Tagesvergleiche

Nachfolgend sind ergänzende Informationen des Kapitels 5 zu finden.

B.1. Testdatensatz

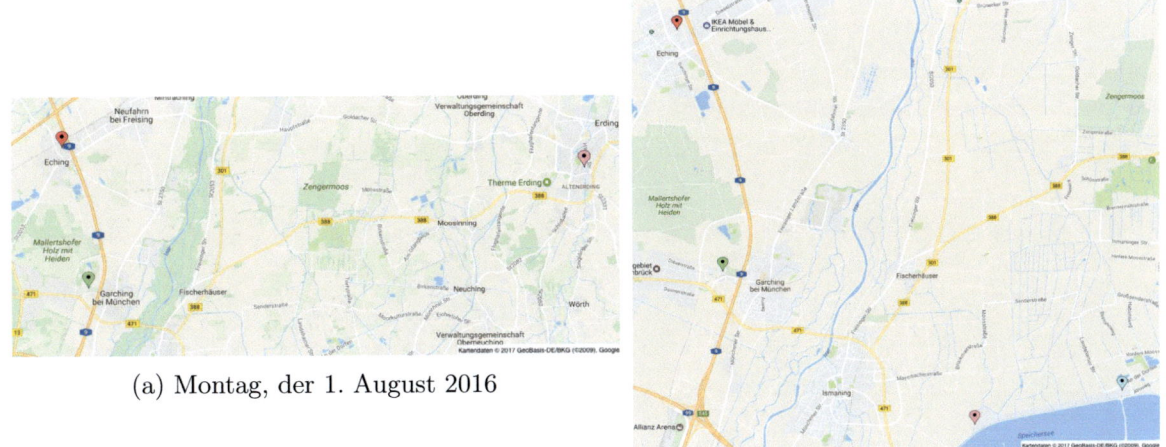

(a) Montag, der 1. August 2016

(b) Dienstag, der 2. August 2016

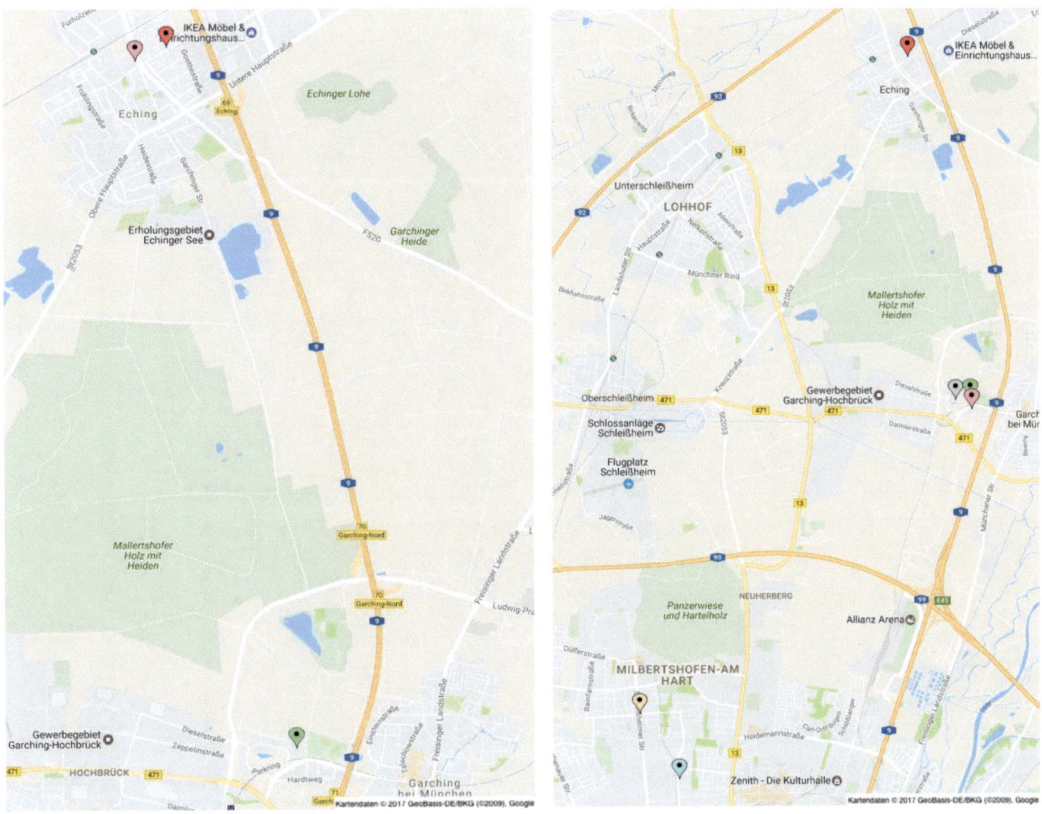

(c) Mittwoch, der 3. August 2016

(d) Donnerstag, der 4. August 2016

Anhang B. Typische Tage und Tagesvergleiche

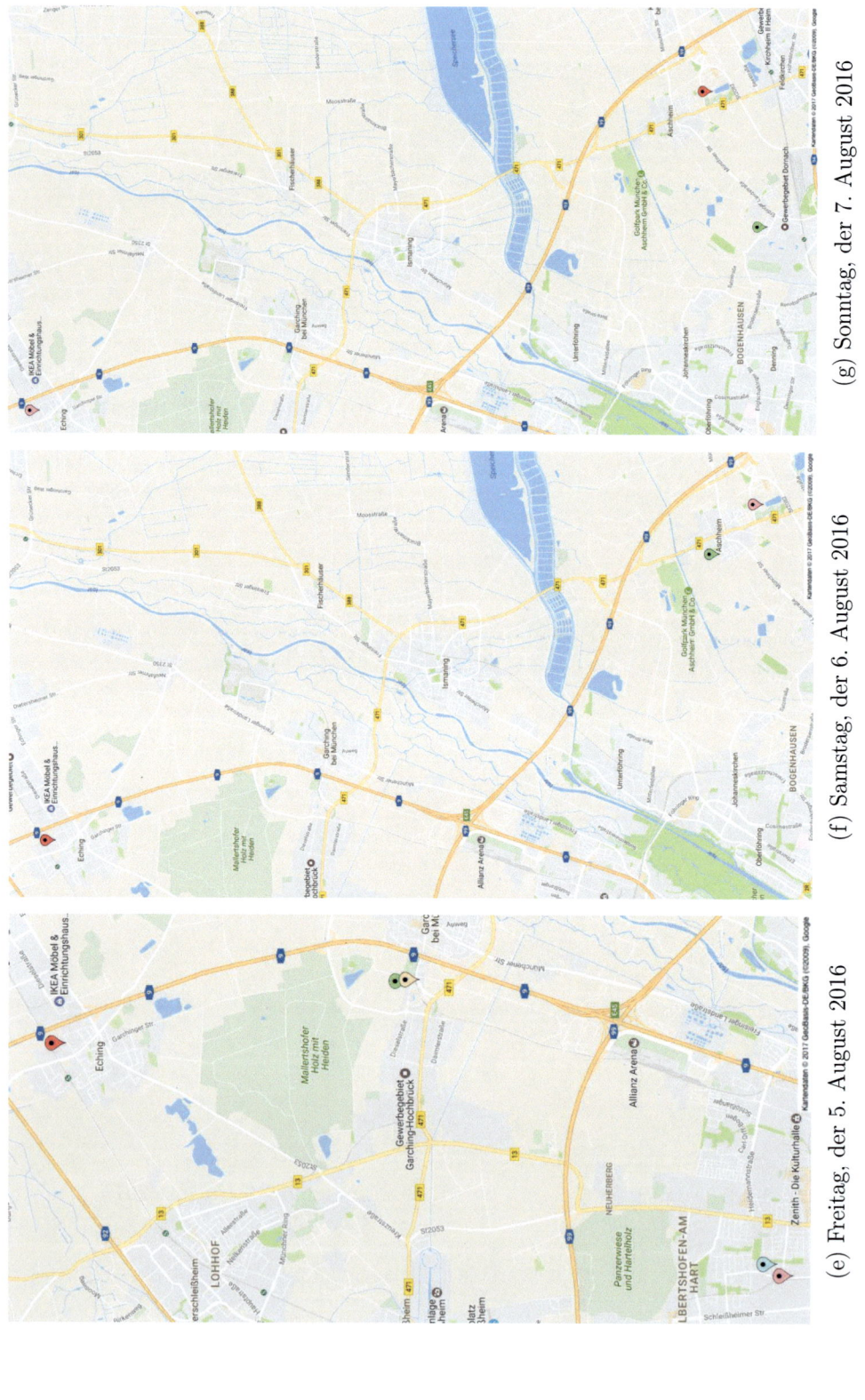

Abbildung B.1.: Kartendarstellung des Testdatensatzes. Montag, den 1. August 2016 bis Sonntag, den 7. August 2016. Quelle des Kartenmaterials [40].

B.2. Modelle der typischen Tage

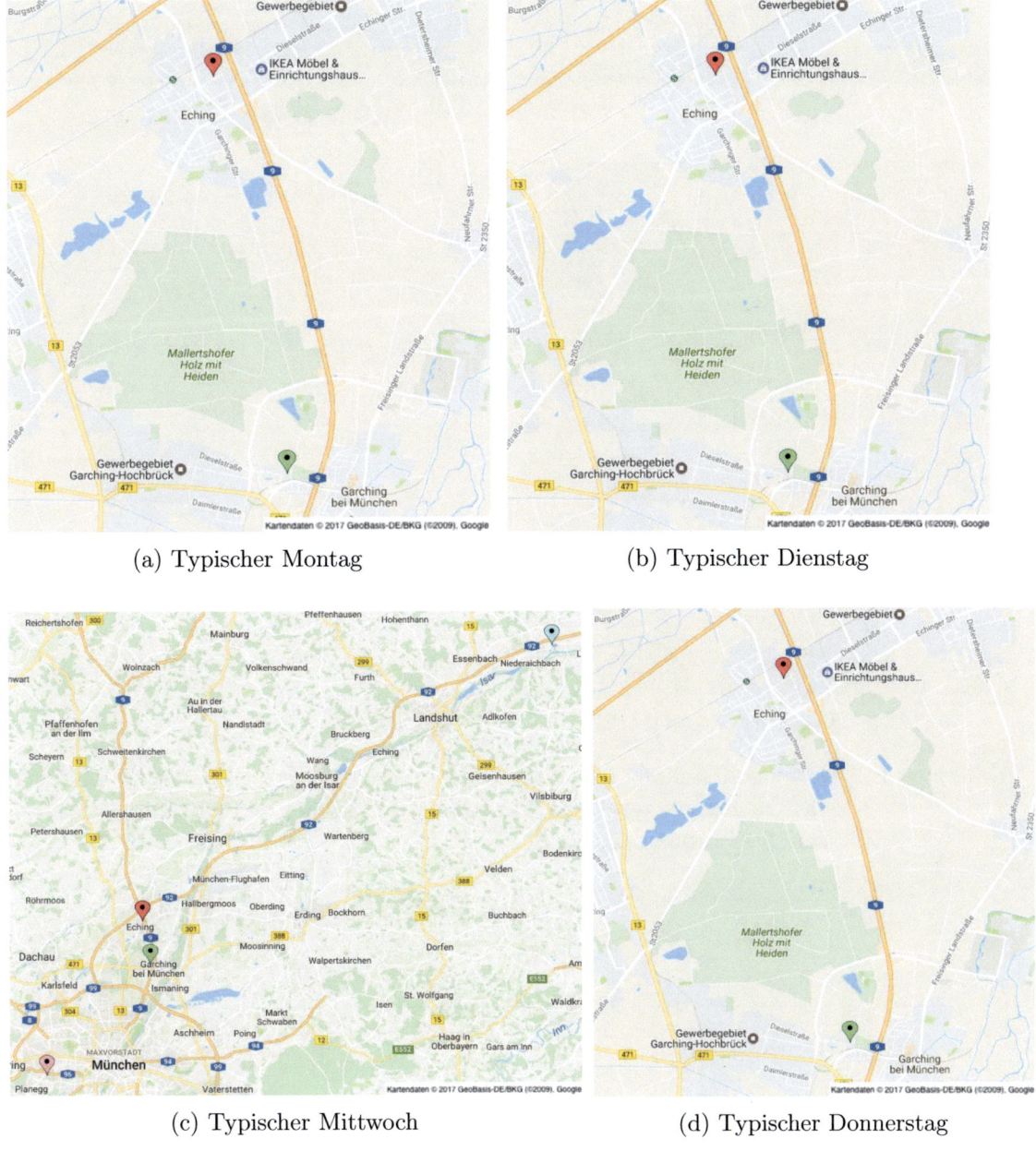

(a) Typischer Montag
(b) Typischer Dienstag
(c) Typischer Mittwoch
(d) Typischer Donnerstag

Anhang B. Typische Tage und Tagesvergleiche

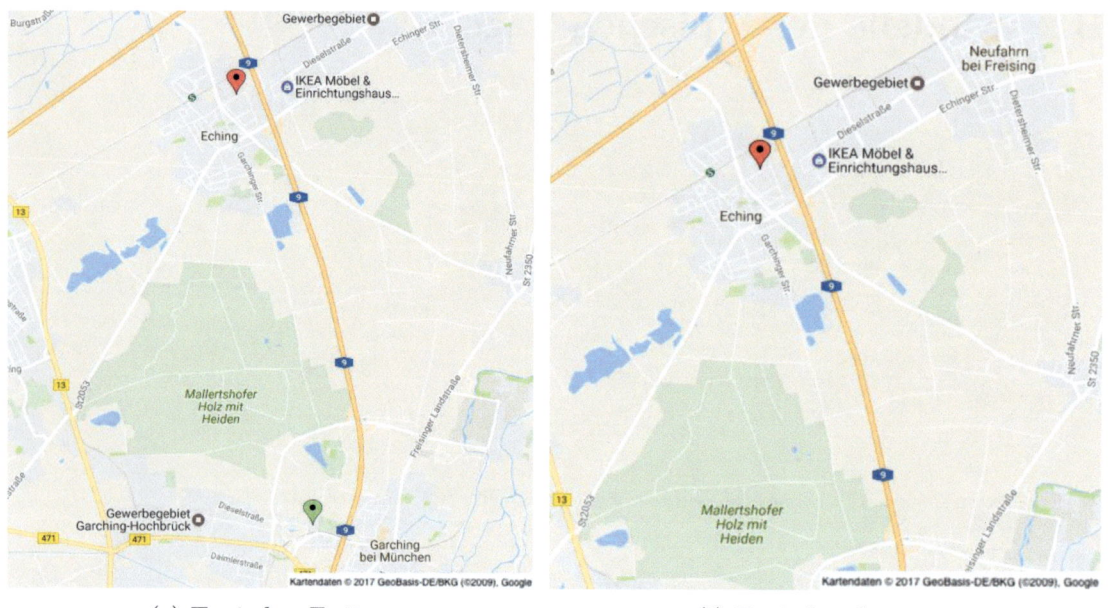

(e) Typischer Freitag

(f) Typischer Samstag

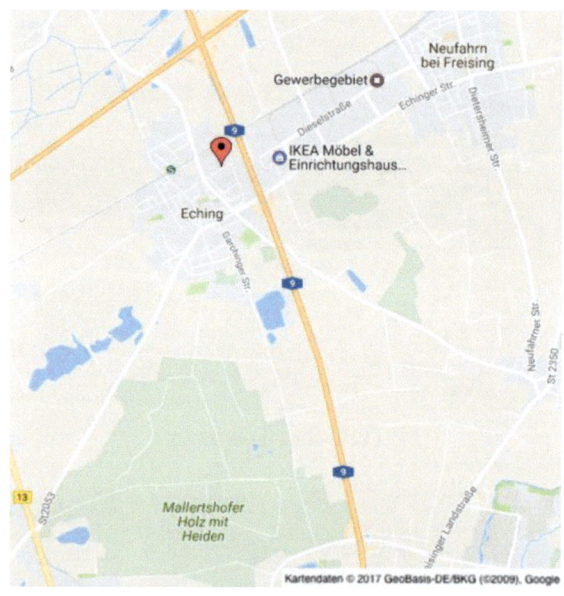

(g) Typischer Sonntag

Abbildung B.2.: Kartendarstellung der *Modelle der typischen Tage* von Montag bis Sonntag. Modelliert auf Basis von Aufenthaltsorten und dem Trainingsdatensatz 2+1 Monat. Quelle des Kartenmaterials [40].